管理沟通

GUANLI GOUTONG

黄嘉涛 高虹圆◎编著

中山大學出版社
SUN YAT-SEN UNIVERSITY PRESS
·广州·

版权所有　翻印必究

图书在版编目（CIP）数据

管理沟通／黄嘉涛，高虹圆编著．—广州：中山大学出版社，2014.8
ISBN 978 - 7 - 306 - 04704 - 5

Ⅰ．①管… Ⅱ．①黄… ②高… Ⅲ．①管理学 Ⅳ．①C93

中国版本图书馆 CIP 数据核字（2014）第 216498 号

出版人：	徐　劲
策划编辑：	王　润
责任编辑：	王　润
封面设计：	曾　斌
责任校对：	蔡业冰
责任技编：	黄少伟
出版发行：	中山大学出版社
电　　话：	编辑部 020 - 84111996，84113349，84111997，84110779
	发行部 020 - 84111998，84111981，84111160
地　　址：	广州市新港西路 135 号
邮　　编：	510275　　传　真：020 - 84036565
网　　址：	http：//www.zsup.com.cn　　E-mail：zdcbs@mail.sysu.edu.cn
印 刷 者：	佛山市浩文彩色印刷有限公司
规　　格：	787mm×1092mm　1/16　17.25 印张　336 千字
版次印次：	2014 年 8 月第 1 版　2020 年 8 月第 3 次印刷
印　　数：	3001～4000 册　　定　价：39.80 元

如发现本书因印装质量影响阅读，请与出版社发行部联系调换

序

我一直在思考一个问题："沟通是什么？"诚然，我们每天都在与他人进行某种形式的沟通，并自然地认为沟通是一种与生俱来的能力。如果真是这样，那么，为什么我们在生活与工作中遇到如此多的棘手问题？为什么男人和女人总是互相埋怨搞不懂对方？为什么人和人之间经常误解彼此？为什么你不懂我的心就像白天不懂夜的黑？为什么职场有人欢喜有人忧？或许，沟通并非像我们所想的那样是一种与生俱来的能力。

生活在这个世界，无论是西方人或东方人，富人或穷人，年轻人或老年人，人人都会面临至关重要的沟通问题。即便是生活在荒岛上的鲁宾逊·克鲁索也要和仆人"星期五"沟通。事实上，我们在工作、学习、娱乐和生活中，时刻都离不开沟通，我们像孩子一样离不开别人。相应地，在管理当中，沟通的不足或失误，会造成有限的人力资源或其他资源无法实现最佳配置，从而导致组织效率低下。

这本书综合了几个层面的沟通，从沟通的基本概念、人际间的沟通、组织内的沟通、自我的沟通，到求职、倾听、演讲、写作、非语言、跨文化和危机等具体沟通技能，并辅以大量的案例、情境故事、沟通小游戏和练习，深入浅出地展示了沟通的各个环节。

坦率地说，写书是一件苦差事。我既没有很多实际的成功例证，对沟通也没有很深入的研究；我只是具备一点点对教学的热爱，想为学生们精心打造一本教材，让象牙塔中的莘莘学子认识到沟通不仅会影响人际关系，良好的沟通技巧更会对他们的健康、学习以及未来的工作有所帮助。我希望他们能够充分调动各种思维，从而将理论与日常生活经验联系起来。

在编写工作上，本书参阅了大量著作，并借用了部分资料，在此特作说明，并向诸位作者表示敬意和感谢。全书由广东工业大学黄嘉涛博士统筹架构和思路并主持编写，各章编写分工如下：黄嘉涛编写第1～3章及第5～10章，广东工业大学高虹圆编写第11～12章，资深经理人胡劲先生编写第4章。全书由黄嘉涛定稿并对教材内容进行了修改和补充。

当然，谁也不会期望在读完《画艺杂志》后能变成一位出色的画家，沟通也一样，你也不能期待自己在学习完这本书后马上变成一位沟通高手。和雕刻、弹琴一样，沟通技巧需要边学边用，慢慢地、潜移默化地移入我们的习惯，这样，才能真正掌握沟通之道。修身、齐家、治国、平天下，沟通应从自身做起，用过方知有没有用！

黄嘉涛
2014年冬天于广州·天河

目　录

第一章　管理与沟通 …………………………………………………………（1）
　第一节　管理与沟通的关系 …………………………………………………（2）
　第二节　沟通的内涵 …………………………………………………………（5）
　第三节　沟通的模式 …………………………………………………………（8）
　第四节　沟通的障碍 …………………………………………………………（13）
　第五节　沟通的类型 …………………………………………………………（16）

第二章　人际沟通 ……………………………………………………………（24）
　第一节　人际关系 ……………………………………………………………（25）
　第二节　人际沟通行为 ………………………………………………………（34）
　第三节　性格与个性化沟通 …………………………………………………（40）

第三章　组织沟通 ……………………………………………………………（50）
　第一节　组织内部沟通 ………………………………………………………（51）
　第二节　与下属沟通 …………………………………………………………（57）
　第三节　与上司沟通 …………………………………………………………（62）
　第四节　与平级沟通 …………………………………………………………（70）

第四章　团队沟通 ……………………………………………………………（76）
　第一节　团队与群体 …………………………………………………………（77）
　第二节　团队建设与团队领导 ………………………………………………（84）
　第三节　团队冲突 ……………………………………………………………（88）
　第四节　会议沟通 ……………………………………………………………（92）

第五章　自我沟通 ……………………………………………………………（103）
　第一节　情绪商数 ……………………………………………………………（104）
　第二节　情绪管理 ……………………………………………………………（109）
　第三节　压力管理 ……………………………………………………………（117）

第六章　有效倾听 (132)
第一节　倾听概述 (133)
第二节　倾听的障碍 (139)
第三节　有效倾听的建议 (141)

第七章　职业沟通 (149)
第一节　个人简历 (150)
第二节　求职信 (158)
第三节　求职面试 (161)

第八章　组织演讲 (176)
第一节　演讲准备 (176)
第二节　演讲语言结构 (182)
第三节　演讲技巧 (186)

第九章　书面沟通 (195)
第一节　商务文书 (196)
第二节　商务写作 (198)
第三节　报告撰写 (205)
第四节　合同书写 (208)

第十章　非语言沟通 (216)
第一节　非语言符号 (217)
第二节　商务礼仪 (223)

第十一章　跨文化沟通 (234)
第一节　文化的内涵 (235)
第二节　跨文化冲突 (241)
第三节　沟通的跨文化差异 (244)
第四节　有效的跨文化沟通 (248)

第十二章　危机沟通与管理 (253)
第一节　危机概述 (253)
第二节　危机沟通 (256)
第三节　危机管理 (260)

参考文献 (269)

第一章　管理与沟通

> 📌 **学习目标**
> (1) 明确管理与沟通的关系。
> (2) 掌握沟通的内涵。
> (3) 描述沟通的过程与要素。
> (4) 识别沟通中主要的语义和非语义障碍。
> (5) 了解沟通的主要类型。

💬 引例

一位总裁的日程安排

7：00～8：00	起床吃早餐，送孩子上学，赶到公司上班
8：00～9：00	浏览当天的重要新闻和文件
9：00～10：00	与工程副总裁会面，谈论工程部话题
10：00～10：30	与产品经理助理商议接下来的国际商务旅行行程
10：30～11：30	与客户讨论关于产品的方向和策略及未来潜在的合作等话题
11：30～12：30	与客户一起吃饭
12：30～13：30	午休
13：30～14：00	与产品经理会面
14：00～16：00	参加新产品策略会议并作30分钟发言
16：00～17：00	欢迎团队的新成员，一起讨论职业目标及计划
17：00～18：00	处理工作电脑及工作文件
18：00～20：00	商务应酬

第一节 管理与沟通的关系

沟通是管理的基础，任何组织的任何管理工作都离不开沟通。随着全球化进程的深入、因特网等新技术的发展，社会从产品经济时代进入服务经济时代，现代组织中的沟通比以往任何一个时期都更加重要，而且沟通在方式、渠道、内容、频率等各个方面都发生了重要变化。现代信息社会，组织管理的本质和核心是沟通。许多企业由于沟通的不足和失误，有限的人力资源和其他资源无法实现最佳配置，严重影响企业正常运行和发展前景。沟通的问题现在变得如此的多样和突出，以至于在现代社会，离开沟通我们甚至无法谈论管理。

一、管理职能与沟通

管理的实质是对各种资源的一种整合，从而有效实现组织的目标。客观上各种资源彼此独立隔绝，无法直接互相发生组合和联系，因此需要第三者，即管理者，为了达到某种目的对资源施加有效的配置和协调，从而在它们之间建立起有效和牢固的联系。沟通就是其中的桥梁和纽带。沟通，简单理解就是信息与情感的有效传达。一个目标设定是沟通，一项任务安排是沟通，一个规章制度也是沟通。任何管理者做的任何一件事，均是沟通。

现代管理之父彼得·德鲁克（1909—2005）提出，经理人即管理者有两项具体任务，第一项是造就一个真正的团队，团队不仅仅是个体成员能力的简单集合，良好的团队能使全体成员的能力倍增。作为经理人，要协调大量活动。协调是管理的精要所在。企业必须协调股东、客户、社会、员工和管理人员之间的冲突。经理人的任务之一是创造出一个大于其各组成部分总和的真正的、富有活力的整体，他把投入于其中的各项资源，转化为比各项资源的总和更多的东西；任务之二是采取某些行动或某些决策时，必须权衡目前利益与长远利益之间的关系。经理人所做的一切必须既有利于当前，又有利于根本的长期目标和原则，即使不能把这两个方面协调起来，至少也必须使之取得平衡。这两项任务的核心是协调，而协调本身就是沟通。管理学家切斯特·巴纳德（1886—1961）认为，管理艺术就是把内部平衡与外部适应和谐地综合起来，这需要人与人之间的协作，而协作必须沟通，协作的过程也就是沟通的过程。

现代管理理论提出管理的四大职能是计划、组织、领导和控制。这些职能的实现离不开沟通。计划的过程需要以大量的市场调研和内部资源分析讨论为前提，市场调研和分析讨论就是沟通的重要形式。计划的形成又是良好沟通的结果。组织、领导与控制，它们本身的过程，就是沟通的过程。没有沟通，如何规划组织角色结构，如何配备人员，如何安排权责？没有沟通，如何对员工施加影响，使其为实现组织目标而努力工作？没有沟通，没有信息的掌握和及时反馈，如何对员工开展绩效评估，及时发现并纠正偏差，确保计划得以最终完成？一定意义上讲，沟通就是组织的生命线，它传递着组织的发展方向、期望、过程和目标。

从管理职能与沟通的关系（见表 1-1）看，计划提出了管理者追求的目标，组织提供了完成这些目标的机构设置、人员配备与权责安排，领导提供了激励的氛围，控制提供了计划实施进程的评估与校正干预。显然，管理的四项职能都与沟通密切相关。因此，沟通是所有管理职能的整合。

表 1-1 管理职能与沟通的关系

计划	组织	领导	控制
阐明目标	分配角色	发布命令	绩效评估
分解计划	布置任务	授予职权	控制进程
实施计划	安排职位	激励员工	信息反馈

二、管理者角色与沟通

人与人之间的沟通，最重要和最根本的是角色定位。由于人身份的多重性与复杂性，使得管理者在不同情况下应有不同的角色定位。管理学家亨利·明茨伯格（1939— ）将管理者在计划、组织、领导、控制组织资源过程中所要履行的职责简化为10种角色。管理者扮演各种角色来影响组织内外个人和群体的行为。组织内部的人员包括其他管理者和非管理层员工，组织外人员包括股东、客户、供应商、组织所在地的公众，以及任何与组织活动有关的政府或当地机构。明茨伯格把这10种角色组合为表1-2中描述的三大类，即决策角色、信息角色和人际关系角色。在参与计划、组织、领导、控制这些更为基本的职能的同时，管理者经常不断地扮演许多角色。这些角色对如何进行管理沟通都提出了相应的要求，为了提升管理效率，管理者必须不断与公司内外的人员如上司、下属、政府、银行、媒体、供应商、中间商、顾客等进行有效的沟通。

表 1-2 管理者角色与沟通工作

角色类型	具体角色	角色工作
决策角色	企业家	利用组织资源开发创新产品和服务；决定国际化扩张，为组织产品获取新顾客
	危机驾驭者	迅速行动，采取正确措施应对组织面临的来自外部环境的突发事件和来自内部环境的突发事件
	资源分配者	在组织的不同职能和部门之间分配资源，为中层和基层管理者设定预算和薪资计划

管理沟通

(续表1-2)

角色类型	具体角色	角色工作
信息角色	谈判者	与供应商、分销商、工会就投入品的质量和价格、技术、人力资源等达成一致，与其他组织就合作项目的资源筹集达成协议
	监控者	监控者评估承担不同职能的管理者的工作成果，采取正确的措施提高绩效；监控可能在未来对组织产生影响的内外环境的变化
	传播者	告知员工发生在内外部环境中可能对他们及组织产生影响的变动，就组织的前景和目标与员工进行沟通
	发言人	发起全国性的广告宣传活动，提高新产品和新服务的知名度；在当地社区宣讲组织未来的发展意向
人际关系角色	挂名首脑	在公司会议上向员工展示未来的组织目标，主持公司新的总部大楼落成仪式，阐述组织的道德原则和员工在与顾客、供应商交往时应遵循的行为准则
	领导者	为员工树立学习的榜样，向下属发布直接的命令和指示，就人力和技术资源的使用做出决策，动员员工支持特定的组织目标
	联络者	协调不同部门管理者的工作；与不同的组织建立联盟关系，以共享资源，生产新的产品和服务

三、执行与沟通

决策和执行是企业管理的两把利箭，其水平的高低及能力的强弱直接影响和决定着企业的兴衰成败。一个企业的素质优劣、经营管理水平高低、竞争能力强弱最终都会反映到这两方面上来。所谓执行力，通常是指企业内部员工贯彻经营者战略思路、方针政策和方案计划的操作能力和实践能力。它是把意图、规划化为现实的具体执行效果好坏的体现，其强弱程度也直接制约着企业经营目标能否得以顺利实现。

美国当代领导学和心理学大师斯蒂芬·柯维博士提出XQ（Execution Quotient）执行商数的概念，强调组织要重视员工的XQ，认为大多数组织不能达成目标的原因是缺乏执行力，并在关于XQ的调查中提出缺乏执行力的组织的五项共同特征。

第一，组织缺乏明确的目标。不到15%的受测者能明确说出组织的目标。

第二，成员不认同组织目标。只有10%的受测者表示认同。

第三，目标和成员间缺少联系。只有10%的受测者表示了解目前工作与组织目标间的关系。

第四，缺少坦率沟通。只有1/3的受测者认为自己可以明确表达自己的意见。

第五，成员不能体认自己的责任。低于1/3的受测者清楚自己应承担的责任。

这五个方面都与沟通密切相关。因此，有效沟通是提升企业执行力的基础，企业内的信息沟通系统就好像人体内的神经系统，既能够将企业运行所需要的信息反馈到企业的战略层面，为企业战略制定提供依据，同时也能够将企业的愿景、战略意图、管理者的指令反馈到企业实施操作层面，为短期经营决策提供依据，从而使得目标制定和目标执行形成一个闭环。企业目标能否得到有效执行，取决于目标是否具有可执行性，目标是否得到企业员工的普遍认同，目标实施过程中企业各种资源和能力能否得到有效协调，以及目标执行能否得到有效控制。而这一切又都取决于管理过程中的沟通效果。

把信送给加西亚

美西战争爆发以后，美国总统麦金莱急需相关情报。因为他很明白，取胜的关键在于同古巴的起义军协同作战，这就必须了解：在古巴岛上西班牙的兵力有多少，他们的战斗力、士气如何，当然还有他们的指挥官的脾性。另外，春夏秋冬时古巴的路况，西班牙军、起义军甚至整个国家的医疗状况，双方的装备以及在美军动员集结期间古巴起义部队要想困住敌人需要些什么援助。

美国急需与起义军首领加西亚将军取得联系。但是，加西亚将军隐藏在古巴辽阔的崇山峻岭中——没有人知道确切的地点，因而无法送信给他。

"到哪儿才能找到一个能够把信送给加西亚的人？"麦金莱总统问军事情报局局长阿瑟·瓦格纳上校。上校当即回答："在华盛顿有个名叫罗文的中尉，他一定能给你把信送到。"

"派他去！"总统下达了命令。

命令是如此简洁，与瓦格纳的回答一样干脆利落。

他们将罗文找来，交给他一封信——写给加西亚的信。罗文拿了信，将它装进一个油纸袋里，打封，吊在胸口藏好。在3个星期之后，他徒步穿越一个危机四伏的国家，历尽艰辛最后终于将信送到加西亚的手中，从而缓解了美西战争的压力，扭转了整个美西战争的局势。

——西亚·哈伯德《把信送给加西亚》

第二节 沟通的内涵

著名成功学家戴尔·卡内基（1888—1955）认为，沟通是人类行为的基础，涉及各式各样的活动：劝说、演讲、教授以及谈判等。一个人要在这些活动中游刃有余，培养出高效沟通所需的技巧，首先必须理解沟通的内涵。

一、沟通的概念

假如你问美国人，什么是沟通，他可能会答："呵！沟通就是 communication，这个字源是拉丁文的 communicare，表示是公开、公众、让大家知道。当然，沟通也有 negotiation 的意思，看似讨价还价，又可以说是 dialogue，意思是磋商、对话、谈判……"

政府和人民之间的"管道"不通畅了，有了民怨，要沟通。

公司与职员之间有了"鸿沟"，造成"劳资纠纷"，要沟通。

父母与子女之间有了"代沟"，出现了所谓叛逆的子女、霸道的父母，要沟通。

其实"沟通"就好比"通沟"，把不通的管道打通，让"死水"成为"活水"，彼此能对流、能了解、能交通、能产生共同意识。因此，沟通就是将一个人的意思、观念和信息，传达给对方，以期取得对方相应的反应和反馈的过程，从而使双方达成共识。"沟"是在表达我们的想法、做法、看法，希望能异中求同、同中求异；"通"则是看双方在谈完话时，感情是否更通达。

（1）沟通首先是意义上的传递。如果信息和想法没有被传递到，则意味着沟通没有发生。也就是说，说话者没有听众或写作者没有读者都不能构成沟通。

（2）意义不仅需要被传递，还需要被理解。如果一个不懂外文的人阅读外文书籍，那么他所从事的活动就无法称之为沟通。沟通是意义上的传递和理解。有效的沟通，应该是信息经过传递后，接收者感知到的信息应与发送者发出的信息完全一致。

（3）在沟通过程中，传递于沟通者之间的，只是一些符号，而不是信息本身。信息并不能像有形物品一样由发送者传送给接收者，信息的传递需要借助其他载体符号。语言、文字、身体动作、表情等都是一种符号。发送者把传递的信息"翻译"成符号，而接收者则进行相反的"翻译过程"。由于每个人"信息—符号储存系统"各不相同，对同一符号常存在着不同的理解。

（4）良好的沟通常被错误地理解为沟通双方达成协议，而不是准确理解信息的意义。沟通双方能否达成一致协议，别人是否接受自己的观点，往往并不是沟通良好与否这一个因素决定的，它还涉及双方根本利益是否一致，价值观念是否类同等其他关键因素。例如，在会议过程中如果双方存在着根本利益的冲突，即使沟通过程中不存在任何噪声干扰，双方沟通技巧十分娴熟，往往也不能达成一致协议，但沟通双方都已充分理解了对方的观点和意见。

（5）沟通的信息包罗万象。在沟通中，我们不仅传递信息，而且还表达赞赏、不快之情，或提出自己的意见观点。这样沟通信息就可分为事实、情感、价值观、意见观点。如果信息接收者对信息类型理解与发送者不一致，有可能导致沟通障碍和信息失真。在许多引起误解的问题中，其核心都在于接收人对信息到底是意见观点的叙述还是事实的叙述混淆不清。

理解沟通内涵时，需要强调，真正的沟通首先是一种态度，其次才是方法和技能。态度占沟通成败的60%，技术和口才只占其40%。同一件事，与不同的人沟通最终会得到不一样的结果，同样的沟通，语言方式不同结果也不同。为什么？因为态度不同。沟通态度包括眼神、表情、口气、手势、坐姿、站姿、呼吸方法等，这些都会在沟通中不自主地向对方传达你的认同或反对的信息。"不食嗟来之食"，一个人明明是在乞食，但碰到口气不好的施舍者，他宁愿顾全自尊也不接受他的食物。沟通也是一样，你若用高姿态或强势的口气，对方一样不能接受，态度不当是沟通的最大杀手，态度很重要，即使能力再好，口才再棒，用不好的态度沟通一样会失败。真正有效的沟通必定是建立在双方友好态度之上，沟通的态度决定了沟通的结果。用"心"沟通，是沟通的最高境界。

圣经故事：通天塔

大洪水过后，挪亚一家在陆地上开始了新的生活。诺亚的后代繁殖得越来越多，遍布地面。那时候人们的语言、口音都没有分别。他们在底格里斯河和幼发拉底河之间，发现了一块异常肥沃的土地，于是就在那里定居下来，修起城池，建造了繁华的巴比伦城。后来，人们为自己的业绩感到骄傲，决定在巴比伦修一座通天的高塔，来传颂自己的赫赫威名，并作为集合全天下弟兄的标记，以免分散。因为大家语言相通，齐心协力，阶梯式的通天塔修建得挺顺利，很快就高耸入云。

上帝看到人们这样统一强大，心想，他们语言都一样，如果真修成宏伟的通天塔，那以后还有什么事干不成呢？上帝于是离开天国到人间，变乱了人们的语言。人们各自操起不同的语言，感情无法交流，思想很难统一，就难免出现互相猜疑，各执己见，争吵斗殴。这就是人类之间误解的开始，修造工程因语言纷争而停止了，通天塔终于半途而废。人们分裂了，按照不同的语言形成许多部族，又分散到世界各地。

上帝在这里变乱了人们的语言。"变乱"一词在希伯来语中读作"巴比伦"。所以，以后人们就管那座城市叫巴比伦城，管那座半途而废的塔叫巴比伦塔。

——圣经故事《通天塔》

二、沟通的目的

沟通要有目的，不同层次的沟通，不论是一对一，或是交叉协调，或是讲课、做简报、做说明甚至做说服的动作都是常见的沟通形式。如何做好沟通，而且有目的地去贯彻？如何把目标讲清楚？如何让对方理解清楚之外还要被说服、接受这个目标对他的重要性，进而去执行？这是沟通非常重要的一环。因此，沟通有四个层次的目的：

第一，让对方记住某些信息。

第二,让对方了解某些信息。

第三,让对方认同某些信息。

第四,希望对方能采取行动。

这四个层次目的通常具有连贯性。沟通的过程就像交朋友的过程,首先是彼此相识,初步建立对于姓名、体貌特征的基本了解。如果沟通要深入就要有彼此投机的话题,加深了解之后,情感日渐深厚,成为挚友。这就是沟通从记忆到情感的过程。

沟通中"沟"是手段,"通"是目的。怎样才是真正"通"了呢?"通"就是对方被你影响了,甚至按你的意思做事情了,就是"通"了。如果沟通以后,对方没有"通",那就只被你"沟"了一下而已,没有达成沟通目的。因此沟通无定法,也没有固定的模式,个人风格不同、面对的对象不同、场景不同,就有不同的方法和技巧。

第三节 沟通的模式

沟通本质上是信息从发送者传递给接收者并且产生反馈的过程,在这个过程中有诸多的沟通元素,这些元素都会对沟通的最终效果产生影响。在传播学的发展过程中,许多学者对传播的理论框架做了深入研究,提出许多种传播模式,取得了各有特色的成果,对于人们研究、梳理、发展沟通理论有很大意义。以下就比较重要的模式进行讨论。

一、拉斯韦尔模式

美国政治学家哈罗德·拉斯韦尔(1902—1978)在1948年发表的《传播在社会中的结构与功能》一文中,最早以建立模式的方法对人类社会的传播活动进行了分析,这便是著名的"5W"模式,如图1-1所示,即:

谁(Who)→说什么(Says What)→通过什么渠道(in Which Channel)→对谁(to whom)→取得什么效果(with What Effects)。

"谁"——是传播者,在传播过程中担负着信息的收集、加工和传递的任务。传播者既可以是单个的人,也可以是集体或专门的机构。

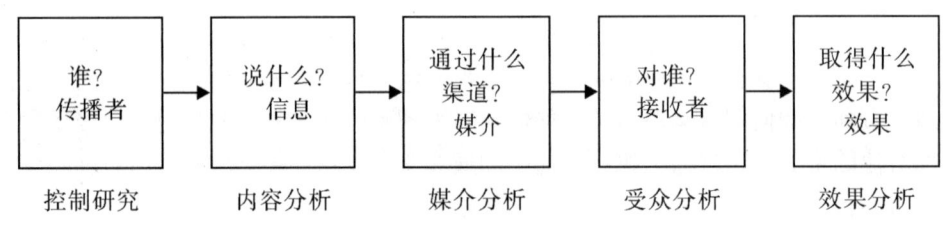

图1-1 拉斯韦尔模式

"说什么"——是指传播的信息内容,它是由一组有意义的符号组成的信息组合。符号包括语言符号和非语言符号。

"渠道"——是信息传递所必须经过的中介或借助的物质载体。它可以是诸如信件、电话等人际之间的媒介,也可以是报纸、广播、电视等大众传播媒介。

"对谁"——是接收者或受众。受众是所有接收者如读者、听众、观众等的总称,它是传播的最终对象和目的地。

"效果"——是信息到达受众后在其认知、情感、行为各层面所引起的反应。它是检验传播活动是否成功的重要尺度。

这个模式第一次将人们每天从事却又阐释不清的传播活动明确表述为由五个环节和要素构成的过程,为人们理解传播过程的结构和特性提供了具体的出发点。实际上,后来大众传播学研究的五大领域即"控制研究"、"内容分析"、"媒介分析"、"受众分析"和"效果分析",就是沿着拉斯韦尔模式的这条思路形成的。

但是,拉斯韦尔的"5W"模式现在看来有明显的缺陷。他在传播模式中使用了单箭头,也就是说他认为传播一直是由传播者发出,然后沿着一个方向远行达到预期的效果。虽然也考虑到了受传者的反应(效果),却没有提供一条反馈渠道,因而,这个模式没有揭示人类社会传播的双向和生动性质。这个模式对传播过程与社会的联系也不够关注。另外,这个模式也没有标示出传播活动中存在的外界干扰因素。这些问题在其他传播学者的研究中被提了出来。

二、香农-韦弗传播模式

1949年美国的两位信息学家、数学家Claude Shannon和Warren Weaver在《传播的数学理论》一文中也提出了一个过程模式,称为传播过程的数学模式或香农-韦弗模式。这个模式如图1-2。在这个模式里我们可以清楚地看到,主要有两个方向的信息传递。主干信息通道中信源发出信息,通过发射器将信息转换成信号,通过信道来传送信号,接收器将信号还原成信息,最后通过信宿来接收信号。同拉斯韦尔的"5W"模式相比,香农-韦弗的数学模式还多了另外一个信息传递通道:侧面的噪音干扰。

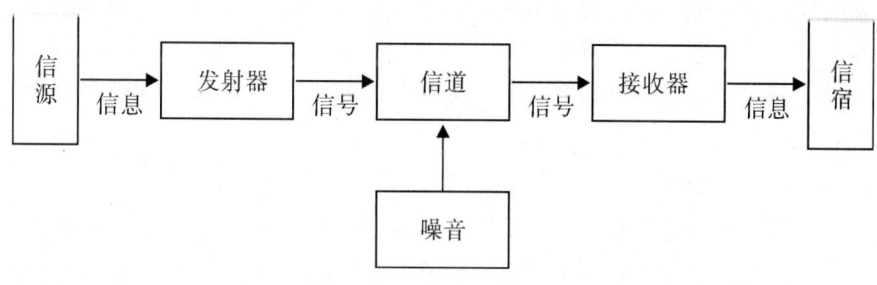

图1-2 香农-韦弗传播模式

应该指出，香农-韦弗传播模式描述的是电子通信过程，而且整体上仍是一个直线单向过程，缺少反馈的环节，将传播过程视为直线、单向的过程，没有信息的反馈和问路。把传播者和受传者的角色、关系和作用固定化，一方只能是传播者，另一方只能是受传者，不能发生角色的转换。而在人类的传播活动中，这种转换是常见的，现实生活中的每个人都既是传播者，又是受传者。这个模式将传播过程视为非环境互功的静态过程，不考虑人的主观能动件，忽视社会的客观制约性。

三、德弗勒互动过程模式

由于拉斯韦尔模式和香农-韦弗传播模式是单向的，忽略了传播的反馈过程。1970 年，Melvin DeFleur 在香农-韦弗传播模式的基础上补充了噪音和反馈的要素、环节和渠道，并认为信息的传递是循环往复的，信息传递处在一个动态的、不断发展的过程。与此同时，这个模式还拓展了噪音干扰的范围，认为噪音干扰贯穿于整个传播过程的每一个环节（如图 1-3）。

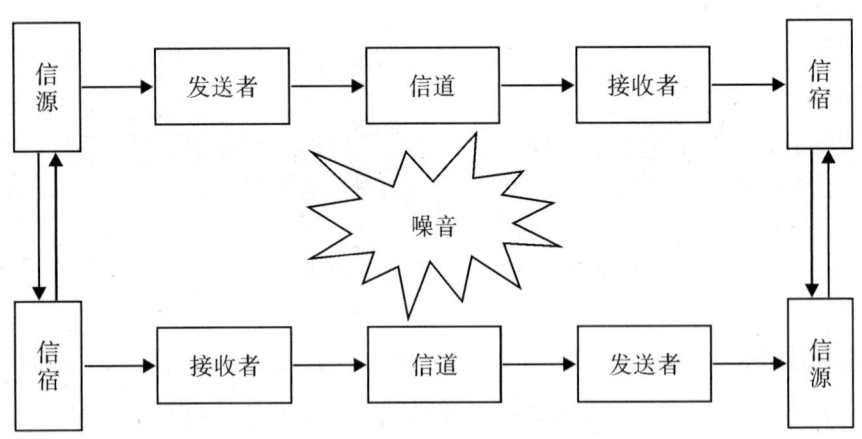

图 1-3 德弗勒互动过程模式

当然，德弗勒模式也并不是十全十美的。严格说来，这个模式也没有超出从过程本身或从过程内部来说明过程的范畴。从辩证法的观点看，事物运动过程不仅取决于过程的内部因素或内部机制，还会受到外部条件或外部环境的制约和影响。在德弗勒的模式中，唯一提到的一个外部影响因素是"噪音"，但是，影响传播过程的外部条件和环境因素是很复杂的，并不是一个简单的"噪音"所能说明，诸如社会环境、媒介因素、接收者个人心理素质、文化差异等，这些均会影响传播效果。

四、沟通的过程

经过众多学者的发展和完善，形成了现在普遍认同的沟通模式（见图 1-4）。沟通过程就是发送者将信息通过选定的渠道传递给接收者的过程。该过程主要包括信息发送者、编码和解码过程、信息传播渠道、信息接收者和反馈等要素，此外在这个过程中还有可能存在一些干扰或者妨碍沟通的因素。

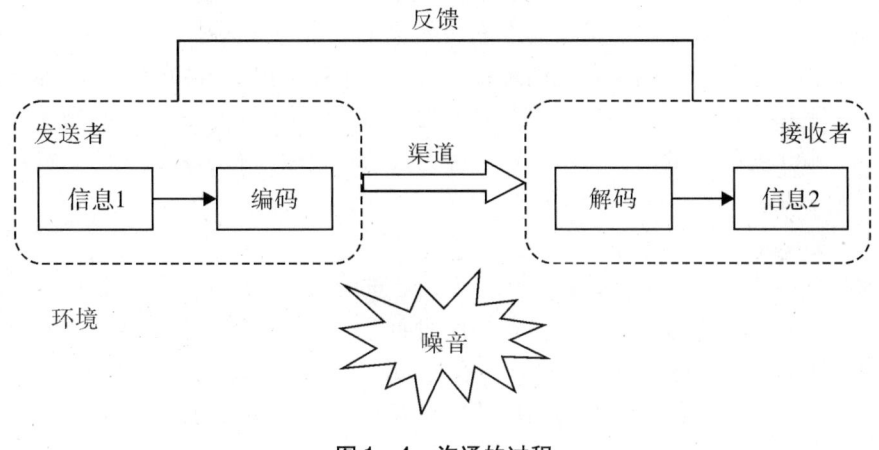

图1-4　沟通的过程

1．信息发送者

信息发送者是沟通过程的主要要素之一。信息源于发送者，信息是否可靠，沟通是否有效，与发送者的可信度密切相关。发送者是利用生理或机械手段向预定对象发送信息的一方。发送者可以是个人，也可以是组织。发送者的主要任务是信息的收集、加工及传播。

2．编码与解码

编码是发送者将信息的意义符号化，编成一定的文字等语言符号及其他形式的符号。译码则恰恰与之相反，是接收者在接收信息后，将符号化的信息还原成为思想，并理解其意义。

完美的沟通，应该是信息发送者的信息1经过编码和解码两个过程后，形成的信息2与信息1完全吻合，即编码和解码完全"对称"。对称的前提条件是双方拥有相同或类似的背景、经验，及相同或类似的代码系统。如果双方对信息符号信息内容缺乏共同背景、经验，或双方编码、解码的代码系统不一致，则在解读信息与正确理解其内在意义的两个过程当中必定会出现误差，容易造成沟通失误或失败。因此，发送者在编码过程中必须充分考虑到接收者的经验背景，注重内容、符号对于接收者来说的可读性；而接收者在解码过程中也必须考虑到发送者的经验背景，这样才能更准确地把握发送者意欲表达的真正意图，正确全面地理解收到的信息的本来意义。

3．渠道或媒介

渠道是由发送者选择的、借由传递信息的媒介物。如口头交流时所采用的口头语言表达形式就是其沟通渠道。当人们在发电子邮件进行沟通交流时，电子邮件即其沟通渠道。有时人们不用语言表达，而只通过身体部位的一个小动作，就能传达发送者的意见或意思，这时身体语言就是其沟通渠道。

不同的信息内容要求使用不同的渠道。如工作总结报告就不宜采取口头形式而多采用正式文件作为通道。邀请朋友吃饭如果采取备忘录的形式就显得不伦不类。有时根据需要也可以使用两种或两种以上的沟通渠道。由于各种沟通渠道都有各自的特点和利弊，因此，选择沟通渠道时要因时因地因人制宜，根据当时当地的具体情况来正确选择恰当的沟通渠道。在各种方式的沟通中，影响力最大的仍然是面对面的沟通方式。

4．接收者

接收者是发信者的信息传递对象。人们通过沟通分享信息、思想和感情，这种分享不是一种单向的过程，这个过程可逆向而行。在大多数情况下，发信者与接收者在同一时间既发送又接收。因此，接收者的主要任务是接收发信者的思想和情感，并及时地把自己的思想和情感反馈给对方。

5．反馈

完整无缺的沟通过程必定包括了信息的成功传送与反馈两个大的过程。没有反馈的沟通过程容易出现沟通失误或失败。反馈是指接收者把收到并理解了的信息返送给发送者，以便发送者对接收者是否正确理解了信息进行核实。通过反馈，才能真正使对方对沟通的过程和有效性加以正确的把握。在没有得到反馈以前，信息发送者无法确认信息是否已经得到有效的编码、传递和解码与理解。

在沟通过程中，反馈可以是有意的，也可以是无意的，如演讲者在登台演讲时就存在一个与观众之间的沟通过程，此时观众可能以喝倒彩表示他们对演讲者的不满，也可以在听演讲时显得疲惫与精神不集中，这种无意间的神情与表情的流露，同样可以反馈出他们对演讲内容和方式不感兴趣。作为一个沟通主体，无论是发送者，还是接收者，都应该尽量控制自己的行为，使沟通中的信息传递和反馈行为处于自我意识的控制状态之下，以确保信息传递和反馈无错误或无多余信息。

6．噪音

噪音是沟通过程中的干扰因素，它是理解信息和准确解释信息的障碍，可以说妨碍信息沟通的任何因素都是噪音。它存在于沟通过程的各个环节，并有可能造成信息损耗或失真。噪音分为环境噪音、语言噪音和非语言噪音等。

7．背景

背景是指发生沟通的情境，沟通事实上总是在一定的背景中发生的。任何形式的沟通，都会受到各种环境因素的影响。从某种意义上讲，沟通既是由沟通主体双方把握的，也是由背景环境共同控制的。影响沟通过程的背景因素有物理环境、社会角色关系和文化背景等方面，尤其文化背景的重要性。文化背景可以涵盖国家、地区、行业、企业、部门以及个体。沟通者长期的文化积淀，决定了沟通者较稳定的价值取向、思维模式和心理结构。沟通需要文化背景，文化背景更是潜在而深入地影响每一个人的沟通过程与沟通行为。当不同文化在沟通中发生激烈碰撞或发生交融时，人们能深刻地感受到文化的威力，东西方国家的文化差异造成他们在一起共事时产生不少沟通障碍与问题。

第四节　沟通的障碍

沟通过程当中，信息往往并不会如事先预想的那样准确地被对方接收。有时候发送者传递的信息根本没有被接收者收到，或者是部分地收到，或者对方收到的信息并不准确。由于沟通噪音的存在，在沟通中存在各种沟通障碍。沟通障碍是指信息在传递和交换过程中，由于受到干扰或误解，而导致沟通失真的现象。在人们沟通信息的过程中，常常会受到各种因素的影响和干扰，使沟通受到阻碍。有些障碍与环境有关，有些障碍是语言方面的，有些障碍与语言无关。

一、环境障碍

环境对沟通的影响显而易见。例如，在会议室里向下属征询意见，大家会十分认真地发言；但若换到餐桌上，下级可能会随心所欲地谈想法，甚至谈不成熟的想法。环境之所以影响沟通，是因为环境能产生两个方面的作用：第一，干扰信息的传递过程，使信息信号产生消减或歪曲；第二，影响沟通者的心境，也即环境不仅从客观上也从主观上影响沟通。

正因为如此，所以人们十分注重挑选谈话环境。为了具体分析环境对沟通的影响，人们对环境因素做了进一步划分，分为三大项。

第一，环境的封闭性。环境的封闭性是指谈话场所的空间大小，有无遮拦设施，光照强度（暗光给人更强的封闭性），有无噪音等干扰因素。封闭性决定着信息在传递过程中的损失概率及人们的注意力。

第二，环境的氛围。环境的氛围是环境的主观性特征，它影响人的心理接受定势，也就是人的心态是开放的还是排斥的，是否容易接受信息，对接收的信息如何看待和处置等倾向。环境是温馨和谐还是火药味浓，是轻松还是紧张，是生机勃勃的野外还是死气沉沉的房间，会直接改变人的情绪，从而作用于心理接受定势。

第三，对应关系，说话者与倾听者在人数上存在着不同的对应关系。可分为一对一、一对多、多对一和多对多四种。人数对应关系的差异会导致不同的心理角色定位、心理压力和注意力集中度。听下属汇报时不容易走神，因为一对一的对应关系使自己感到角色重要，心理压力较大，注意力自然集中。在教室听课是一对多的关系，听者认为自己不重要，压力小，易开小差。如果倾听者只一位，发言者为数众多，比如面对原被告的法官和面对多家新闻记者的发言人都会全神贯注，丝毫不敢懈怠。

二、语义障碍

语义沟通障碍主要指因对语义的不同理解引起的障碍。它是由我们沟通所使用的符号自身的局限性而产生的。语义障碍主要源于人们用于沟通的符号。信息沟通的符号多种多样,如语言、文字(包括图像)、体态语言等,这些符号通常有多种含义。当人们必须从众多的含义中选择一种时,一旦选错,就会产生语义障碍。

1. 语言差异

国际商务人士经常提到这样一句话,在世界任何地方你都可以用自己的母语买东西,但如果要卖东西,你只能使用当地的语言。文化背景不同,操不同语言的人在交谈时,常常发生沟通障碍。在跨文化沟通中,尤其要注意语言的差异性。

味道好极了

一位好莱坞导演决定送给他母亲一件生日礼物。他听说有一只小鸟能讲12种语言,还可以唱10首著名的歌曲,立即决定买下这只鸟送给母亲,为此他花了5万美元。

在他母亲生日的第二天,他给母亲打电话:"您觉得这只鸟怎么样,妈妈?"他母亲愉快地回答道:"味道好极了!"

---

2. 专业术语

专业术语,也称行话,是一群特定群体中使用的技术术语。由于职业的不同,不懂对方的专业用语,也会造成沟通困难,所谓"隔行如隔山"。消除的办法是使用双方都听得懂的语言,在社交场合不使用行业语言。

3. 理解差异

人们对于词汇的理解在很大程度上取决于过去的经验。由于人们在年龄、文化、教育、职业、性别、地位、个性等方面具有不同的背景,因此每种因素都可能引起理解差异和对情境的不同认识。同一个词同一种表达方式,对不同的人可能意义不一样。

三、非语义障碍

有些障碍与语言无关,它与沟通者的心理和行为方式有关,这些非语义障碍同样会给沟通带来困难。常见的非语义障碍主要有急于发言、排斥异议、认知偏见、不良情绪、消极的身体语言、人人相轻等。

1. 急于发言

人们都喜欢自己说,而不喜欢听人家说。前美国参议员哈亚卡瓦曾说:"我们都倾向于把他人的讲话视为打乱我们思维的烦人的东西。"在这种思维习惯下,人们常常在没有完全了解别人的情况下,就迫不及待地打断对方,对别人盲目下判断,这样容易造成沟通的困难,甚至冲突和矛盾。

2. 排斥异议

有些人喜欢听和自己意见一致的人讲话，偏心于和自己观点相同的人。这种排斥不同意见的人，不仅拒绝了许多通过交流获得信息的机会，而且在沟通的过程中注意力就不可能集中在讲逆耳之言的人身上，也不可能和任何人都交谈得愉快。

3. 认知偏见

在沟通中，由于各种因素的影响极易陷入沟通中的心理误区，从而产生对他人的认知偏差。社会心理学研究表明，个体在社会交往中通常受到首因效应、近因效应、晕轮效应、定势效应、投射效应和社会刻板效应的影响。这就是我们通常所说的先入为主、思维定势。

刻舟求剑与思维定势

战国时候，有一个楚国人坐船渡江，不慎将随身携带的宝剑掉到江里。于是，他在船舷上落剑的地方刻下一个记号。等船靠了岸，他从刻下记号的地方入水寻剑，结果一无所获。他不知道"船行，而剑不行"的道理，盲目地将在陆地上丢东西的经验应用到水里，是行不通的。

---

4. 不良情绪

在大多数情况下，适度的情绪可以强化沟通，并使之更加亲切。但过度情绪化则会成为沟通的障碍。例如，愤怒可能造成一种情绪化的环境，以至于无法进行正常的沟通。某种激动的情绪会使讲话者语无伦次甚至完全不是讲话者的本意。情绪会影响一个人的认知思考和行为表现。

5. 消极的身体语言

思想家弗兰西斯·培根（1561—1626）说过："行为举止是心灵的外衣。"在别人看来，你的一言一行，都是当时心理的真实反映。所以，一些消极的身体语言，也必然给人消极的联想。这些消极的身体语言在沟通中要坚决避免，例如看手表、打哈欠、坐姿不规范、敲桌子、过频地眨眼等。

6. 人人相轻

中国自古存在"文人相轻"的传统，逐渐演变为今天的"人人相轻"。只要想轻视别人，总有相轻的理由。比如北京人轻视外地人，城里人轻视农村人，南方人轻视北方人，有钱人轻视穷人，开车的轻视走路的。在企业里面，表现为硕士轻视本科，本科轻视大专，名校轻视非名校，干部轻视职员。更甚者为学理的轻视学文的，学文的轻视学理的，市场部轻视技术部，技术部轻视市场部。人人互相看不起，不尊重对方，因此无法进行有效沟通。

文人相轻

文人相轻，自古而然。傅毅之于班固，伯仲之间耳，而固小之，与弟超书曰："武仲以能属文，为兰台令史，下笔不能自休。"夫人善于自见，而文非一体，鲜能备善，是以各以所长，相轻所短。里语曰："家有弊帚，享之千金。"斯不自见之患也。

——曹丕《典论·论文》

第五节 沟通的类型

沟通的复杂性和现实生活中沟通主体、沟通客体、沟通渠道、环境等具体因素的多样性有关，依据不同的划分标准，可以把沟通分成不同的类型。

一、语言沟通与非语言沟通

根据沟通所借用的媒介的不同，可划分为语言沟通与非语言沟通。语言沟通是指以语词符号为载体实现的沟通，主要包括口头沟通和书面沟通。口头沟通是指借助语言进行的信息传递与交流。口头沟通的形式很多，如会谈、电话、会议、广播、对话等。书面沟通是指借助文字进行的信息传递与交流。书面沟通的形式也很多，例如，通知、文件、通信、布告、报刊、备忘录、书面总结、汇报等。非语言沟通是借助非正式语言符号，如肢体动作、面部表情等来进行的沟通。肢体语言非常丰富，包括我们的动作、表情、眼神。实际上，在我们的声音里也包含着非常丰富的肢体语言。我们在说每一句话的时候，用什么样的音色去说，用什么样的抑扬顿挫去说等，这都是肢体语言的一部分。语言更擅长沟通的是信息，肢体语言更善于沟通的是人与人之间的思想和情感。语言沟通和非语言沟通各有其作用，在人际沟通中往往是相互依存和补充的。有时语言沟通的作用大些，有时非语言沟通的作用大些。但近些年，社会心理学家越来越强调非语言线索的作用。艾伯特·梅瑞宾发明了一个著名的沟通公式：沟通的总效果 = 7%的语言 + 38%的音调 + 55%的面部表情。从这个公式中，我们可以看出，非语言沟通的效果占据沟通总效果的93%的比例。语言沟通与非语言沟通的比较见表1-3。

表1-3 语言沟通与非语言沟通的比较

沟通方式	举例	优点	缺点
口头沟通	交谈、讲座、讨论会、电话	快速传递、快速反馈、信息量很大	传递中经过层次愈多，信息失真愈严重
书面沟通	报告、备忘录、信件、内部期刊、布告	持久、有形、可以核实	效率低、缺乏反馈

(续表1-3)

沟通方式	举例	优点	缺点
非语言沟通	仪容、体态、语调、表情	信息意义十分明确,内涵丰富,含义隐含灵活	传递距离有限,界限模糊,只能意会不能言传

二、正式沟通与非正式沟通

根据沟通者之间有无组织关系依托进行分类,可划分为正式沟通与非正式沟通。正式沟通是指由组织内部明确的规章制度所规定的沟通方式,它和组织的结构密切相关,主要包括按正式组织系统发布的命令、指示、文件,组织召开的正式会议,组织正式颁布的法令、规章、手册、简报、公告,组织内部上下级之间、同事之间因工作需要而进行的正式接触。非正式沟通是以社会关系为基础,与组织内部的规章制度无关的沟通方式(见图1-5)。它的沟通对象、时间以及内容等都是未经计划的,随机性较大。因为非正式组织是由组织成员的感情和动机上的需要而形成的,所以其沟通渠道是通过组织内的各种社会关系,这种社会关系超越了部门、单位及层级。非正式渠道不是由一定组织中的管理者建立的,因此,管理者对它较难加以控制。非正式沟通对正式组织具有重要的影响,它是形成良好组织氛围的必要条件,所以,管理者必须重视非正式沟通的作用。在很多情况下,来自非正式沟通的信息更易于引起接收者的重视。由于这种沟通一般是以口头方式进行,不留证据,不负责任,有许多在正式沟通中不便于传递的信息却可以在非正式沟通中透露。正式沟通与非正式沟通的比较如表1-4。

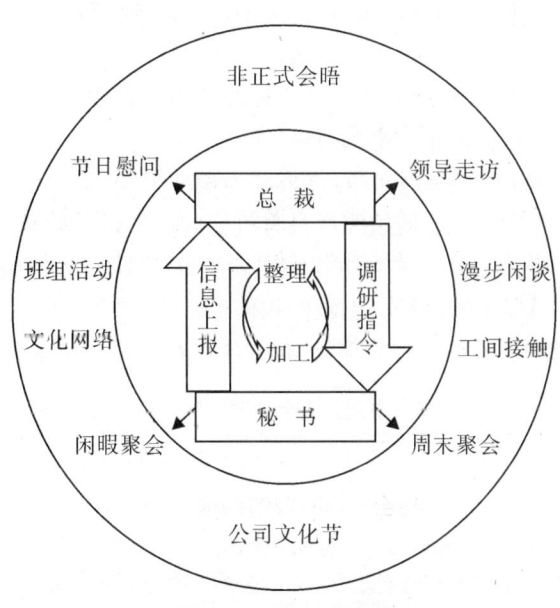

图1-5 非正式沟通

管理沟通

表 1-4 正式沟通与非正式沟通的比较

沟通方式	举例	优点	缺点
正式沟通	指令、会议、公司报告、通知、汇报	沟通效果好，比较严肃，且约束力强，易于保密，可以使信息沟通保持权威性	传播速度比较慢，信息在逐级传递过程中会出现失真或扭曲的可能
非正式沟通	周末聚会、节日问候、漫步闲聊	沟通不拘形式，直接明了，传递速度快，容易及时了解正式沟通难以提供的信息	难以控制，传递的信息不确切，容易失真，且可能导致小集体的产生

在传统的管理及组织理论中，并不承认非正式沟通的存在，即使发现有这种现象，也认为要将其消除或减少到最低程度。但是，当代的管理学者知道，非正式沟通的存在根深蒂固，无法加以消除，应该加以了解、适应和整合，使其有效担负起沟通的重要作用。例如，管理者可以设法去发现在非正式沟通的网状模式中，谁居中处于核心和"转播站"的地位，也许通过这种沟通网可以使信息更迅速传达。管理者也可以设法自非正式沟通中去发现所流传的信息内容。然而，过分利用非正式沟通的结果，会冷落或破坏正式沟通系统，甚至组织结构。而设法自非正式沟通中探听消息，其结果会造成组织背后的一套"谍报网"和打"小报告"者，从而带来管理上的问题。对于非正式沟通所采取的立场和对策是：

（1）非正式沟通的产生和蔓延，主要是由于人员得不到他们所关心的消息。因此，管理者愈故作神秘，封锁消息，则背后流传的谣言愈加猖獗。正本清源，管理者应尽可能使组织内沟通系统较为开放或公开，则种种不实的谣言将会自然消失。

（2）要想阻止已经产生的谣言，与其采取防卫性的驳斥，或说明其不可能的道理，不如正面提出相反的事实更为有效。

（3）闲散和单调乃是造谣生事的温床。为避免发生这些不实的谣言，扰乱人心士气，管理者应注意，不要使组织成员有过分闲散或过分单调枯燥的情形发生。

（4）最基本的做法，乃是培养组织成员对组织管理当局的信任和好感，这样他们比较愿意听组织提供的消息，也较能相信。

（5）在对于管理层的训练中，应增加这方面的知识，使他们有比较正确的观念和处理方法。

杰克·韦尔奇的沟通之道

美国通用（GE）公司执行总裁杰克·韦尔奇被誉为"20世纪最伟大的经理人"之一。在他上任之初 GE 公司内部等级制度森严、结构臃肿，韦尔奇通过大刀阔斧的改革，在公司内部引入"非正式沟通"的管理理念。韦尔奇经常给员工留便条和亲自打电话通知员工有关事宜，在他看来，沟通是随心所欲的，他努力使公司的所有员工都保持着一种近乎家庭式的亲友关系，使每个员工都有参与和发展的机会，从而增强管理者和员工之间的理解、相互尊重和感情交流。一些企业和组织在公司的网站上设立了相关论坛、BBS公告等多种非正式的沟通渠道。在这些渠道当中，组织成员的沟通一般是在身份隐蔽的前提下进行的。所以，这些沟通信息能够较为真实地反映组织成员的一些思想情感和想法。对于组织领导者来说，掌握了解这些信息资料是有利于他们日后的管理沟通工作的。

三、自我沟通、人际沟通与组织沟通

根据沟通发生的层次，可以划分为自我沟通、人际沟通和组织沟通。自我沟通也称内向沟通，即信息发送者和信息接收者为同一个行为主体，自行发出信息，自行传递，自我接收和理解。人际沟通是指人们之间的信息交流过程，也就是人们在共同活动中彼此交流各种观念、思想和感情的过程。这种交流主要通过言语、表情、手势、体态以及社会距离等来表示。组织沟通涉及组织特征的各种类型的沟通，它以人际沟通为基础。组织沟通一般分为组织的对外沟通和组织的内部沟通两大类。组织对外沟通包括各种公关广告、信息发布等。组织内部沟通是指信息在组织内进行的有效传递，包括向下沟通、向上沟通和平行沟通。

向下沟通是上级向下级传递信息。如企业的上级领导向下级发布命令和指示。这种沟通方式大体有五种目的：传达工作指示；促使员工了解本项工作与其他任务的关系；提供关于程序与任务的资料；向下级反馈其工作绩效；向员工阐明组织目标，使员工增强其"任务感"。这种自上而下的沟通能够协调组织内各层级之间的关系，增强各层级之间的联系，对下级具有督导、指挥、协调和帮助等作用。因此，这种沟通形式受到古典管理理论家的重视，今天仍为许多企业所沿用。但是，这种沟通易于形成一种"权利气氛"而影响士气，并且由于曲解、误解或搁置等因素，所传递的信息会逐步减少或歪曲。

向上沟通是指由下级向上级传递信息。如员工向上级报告工作情况、提出自己的建议和意见、表述自己的态度等。在组织中，不仅要求下行沟通迅速有效，而且还应保证上行沟通畅通无阻。因为只有这样，领导者才能及时掌握各种情况，从而做出符合实际的决策。但有关研究表明：有时自下而上的信息沟通即使到达了管理阶层，通常也不会被重视，或根本没被注意到，并且在逐层上报过程中内容会被逐层压缩，细节会被一一删去，造成严重失真。

平行沟通是指同级之间传递信息，如员工之间的交流、同一层级不同部门的沟通等。在企业部门中经常可以看到各部门之间发生矛盾和冲突。除其他因素以外，部门之间互不"通气"是重要原因之一。保证平行组织之间沟通渠道的畅通，是减少各部门之间冲突的一项重要措施。这种沟通一般具有业务协调性质。它有助于加强相互间的了解，增强团结，强化协调，减少矛盾和冲突，改善人与人之间的关系。

四、直接沟通与间接沟通

根据沟通是否需要第三者传递，可划分直接沟通和间接沟通。直接沟通是指发送信息与接收信息无需第三者传递。如面对面谈话、电话直接对话等。间接沟通是指人们通过中间人或借助中介技术手段（如书信、电话等个人媒介和电视、广播、报刊、网络等大众媒介）而进行的相互沟通。

在人类社会之初，由于中介手段的局限，直接沟通占据人类沟通的全部，伴随社会的发展，间接沟通比重正逐步上升。直接沟通与间接沟通各有优势。直接沟通与间接沟通的比较见表1-5。

表1-5 直接沟通与间接沟通的比较

沟通方式	举例	优点	缺点
直接沟通	直接或者电话交谈	便捷快速，不但能够听到语意还能感知多方面体现出情感	受个人情绪影响较大，不太系统，沟通常常会受善谈的所左右
间接沟通	书信类、文件报告式沟通	比较冷静理智，沟通交流观点较系统、委婉，不太容易受感情和氛围因素影响	缺少情感交流

一般而言，关系密切，交情深厚，沟通内容属机密信息或者可能会损害任何一方的名誉，最好采用直接沟通。当然，对于那些确实喜欢一切直接的人，或者无更好途径时，可以采用直接沟通。至于关系不够密切，交情一般，或者对方个性喜欢迂回，则采取间接沟通。另外，第三者比较客观，与对方交情深厚，比较容易达成目标，或者比较婉转有利，也可采用间接沟通。

总结

现代管理理论提出管理的四大职能是计划、组织、领导、控制，这些职能的实现离不开沟通，沟通是所有管理职能的整合。管理者经常不断地扮演决策角色、信息角色和人际关系角色，这些角色对如何进行管理沟通都提出了相应的要求。

有效沟通是提升企业执行力的基础，企业目标能否得到有效执行，取决于目标是否具有可执行性，目标是否得到企业员工的普遍认同，目标实施过程中企业各种资源和能力能否得到有效协调，以及目标执行能否得到有效控制，这一切都取决于管理过程中的沟通效果。

沟通就是将一个人的意思、观念和信息，传达给对方，以期取得对方相应的反应和反馈的过程，从而使双方达成共识。沟通有四个层次的目的：让对方记住某些信息、让对方了解某些信息、让对方认同某些信息、希望对方能采取行动，这四个层次目的通常具有连贯性。

沟通过程就是发送者将信息通过选定的渠道传递给接收者的过程。该过程主要包括信息发送者、编码和解码、信息传播渠道、信息接收者、反馈、噪音和背景等要素。

沟通障碍是指信息在传递和交换过程中，由于信息受到干扰或误解，而导致沟通失真的现象。在人们沟通信息的过程中，常常会受到各种因素的影响和干扰，使沟通受到阻碍。这些障碍包括环境障碍、语义障碍和非语义障碍。语义障碍包括语言差异、专业术语以及理解差异等。非语义障碍包括急于发言、排斥异议、认知偏见、不良情绪、消极的身体语言以及人人相轻等。

沟通可分成不同的类型。根据沟通所借用的媒介的不同，可划分为语言沟通与非语言沟通。根据沟通者之间有无组织关系依托进行分类，可划分为正式沟通与非正式沟通。根据沟通发生的层次，可以划分为自我沟通、人际沟通和组织沟通。根据沟通是否需要第三者传递，可划分为直接沟通和间接沟通。

 问题讨论

（1）如何理解"管理的本质是沟通"这句话的含义？

（2）从沟通这个角度描述一下你某个早上的行为，你做了哪些沟通活动。

（3）从生活中的一件事来说明沟通过程中的七个要素，找出其中所有的沟通障碍。

（4）举出两个例子说明沟通的语义障碍和非语义障碍是怎样影响理解的。

（5）以一家你熟悉的机构或你所在的公司为例，就组织内部沟通中的三种沟通方向做详细说明。

小故事

用心看世界

在从纽约到波士顿的火车上，我发现我隔壁座位的老先生是位盲人。

我的博士论文指导教授是位盲人，因此我和盲人谈起话来，一点困难也没有，我还弄了杯热腾腾的咖啡给他喝。

当时正值洛杉矶种族暴乱的时期，我们因此就谈到了种族偏见的问题。

老先生告诉我，他是美国南方人，从小就认为黑人低人一等，他家的佣人是黑人，他在南方时从未和黑人一起吃过饭，也从未和黑人一起上过学。到了北方念

书，有次他被班上同学指定办一次野餐会，他居然在请帖上注明"我们保留拒绝任何人的权利"。在南方这句话就是"我们不欢迎黑人"的意思，当时举班哗然，他还被系主任抓去骂了一顿。

他说有时碰到黑人店员，付钱的时候，他总将钱放在柜台上，让黑人去拿，不肯和黑人的手有任何接触。

我笑着问他："那你当然不会和黑人结婚了。"

他大笑起来："我不和他们来往，如何会和黑人结婚？说实话，我当时认为任何白人和黑人结婚，都会使父母蒙辱。"

但他在波士顿念研究生的时候，发生了车祸。虽然大难不死，可是眼睛完全失明，什么也看不见了。他进入一家盲人重建院，在那里学习如何用点字技巧，如何靠手杖走路等等。慢慢地他终于能够独立生活了。

他说："我最苦恼的是，我弄不清楚对方是不是黑人。我向我的心理辅导员谈这个问题，他也尽量开导我，我非常信赖他，什么都告诉他，将他看成良师益友。有一天，那位辅导员告诉我，他本人就是黑人。从此以后，我的偏见就完全消失了。我看不出对方是白人，还是黑人，对我来讲，我只知道他是好人，不是坏人，至于肤色，对我已毫无意义了。"

车快到波士顿，老先生说："我失去了视力，也失去了偏见，是一件多么幸福的事。"

在月台上，老先生的太太已在等他，两人亲切地拥抱。我猛然发现他太太竟是一位满头银发的黑人。我这才发现，我视力良好，但我的偏见还在，是多么不幸的事。

眼睛在很多时候误导甚至欺骗了我们，盲人在某些时候倒是幸运的，因为他必须用心眼去打量这个世界，并且"看"得更为真切。所以，看待事物不仅要用眼，还要用心。仅用眼睛去观察世界，多半是不全的；而用心则能体悟实际的灵魂。

沟通游戏

画　　图

规则：

（1）图形贴于写字板后。

（2）人只能站在板后，不可走出来，有30秒思考时间。

（3）描述第1图时，台下学员只允许听，不许提问——单向沟通。

（4）描述第2图时，学员可以发问——双向沟通。

（5）每次描述完，统计自认为对的人数和实际对的人数。

游戏说明的道理：

双向沟通比单向沟通更有效，双向沟通可以了解到更多信息。

☞ 对听者而言：

（1）自认为自己来做会做得更好——单向沟通时，听的比说的着急。

（2）自以为是——认为自己做对了的人，比实际做对了的人多。

（3）想当然——没有提问，就认为是（可根据学员出现的问题举例）。

（4）仅对对方提要求，不反求诸己——同样情况下，为什么有人做对了，有人做错了？我们为什么不能成为做对了的人？

（5）不善于从别人的提问中接收信息。

☞ 对说者而言：

（1）要注意听众的兴趣所在。

（2）要对所表达的内容有充分的理解与了解。

（3）存在信息遗漏现象，要有很强的沟通表达技巧。

（4）要先描述整体概念，然后逻辑清晰地讲解。

第二章 人际沟通

学习目标

(1) 理解成功的因素。
(2) 了解人际关系的内涵。
(3) 领会良好人际关系的要领。
(4) 理解人际沟通的理论及其形态。
(5) 掌握四型性格及个性化沟通。

引例

钟为谁鸣

没有人是孤岛,
没有人能独善其身,
每个人都是欧洲大陆的一部分,
属于这片土地。
无论是庄园,还是海角,
无论它属于你的朋友,
还是属于你,
只要被海水冲走一小块泥土,
欧洲就会变小。
任何人的死亡,都是我的减少,
因为我是人类群体中密不可分的一员,
所以没必要询问葬礼上的钟声是为谁敲响,
它正在为你哀悼。

——英国诗人 约翰·堂恩

第一节 人际关系

人际交往是人们社会生活的重要内容之一，自我的发展、心理的调适、信息的沟通、各种不同层次需求的满足、人际关系的协调，都离不开人际交往。每一个人，都希望善于交往，都渴望与同事、朋友、亲人甚至陌生人建立良好的人际关系。而良好的人际关系可以使个人在温馨怡人的环境中愉快地学习、生活和工作。但在实际的交往过程中，总是或多或少地存在着一些不尽如人意之处，影响了人际交往的正常进行。事实上，良好人际关系的建立，和谈恋爱一样，不能强逼，不能单相思，需要彼此的共同努力，"两情相悦"基础上建立的人际关系才能和谐长久。

一、成功的因素

无论是一般生活，还是宏伟事业，人们都希望成功。任何成功都具有某种规律，21世纪成功之道在于：让人提拔与栽培，让人拥戴与推举。伟大的发明家爱迪生（1847—1931）说："成功等于99%的汗水，加1%的灵感。"一个人的成功，源于一个人有20%的表现杰出，和80%的人际关系运作得当。在人生的道路上，成功离不开四大因素。

1. 背景

人们常说，成功的要诀在于"天时、地利、人和"。这里，"天时、地利"即"背景"。每一个成功者，总要在一定的背景条件下争取成功。正如所言："靠山者做个猎人，近海者当个渔夫。"故此，一个人的背景也就常常成为我们解释别人之所以能够成功的原因。从人际关系的角度而言，背景是以往留下来的人际关系，就像是一双看不到的手。

2. 人脉

人脉即人际关系、人际网络，体现人的社会关系。根据辞典里的说法，人脉的解释为"经由人际关系而形成的人际脉络"。在好莱坞，流行一句话："一个人能否成功，不在于你知道什么，而是在于你认识谁。"人脉如同血脉，众所周知，四通八达、错综复杂的血脉网络，是人的生命赖以存在的基础。如果说血脉是人的生理生命支持系统的话，那么人脉则是人的社会生命支持系统。常言说"一个好汉三个帮，一个篱笆三个桩"，"一人成木，二人成林，三人成森林"，都是说，要想做成大事，必定要有做成大事的人脉网络和人脉支持系统。我们的祖先创造了"人"这个字，可以说是世界上最伟大的发明，是对人类最杰出的贡献。一撇一捺两个独立的个体，相互支撑、相互依存、相互帮助，构成了一个大写的"人"，"人"的象形构成完美地诠释了人的生命的意义所在。

人是群居动物，人的成功只能来自于他所处的人群及所在的社会，只有在这个社会中游刃有余、八面玲珑，才可为事业的成功开拓宽广的道路，没有非凡的交际能力，免不了处处碰壁。很多成功的商界人士都深深意识到人脉资源对自己事业成功的重要性。美国某大铁路公司总裁说："铁路的95%是人，5%是铁。"这里，"人"即"人脉"。美国钢铁大王及成功学大师戴尔·卡耐基经过长期研究得出结论说："专业知识在一个人成功中的作用只占15%，而其余的85%则取决于人际关系。"

人脉资源根据其形成的过程可以分为血缘人脉、地缘人脉、学缘人脉、事缘人脉、客缘人脉、随缘人脉等等。

（1）血缘人脉。由家族、宗族、种族形成的血缘人脉关系。

（2）地缘人脉。因居住地域形成的人脉关系，最典型的就是老乡关系。

（3）学缘人脉。因共同学习而产生的人脉关系。小学、中学、大学的同学关系，各种各样的短期培训班甚至会议中，蕴涵着十分丰富的人脉关系资源。

（4）事缘人脉。因共同工作或处理事务而产生的人脉关系。同事、上司、下属，一段短暂的共事经历都能形成良好的人脉关系。

（5）客缘人脉。因工作中与各类客户打交道而形成的人脉关系。职业经理人在为顾客做好服务，提高企业经济效益的同时，切莫忘了投入自己的诚信和情感，积累自己的人脉资源。

（6）随缘人脉。"有缘千里来相会"，人是有缘分的。一次短暂的聚会，一次偶然的邂逅，这都是上天给我们安排的随缘机会，只要我们抢抓机遇，善于表现自己，而又理解他人，一见钟情的缘分就会降临，你的人生或事业也可能从此就会与众不同。

3. 人缘

成功人士共有的特点是什么？美国佐治亚州立大学的史坦利教授认为："答案是一本厚厚的名片簿。更重要的是他们广结人际网络的能力，这或许便是他们成功的主因。"成功人士不仅晓得有谁蕴藏在他们厚厚的名片簿里，更愿意把这些资源与其他成功人士分享。人际网络非一日所成，它是数十年来累积的成果。某学者采访了280位企业总裁后感言："那些企业总裁们，非常致力于发展'双赢'互需关系的基础。他们每个人都有如何步步高升到金字塔顶端的精彩故事，而大多数人把他们的成功归功于身旁人的提拔。"

一个人的力量往往是十分有限的，许多问题往往不是一个人能够独自解决的。当问题无法解决而陷入僵局时，你就必须请教有能力为你指点迷津的人，请求他们帮助你，给你建议，以便顺利解决问题。究竟谁会对你伸出援手？哪里会有这种人呢？这个人也许就在你的身边，是你平日所交往的人群中的一位。他可能是你工作上的伙伴或上司，也可能是你在学校里的同学，甚至有可能是一位从不曾谋面的陌生人。任何人都有可能成为对你施予援手的"贵人"。这所有的前提是，你一定要有一个好的人缘。人缘是建立人脉的基础，人脉是建立关系的基石，关系是成就工作的开始。

所谓人缘,即做人的基本态度。简单地说就是让人喜欢的一种感觉,也就是"敬人者,人恒敬之"。缘是一根无形的磁力线,彼此的情,全赖缘才得以相通。好人缘是人际关系的润滑剂,也是人们在纷繁复杂的社会环境立于不败之地的支撑点。那么怎样才能有一个好人缘?

(1)尊重别人。常言道:"人敬我一尺,我敬人一丈。"言下之意,尊重人的首要条件是你先尊重我,我才尊重你。人都有一定的自尊心,你要想别人尊重你,你首先便要尊重别人。就像一个人站在镜子前,你笑时,镜子里的人也笑;你皱眉,镜子里的人也皱眉;你对着镜子大喊大叫,镜子里的人也大喊大叫。所以,我们要获取他人的好感和尊重,必须先学会尊重他人。你处处尊重别人,得到的回报就是别人处处尊重你,尊重别人其实就是尊重你自己。

尊重别人

一个小孩不懂得见到大人要主动问好、对同伴要友好团结。聪明的妈妈把他领到一个山谷中,对着周围的群山喊:"你好,你好。"山谷回应:"你好,你好。"妈妈又领着小孩喊:"我爱你,我爱你。"不用说,山谷也喊道:"我爱你,我爱你。"小孩惊奇地问妈妈这是为什么,妈妈告诉他:"朝天空吐唾沫的人,唾沫也会落在他的脸上;尊敬别人的人,别人也会尊敬他。因此,不管是时常见面,还是远隔千里,都要处处尊敬别人。"

---

(2)乐于助人。人是需要关怀和帮助的,尤其要十分珍惜自己在困境中得到的关怀和帮助,并把它看成是"雪中送炭",视帮助者为真正的朋友、最好的朋友。帮助别人不一定是物质上的帮助,简单的举手之劳或关怀的话语,就能让别人产生久久的激动。如果你能做到帮助曾经伤害过自己的人,不但能显示出你的博大胸怀,而且还有助于"化敌为友",为自己营造一个更为宽松的人际环境。

(3)心存感恩。人的一生,无论成功失败,都会得到太多的帮助。父母的养育,老师的教诲,配偶的关心,朋友的帮助,大自然的恩赐,时代的赋予。我们成长的每一步,都有指点;我们生活的每一天,都有帮助。正因为这样,我们才渡过一个个难关,一步步走向功,创造并享受着美好生活。一个懂得感恩并知恩图报的,才是天底下最富有的。感恩是一份美好感情,是一种健康心态,是一种良知,是一种动力。有了感恩之情,生命就会得到滋润,并时时闪烁着纯净的光芒。永怀感恩之心,常表感激之情,原谅那些伤害过自己的人,生活就会充实而快乐。感恩父母的养育,感恩大自然的恩赐,感恩食之香甜,感恩衣之温暖,感恩花草鱼虫,感恩苦难逆境,感恩自己的对手,正是他们的存在才铸就了自己的成功。

(4)真诚赞美。美国已故总统亚伯拉罕·林肯(1809—1865)说过:"每个人都喜欢赞美。"赞美之所以得其殊遇,一在于其"美"字,表明被赞美者有卓然不凡的地方；二在于其"赞"字，表明赞美者友好、热情的待人态度。人类行为学家约翰·杜威（1859—1952）也说："人类本质里最深远的驱策力就是希望具有重要性，希望被赞美。"因此，对于他人的成绩与进步，要肯定，要赞扬，要鼓励。当别人有值得褒奖之处，你应毫不吝啬地给予诚挚的赞许，以使得人们的交往变得和谐而温馨。

（5）大度宽容。人与人的频繁接触，难免会出现磕磕碰碰的现象。在这种情况下，学会大度和宽容，就会使你赢得一个绿色的人际环境。要知道，"人非圣贤，孰能无过"。因此，不要对别人的过错耿耿于怀、念念不忘。生活的路，因为有了大度和宽容，才会越走越宽，而思想狭隘，则会把自己逼进死胡同。泰山不辞抔土，方能成其高；江河不择细流，方能成其大。厚德载物，雅量容人，这样才能不断提升自身素质，给人以温暖启发，给自己的事业成就打下坚实的人力资源。

（6）诚恳道歉。有时候，一不小心，可能会碰碎别人心爱的花瓶；自己欠考虑，可能会误解别人的好意；自己一句无意的话，可能会大大伤害别人的心……如果你不小心得罪了别人，就应真诚地道歉。这样不仅可以弥补过失、化解矛盾，而且还能促进双方心理上的沟通，缓解彼此的关系。当然，一个人要想保持良好的人际关系，最好尽量减少自己的过失。曾子讲："吾日三省吾身。"一个人应不断检讨自己的过失、提高个人的修养。

第六只耳环

故事发生在经济大萧条时期的美国。

曼莎小姐好不容易才找到一份在一家高级珠宝店当售货员的工作。在圣诞节的前一天，店里来了一位30岁左右的男顾客，他虽然穿着很整齐干净，看上去很有修养，但很明显，这也是一个遭受失业打击的不幸的人。

此时店里只有曼莎一个人，其他几个职员刚刚出去。

曼莎向他打招呼时，男子不自然地笑了一下，目光从曼莎的脸上慌忙躲闪开，仿佛在说：你不用理我，我只是来看看。

这时，电话铃响了。曼莎去接电话，一不小心，将摆在柜台的盘子碰翻了，盘中有六枚精美绝伦的金耳环掉在了地上。曼莎慌忙弯腰去捡。可她捡回了五枚以后，却怎么也找不到第六只。当她抬起头时，看到那位男子正向门口走去，顿时，她明白了那第六只耳环在哪里。

当男子的手将要触及门把手时，曼莎柔声叫道："等一下，先生。"

那男子转过身来，两个人相视无言，足足有一分钟。曼莎的心在狂跳不止，心想，他要是粗鲁我该怎么办？他会不会……

"什么事？"他终于开口说道。

曼莎极力控制住心跳，鼓足勇气，说道："先生，今天是我第一次上班，你知道，现在找份工作多么不容易，能不能……"

男子用极不自然的眼光长久地审视着她，好一阵子，一丝微笑在他脸上浮现出来。曼莎终于也平静下来，她也微笑着看他，两人就像老朋友见面似的那样亲切自然。

"是的，的确如此。"男子脸上的肌肉颤动了一下，回答，"但是我能肯定，你在这里会干下去，而且会很出色。"停了一下，他向她走去，并把手伸给她："我可以为你祝福吗？"

紧紧地握完手后，他转身缓缓地走出店门。

曼莎小姐目送着他的身影在门外消失，转身走回柜台，把手中的第六只耳环放回原处。她的眼睛有些潮湿，她心里想：上帝呀，这些日子赶快过去，让大家都好起来吧。

总而言之，管理自己，善待别人，心中常存善待别人的心，自然就能广结人缘，当然也可以"因缘果报"。有句话说"掌握前因，何惧后果"，只要因种得好，毋须怨叹、无须苦等，自然会有好的果出现，也会"众缘成就"，受到上司的重视，成为一个卓越的人才。当"众缘成就"时，要懂得惜缘惜福，时时存着珍惜的心。

4. 能力

凡是成功人士的身上都有独特的个人能力和人格魅力，这是旁人所缺乏的。所谓能力，就是由经验和知识所淬炼出来一股可以实践的力量，也就是有智慧的意思。"智"就是知道的常识像太阳一样广博，能散发出光芒来关照别人；"慧"就是有判断、抉择、执行、实践的力量。现代社会，一个人想获得成功，必须具备四大能力：做事的能力、做人的能力、抗压的能力和创新的能力。我们常说一个人的"品行"如何，"品"就是品德，就是做人问题，"行"就是行为能力，就是做事问题。"做人"就是一个人要具有良好的道德修养，并能按道德标准去处理好各种社会关系。"做事"就是在一定社会关系中充分发挥自己的才智，做好各方面工作并获得社会认可。抗压能力，是指在面对逆境时的处理能力，它明确地描绘出一个人的挫折忍受力。一个人抗压能力愈高，愈能以弹性面对逆境，积极乐观，接受困难的挑战，发挥创意找出解决方案，因此能不屈不挠，愈挫愈勇，而终究表现卓越。创新能力，是指运用知识和理论，在各种实践活动中不断提供具有价值的新思想、新理论、新方法和新发明的能力。

二、人际关系的内涵

人际关系存在于人际认知、人际情感和交往行为之中，它很大程度上体现为一种心理的关系和距离。简单说，人际关系就是人与人相处时，所发生的一切活动，双方透过这种互动的，而影响彼此的行为，进而达到双方最佳状况。人际关系往往是以陌生或熟悉、亲近或疏远、喜欢或厌恶这样的现实状况表现出来的，而这些又直接影响着人际交往的程度、范围和质量。加上人是有情感、有理性、有智慧的，还有着不同利益需求。因此，不同的视角对人际关系的理解不同。

1. 传播学角度看人际关系

任何人际关系都是通过人际交往实现的，而人际交往的一个非常重要的组成部分就是人际传播。由于个人所处的社会环境往往十分复杂，因此，每当与他人打交道时，就需要了解对方的各种信息，并以此来决定自己的交际行为。这时候，人际关系就表现为一种以传播为手段、并通过传播努力实现各自利益需求的相互关系。例如，在与人初次见面时递上自己的名片，或当别人向自己提出一个不适合当场回答的问题时说一句"请让我再考虑一下"，这些都是力图通过信息的传播，在影响或建立一种合情合理的人际关系。所以说，人际关系其实也表现为一种传播的艺术。

2. 社会学角度看人际关系

社会就像一副巨大的象棋盘，而我们每个人则像盘中的棋子。社会向每一个社会人提出了各种各样的行为要求，其中一部分是强制性的，如法律等；更多则是由社会伦理道德和各种规定给出，带有导向性和一定的约束性。行棋也是一样，也有自己的游戏规则。所以说，人际关系其实也可以体现为一种秩序状态。积极、合理、健康的人际关系，正是一种建立在社会规范和个体合理定位基础上的有序的社会关系。

3. 心理学角度看人际关系

人际关系的前提是人际交往，人与人的交往本身是一个为了交流有关认识性与情绪性、评价性的信息而相互作用的过程，交往的双方在这一过程中实现着对观念、思想、兴趣、心境、情感、性格特征等的相互交流与相互影响。人的交往活动具有一种情绪互动功能。人们需要交往，需要人际温暖，如同生物体需要空气、阳光和水分一样。在人们的需要结构中，交往与集群的需要是重要的组成部分。心理实验证明，如果将一个人与他人的交往完全阻断，那将是致命的，将会使人感到非常孤独和恐惧，甚至产生被整个世界遗弃的感觉。据说，美国对犯人最严厉的惩罚就是单独监禁，几个月甚至几年不让犯人与他人接触，这种折磨比死亡更加痛苦，人会因此而发疯。

个体心理因素及心理体验性特征，是导致人际关系复杂化的主要原因之一。人际关系既是一种外在的存在，也是一种内在的心理感受。人们常常用好与坏、亲和疏、远和近来评价一种人际关系，采取的就是一些心理标准。所以说，人际关系其实也就是一种在心理因素作用下的社会交往关系。

4. 文化学角度看人际关系

不同的文化影响并制约着不同的社会行为，因而也就会形成不同的人际交往的行为特征，产生不同的交际文化和人际关系。不同文化群体的不同思维方式、价值观念、民族心理、礼俗传统和审美趣味，最终会在人际交往以及处理人际关系的方式方法中体现出来。我们甚至可以这样形象地去理解人际关系：它就好像是一张以文化为道路而铺就的城市交通网，人们只有熟悉各条道路的基本情况，或者能够读懂路旁的各种示意牌，才能在纵横交错的道路上顺利到达目的地；否则，很有可能迷失方向，处处碰壁，甚至走投无路。所以说，人际关系其实就是一种以文化为纽带的社会交往关系。

三、良好人际关系的要领

成功建立关系网的关键是和适当的人建立稳固的关系。良好的人际关系能拓宽生活的视野，可助人自我了解，达到自我实践与肯定，并提高倾听和交流的能力。如何建立良好的人际关系？民间流传十要，由一至十，分别为一表人才、两套西装、三杯酒量、四圈麻将、五方交游、六出祁山、七术打马、八口吹牛、九分努力和十分忍耐。

一表人才和两套西装，属于个人的基本修养。三杯酒量和四圈麻将，则是社交活动必要的媒介。五方交游，才能扩大人际关系的范围。六出祁山、七术打马和八口吹牛，都是人际关系的技巧。九分努力还需要十分忍耐，人际关系才能良好。

1. 一表人才和两套西装

人际关系其实是自己跟自己的关系，不完全是自己跟别人的关系。一个人先要接受自己，别人才会接纳你。一表人才和两套西装是人际关系的起点，两者的目的都是给人留下良好印象。心理学有个首因效应，是指由于第一印象的形成所导致的在总体印象形成上最初获得的信息比后来获得的信息影响更大的现象。人们总是以对某一个人的第一印象为背景框架，去理解后来获得的有关此人的信息。在人际交往中，要注意给初次见面的人留下好的第一印象，对建立和开拓人际关系，有相当程度的帮助。

一表人才，主要来自一个人的内在修养。古语道："相由心生，相随心转。"相貌由父母的遗传来决定，但可以经由自己的学习和修养，来加以改变。学识丰富，内心充实，行为端庄，仪容整齐，心态改变，外表也跟着改变。两套西装，是指人的外在表现，涉及个人的服饰、着装风格、喜好等很广的范围，其强调的重点是，在人际交往中个人打扮应合乎自身的条件，应该穿合适的衣服。佛要金装，人要衣装。穿衣本身代表尊重别人，因为人要合群，要合群就必须彼此尊重。在现实生活中个人必要的、得体适合的着装打扮必不可少。

第一印象的重要性

1946年，美国心理学家所罗门·阿希（1907—1996）以大学生为研究对象做过一个实验。他让两组大学生评定对一个人的总的印象。对第一组大学生，他告诉这个人的特点是"聪慧、勤奋、冲动、爱批评人、固执、妒忌"。很显然，这六个特征的排列顺序是从肯定到否定。对第二组大学生，阿希所用的仍然是这六个特征，但排列顺序正好相反，是从否定到肯定。研究结果发现，大学生对被评价者所形成的印象高度受到特征呈现顺序的影响。先接受了肯定信息的第一组大学生，对被评价者的印象远远优于先接受了否定信息的第二组。这意味着，最初印象有着高度的稳定性，后继信息甚至不能使其发生根本性的改变。

---

2. 三杯酒量和四圈麻将

三杯酒量和四圈麻将，是指人际关系的媒介。"酒量"和"麻将"指代正常社交活动所饮食的东西和娱乐活动。"三杯"和"四圈"指适量，适可而止。建立人际关系，必须善用社交媒介，通过各种媒介和途径来结交朋友。运用人际关系媒介的目的在于消除人与人之间存在的掩饰、伪装以及隔阂，从而促进彼此之间诚心诚意的接触和交往。合理运用人际关系媒介，可以使不同个人因共同乐趣而容易形成志同道合的默契。要充分发挥人际关系媒介的作用，很好地达到运用它们的目的，应该遵循三项基本原则：①主动性原则。要发挥人际关系媒介的作用，首先应该明确人在其中的主宰地位。换言之，例如烟、酒以及其他的社交活动都只是工具而已，不能让它们反过来控制个人，使得个人产生离开它们就不自在的感觉。②正当性原则。所有人际关系媒介都应该正常化或者说正当化。③适度性原则。凡事都应该把握一定的分寸，避免犯"过犹不及"的错误。

3．五方交游

"五方"是指东南西北中，也就是说，要结交各方面的朋友。人只有广交朋友，才能保证在需要时，有人会假以援手。五方交游，意思是不要自我设限，尽量扩大交友的范围，不但交与自己性格相似的人，还要交与自己性格相反的人，多和异业交流，求同存异，互学互补，增广见闻。俗话说："在家靠父母，出门靠朋友。"朋友友谊是人与人之间一种美好亲密的情感，它产生于积极的社会生活与交往中，既是一种人际关系的体现，也是适应社会良好的反应，更是一种美好的社会性情感。人生存在社会上，与人为善、积极交往就会结识更多的朋友。广交朋友对一个人的人格完善，道德修养、社会适应能力的培养，具有十分重要的意义，对健康也有重要作用。"财富不是永恒的朋友，而朋友却是永恒的财富。"

4．六出祁山

六出祁山，意在说明，人要明知不可为而为之。凡事难免遭遇困难，若是遇到挫折便心灰意懒，何以成大事？交友过程中，有时会引起误会，如果因此而垂头丧气，如何培植深厚的友谊？西方有句谚语："最大的冒险是不敢冒险。"许多人失败不是败在他没有能力，没有经验，常败在他不敢尝试，不敢冒险。必须坚定信心，以愈挫愈勇的精神，排除万难，而且要表现在实际行动上，大家才会相信，拉近彼此的关系。

六出祁山

刘备死后，诸葛亮辅佐蜀后主刘禅，在安定内部、经营益州和平定南中后，又与吴恢复了联盟。自蜀建兴五年（227年）起，诸葛亮便开始率军北伐曹魏，至建兴十二年（234年）共六次出师，俗称"六出祁山"。

5．七术打马和八口吹牛

七术打马和八口吹牛，是人际关系的处理技巧。七术打马强调的是，应该在合情合理的情况下赞美别人，利用向人讨教的机会达到赞美别人的目的。从前有一个国王，他晚上做了一个梦，第二天上朝，他对大臣们说："我昨天晚上做了一个梦，你们找一个人来圆一圆，这个梦是什么意思？"大臣们很快就找到一个人来圆梦，那个人说："启禀国王，您这个梦是说，您的朋友一个一个都死掉了，最后只剩下您一个人。"这个国王越听越伤心，就把这个圆梦的人推出去杀掉了。不久，大臣们又找了一个人来圆梦，那个人心里想，国王的梦预示的内容和第一个人讲得差不多，但是如果实话实说，就会落得像第一个人那样的下场，所以他说："恭喜国王，贺喜国王，因为您是您所有朋友里面最长寿的。"国王听了非常高兴，赏赐给他大量的财物。两个人说的意思其实是一样的：国王的朋友一个个都死掉了，那他就是最长寿的。但结果是，第一个人被砍头了，第二个人获得了丰厚的赏赐。那我们为什么不学学第二个人，把话说得好听一点呢？

八口吹牛强调的是，在人际关系的处理中应该适当地抬高交往的对象，同时适度地吹捧自己，为自己营造一些表现自我的机会。一个人应该谦虚，却不可以看轻自己。这两者并不矛盾，可以相辅相成。看得起自己，是对自己有一份期待，是给自己一份激励，也是给自己一些鞭策。谦虚不自满，是对人的一种态度，让人家乐于亲近，更愿意帮忙。

6. 九分努力和十分忍耐

九分努力就是不断地精进。努力不一定成功，但不努力必定不会成功。要处理好人际关系，付出相当程度的努力不可或缺。人际关系的建立和维系过程中要实践"九分努力"，其强调的重点在于努力背后的"用心"。所谓"用心"，就是在人际交往中，经常自主性地进行思考和反省，才能够真正做到举一而反三，对自己的经历不断整理从而获得丰富的经验。努力所代表的是对目标所持有的良好愿望，是对过程的重视，但努力不一定能够如愿以偿，这就需要"十分忍耐"，其强调的是，成功永远属于忍耐力强的人，否则即便所有条件都具备也会最终毁于一旦。

交朋友的 11 个小技巧

交朋友有很多方法，我们有很多人也自觉不自觉地有很多交朋友的技巧，有些人甚至有交往朋友的原则。但是，很多人是用朴素的方法与人交往，或者不自觉地运用或者不运用一些技巧。这里和大家分享的 11 个小技巧，供大家社交参考。

1. 聊天聊点长远的事。我们一般与人在一起聊天的时候，除了鸡毛蒜皮、家长里短的事情之外，我们要让人觉得有一点远见，有在考虑未来的事情，自己是一个可以有长期交往价值的人。

2. 交往一些眼前无用的人。有地位有资源的人谁都想去交往，但是在人家眼里你可能都不算一根葱。那些从还看不出谁长谁短的时代发展的同学关系却在后来成为很长久的社会支撑。我们要把一部分精力放在帮助这些现在没有很多功用的人，从而为未来积累真正的价值。

3. 注意社交的差异性。有的人说我从没有当公务员的朋友，或者从来没有当教授的朋友，没有做投资股票这些方面的朋友，那么我要有意识地去这些人可能较多出现的场合、讲座、活动，交往这些朋友。

4. 不要随便给人家承诺。承诺是指100%可以做到，清晰的承诺可以减少你的麻烦，也可以让其他人知道怎么和你打交道。

5. 接近不知道或不喜欢的知识或人士。在这个不知道里面，你可能会发现这些人事其实是我非常喜欢的。如果你选10本书，你选3本不喜欢的书，7本是你喜欢的。如果你能这样坚持，你将对未来保持开放心态。

6. 在没事的时候联络老朋友。大家打招呼，说有事来找我，而社交的规矩是没事情的时候找人才能积累情感与彼此的粘合度，有事找人是用人，没事找人是情感投资。我们要更多在没有事情的时候给人电话、吃饭、聚会与旅行。

7. 做成本低但让人感觉到你的关心的事。过中秋买三千块钱的月饼，这个不见得有必要，而今天这个时代还能手写信，所以你过一个节给你30个朋友一人写一个小短信的话，比你那个肉麻的印的卡片要好。所以你哪怕用最朴素的方法报告一下你的情况，也比转一个人家已经收到过的定制短信好。

8. 组织聚会扩大关系。一家人老公有老公的朋友，太太有太太的朋友，小孩子有小孩子的朋友，如果大家的朋友带朋友一起聚会，就可以把社交关系扩大很多倍，而且还发展了与家人可共享的友谊关系，增加了共同的话题，也在有事情的时候制造了可以与大家都说得上话的人力资源。

9. 关心自己给人的第一形象。现在大家不像以往，交往机会多了，但其实人们很难有第二次交往，所以要认真地考虑自己的形象怎么样。第一要吸引人们的注意力，第二人们对我的注意力是正面的。要充分注意形象的修饰。

10. 一定要用名片。人初次见面后需有一个沟通的链接，名片就充当这样一个作用。大家在名片上也不要印手机号，你在他面前写下了一个号码，你写这个东西的姿态表明你对他另眼相看。

11. 与朋友一起做公益。朋友除了互相帮忙之外，很重要一点就是把我们的友谊和关系用在帮助第三人和第四人方面。在这一种交往中间因为你帮助了他们，所以新得到帮助的人对你负有社会债务，更重要的是使得我们能够体验到那种帮助其他人、服务其他人、为更多人创造价值这个中间的乐趣，还不会减少原来的友情。

第二节　人际沟通行为

人际沟通是团队沟通、组织沟通的基础，从某种程度上说，组织沟通是人际沟通的一种表现和应用形式。通过人际沟通，个人可以收集到关于他人心理的、个性的信息，同时也对他人发出了关于自己个性心理特征的某些信息。

一、人际沟通的特点

人际沟通是一种特殊的信息沟通，是个人与周围人之间的心理沟通，是人与人之间的情感情绪、态度兴趣、思想人格特点的相互交流、相互感应的过程。这种交流主要通过言语、表情、手势、体态以及社会距离等来表示。苏联社会心理学家加琳娜·安德列耶娃（1924— ）指出人际沟通具有以下特点：

（1）人际沟通不同于两套设备间的简单的"信息传输"，其中每一个个体都是积极的主体。也就是说，人际沟通中的每一个参加者都要求自己的对方具有积极性，不能把沟通伙伴看成是某种客体。因此在沟通过程中，信息发出者必须判定对方的情况，分析他的动机、目的、态度等，并预期从对方的回答中得到新信息。因此人际沟通的过程不是简单的"信息传输"，而至少是一种信息的积极交流。

（2）人们之间的信息交流不同于设备之间的信息交流，沟通双方借助符号系统相互影响。人与人的交流产生的沟通影响是以改变对方行为为目的的一个沟通者对另一个沟通者的心理作用。

（3）作为信息交流结果的沟通影响，只有在发送信息和接收信息的人掌握统一的编码解码系统的情况下才能实现。这个法则用一般的话说，就是要使用双方都熟悉的同种语言说话。

（4）人际沟通可能产生完全特殊的沟通障碍。这些障碍与某些沟通渠道的弱点以及编码解码的差错无关，而是社会性的和心理性的障碍。

二、人际沟通理论

美国心理学家艾瑞克·伯恩（1910—1970）于1964年在《人们玩的游戏》一书中，提出了著名的 PAC 人际交往理论。该理论认为，个体的个性是由三种比重不同的心理状态构成，这就是"父母"（Parent）、"成人"（Adult）、"儿童"（Child）状态，取这三个词的第一个英文字母，所以简称 PAC 分析。PAC 理论把个人的"自我"划分为"父母"、"成人"、"儿童"三种状态，这三种状态在每个人身上都交互存在，也就是说这三者是构成人类多重天性的三部分。正常的情况下，一个人，在某一时刻只会出现一种自我状态。

"父母"状态以权威和优越感为标志，通常表现为统治、训斥、责骂等家长制作风。当一个人的人格结构中 P 成分占优势时，这种人的行为表现为凭主观印象办事，独断独行，滥用权威，这种人讲起话来总是"你应该……"、"你不能……"、"你必须……"。音容语调上，吞吐较快，语气较严峻，且具有命令的口吻。或表现为轻抚头顶、叮嘱备至，常用"要小心"、"要注意"，表现为慈爱的关怀等。

"成人"状态表现为注重事实根据和善于进行客观理智的分析。这种人能从过去存储的经验中，估计各种可能性，然后做出决策。当一个人的人格结构中 A 成分占优势时，这种人的行为表现为待人接物冷静，慎思明断，尊重别人。这种人讲起话来总是："我个人的想法是……。"

"儿童"状态的表现特征比较复杂，反映了由于童年经历所形成的情感。它可能是本能的、依赖性的、创造性的或逆反性的；可以表现为兴奋、好奇、富于想象力、表情丰富等自然状态，常用"真好玩"、"好漂亮啊"等言语；也可表现为愤怒、拒绝、攻击、叛逆等任性状态，常用"我就不"、"我偏要"等语言；还可表现为服从和任人摆布，缺乏自信、害羞、胆怯、退缩、沮丧等，常用语言有"我什么都不行"、"好吧，随你怎么样都行"、"我猜想"、"这是我的错"、"我不知道"等状态。语调比较急促，语气冲动，时或装腔撒娇，或者是带有恳求与无助的味道。

比较三者的形成过程，我们会对PAC有更进一步的理解。"P"是"教给的生活概念"，它记录了家长各种形式的沟通，诸如语音语调、面部表情、动作姿态、言语交流以及父母告诫的各种规范。无论这些训诫正确与否，都被永久记录下来，内化为我们的行为准则，对我们的思想观念言行举止产生巨大影响，并在人的一生中都会不断播放。"C"是"感受到的生活概念"，是一种对父母言谈举止的情感体验，一种对看到、听到、感觉到和理解到的东西的内化，一种对外来刺激的内部反应。"P"和"C"是同步产生的，它真实地记录着童年时期所体验的自然冲动、情感反应、态度、感觉、经验等等。这种童年时期的情感体验被记录下来，就构成了我们的"C"。而"A"是孩子发展出的一种"思索的生活概念"，是通过自己的思考和实践，对现实经验的归类和处理。概括地讲，"A"就像"P"和"C"的守门人，将其限定在特定的场合内，并把一些成功的经验归纳存档以备今后之用。

儿童自我状态和父母自我状态具有两面性，如果能吸取其精华和积极的一面，那么，这时的成人自我状态又有了新的表现。儿童自我状态的积极部分融进成人自我状态，这时成人自我状态的主要表现是：友好合作、灵活性、想象力和创造性、乐观等；父母自我状态的积极部分融进成人自我状态，这时成人自我状态的主要表现是：原则性、具有高尚的道德情操、关心爱护别人，具有服务精神和献身精神等。儿童自我状态的消极部分融进成人自我状态，这时成人自我状态的主要表现是：不负责任、只顾自己的享乐主义、玩世不恭、依赖别人、吸引别人的注意等；父母自我状态的消极部分融进成人自我状态，这时成人自我状态的主要表现是：过分指责别人、对别人强求多、禁忌多、倾向于惩罚、特权观点、不能平等待人，看不起别人同时对别人过分保护等。

就一个健康、平衡的人格来说，三种自我状态都是必需的，我们需要成人自我状态来处理此时此地的问题，帮助我们过一个有效率的生活。要融入社会，需要父母自我状态提供规范来遵守。儿童自我状态则包含自发性、创造力和直觉力，也都是不可缺的。根据PAC分析理论，以下十种类型人际交往比较常见：

（1）PP对PP型。在这种类型中，甲乙双方都表现出一种颐指气使的武断，如甲方说："你把这任务完成一下。"乙方却说："你不见我正忙着吗？找别人干去吧！"

（2）AA对AA型。在这种交流类型中，双方都能以理智的态度对待对方，如甲问："你能把这项任务完成吗？"乙说："如果没有什么干扰，我想是能够的。"

（3）CC对CC型。在这种类型中，甲乙双方都易诉之于感情。比如甲说："过不到一起干脆离婚。"乙答："离就离，谁离不开谁呢！"

（4）PC 对 CP 型。在这种交流类型中，甲乙双方表现出权威和服从的行为，即甲方以长者自居对待乙方，乙方亦能服服帖帖不以为然。如甲作为上级对乙说："这件事完不成要受批评。"乙作为下级回答："真完不成，我甘愿接受批评。"

（5）CA 对 AC 型。在这种交流类型中，一方表现为小孩子脾气，而另一方则表现为有理智的行为，这在同事之间、夫妻之间经常会发生。

（6）PA 对 AP 型。在这种交流类型中，甲方表现为有理智，但又担心自己控制不住自己。为此，甲方经常要求乙方担作 P 的角色，起到对甲方的监督和防范作用。在上下级、同事、夫妻之间经常会发生和利用这种类型的相互作用。

（7）PC 对 AA 型。在这种交流类型中，甲方要求乙方以理智对待他，但乙方则以高压方式对待甲方，这在上下级、同事之间经常发生。

（8）CP 对 AA 型。在这种交流类型中，甲方讲理智，而乙方却易感情用事，这种现象也经常发生在不同人之间的交流中。

（9）PC 对 PC 型。在这种交流类型中，一方采取命令式而另一方不服，也采取同样方式回敬。这种交流方式必然会引起矛盾冲突。这经常表现在上下级、家长和子女之间。

（10）CP 对 CP 型。在这种交流类型中，甲乙双方都把对方作为权威看待而表现出一种服从的意向，这在同事和朋友之间经常发生。

三、人际沟通形态

发生在两个人之间的任何事情都牵涉到他们自我状态的表现。当一个人对另一个人传达某个信息（一种刺激）时，他期待对方有某种反应。这种一方传达某种刺激，另一方给予回应的过程便是一种最简单的沟通。简单的沟通只牵涉两个自我状态，越复杂的沟通，牵涉越多个（三或四个）自我状态。一个会话是由多个沟通所组成。当一个人开始沟通（或反应对方刺激）时，他可以选择一个自我状态来发出他的沟通或刺激对方的一个自我状态。这种本能在一个健康的人是一种自动的反应，并可随环境而改变，做适当的反应。根据 PAC 理论，沟通可分为三种形态。

1．互补沟通

互补沟通是刺激与反应相互平行的沟通。即某人从一种状态发出信息，对方顺应发信者期待，还以发信者预期的反应。这个沟通一般是在自然顺畅下进行，双方对彼此的期待也配合得很好。互补沟通只要保持互补，就可以永远地继续下去，或进行到不想继续这个话题为止。例：

主管："彼得，我希望你停下手中的活，赶快去处理这些文件。"

员工："我不想去，因为我很忙；但既然你是我的上司，我不得不去做。"

在这种关系中，主管对员工说话就像家长对孩子一样，员工的回答就像孩子对家长一样。如果主管以家长对孩子的模式开始交流，员工往往会以孩童的心态做出反应。不幸的是，传统的上级—下属式关系往往会导致家长—孩童式的交互作用，特别是当发出指示或进行评估时。如果主管的行为主要以这种互补作用模式进行，沟通效果将会降低。

2．交错沟通

沟通时发出信息，回来的却非预料中的反应。如果经常发生交错沟通，沟通就会产生阻碍，无法继续沟通。当刺激和反应线不平行时，非互补式的交互作用，或者称为交错式的交互作用就会出现。例：

主管："约翰，你认为我们应如何处理订单的推迟交货问题？"

员工："那不关我的事。你拿了钱，该由你来做主。"

在此例中，主管努力按照成人对成人的模式来对待员工，但是员工按照孩童对家长的模式做出回答。当出现交错式交互作用时，沟通往往被堵塞，不会得到令人满意的结果。冲突经常是紧跟其后。

3．暧昧沟通

表面上发出合理的信息，实际上是发出别的信息，蕴藏不同的动机和目的。例：

主管对 Z 部门经理说："X 把部门业绩完成得不错，Y 把部门业绩完成得更好。"（内在暗含）"你的部门业绩完成得最差，你的表现最差。"

在此例中，主管在话语中暗含着对 Z 及其部门业绩的不满。这种模式常常带来不舒服的感觉。

四、生活定位与人际沟通

在童年时代的早期，每个人都会形成一种与人交往的主要方式。这种人生观往往与人共伴一生，除非经历了重大的变故才会改变，因此它叫作生活定位（life position）。生活定位产生于两种观点的结合。首先，人是如何看待自己的？其次，总的来说，他们是如何看待其他人的？对每一问题的肯定回答（好）或否定回答（不好）间的组合，导致了种种可能的生活定位：

- ◆ 我不好—你　好
- ◆ 我不好—你不好
- ◆ 我　好—你不好
- ◆ 我　好—你　好

以上前三种基于感觉，第四种则基于思考、信念、行动。理想的定位，同时也是在成人对成人的交互作用中最可能产生的定位是"我好—你好"（I'm OK, You're OK）。它表现了有益的自我接受和对他人的尊重，最可能导致建设性的沟通、有益的冲突和彼此满意的正视结果。其他三种生活定位在心理上不够成熟、也不太有效。很重要的一点是，无论现在的生活定位是什么，"我好—你好"的定位是可以学会的，社会能由此改进人际交互作用。

不难看出，在交流沟通中，恰当的自我状态是交流成败的关键。一般来说，工作中最有效的交流沟通是 A—A 型（成人对成人的交互作用）。这种交互作用促使问题得到解决，视他人同自己一样有理性，降低了人们之间感情冲突的可能性。尽管互补式的交流沟通有时也能令人满意地发挥作用。例如，如果主管想要扮演家长的角色，员工想要扮演孩童的角色，他们之间可以形成一种比较有效的工作关系。但是，在这种情况下，员工无法成长、成熟，不知如何贡献自己的想法。因此，虽然互补式的交互作用确实能发挥作用，但在工作中能够得到最优结果并且最不可能带来问题的是 A—A 型交流。

从严格意义上讲，父母自我状态、儿童自我状态和成人自我状态并没有好坏之分，而只有应用场合的分别。但有一点可以肯定，我们必须拥有一个强大的成人意识。如果交流的过程中任由自己的父母意识或儿童意识控制我们的情绪，冲突的发生就在所难免。要使冲突解决，做到有效的交流控制，首先要努力培养自己的成人意识。父母意识会导致强制策略的使用，儿童意识可能会缓和冲突或努力避免冲突，而运用成人意识和正视策略，持"我好—你好"立场的人才更可能获得双赢的结果。成人意识是用理智而不是情感面对问题，它是父母意识和儿童意识的"守门人"，告诉它们什么时候可以出现，什么时候不该出现。人们只有具有强大的成人意识，才能在与人沟通中有效地控制自己的情绪，把握好自我状态。

五、人际沟通的艺术

人际沟通艺术，通俗地说就是如何说话，如何处世，如何为人。成功学大师戴尔·卡内基这样说："所谓沟通就是同步。每个人都有他独特的地方，而与人交际则要求他与别人一致。"

1．人际沟通要以情为先

中国有句俗语，叫"入情入理"。情在前，理在后。这就告诉我们，给人说理，先要入情，站在合乎人之常情的角度来分辨道理，这个理才容易被人明了和接受。法理，听起来严肃，其实也是理的范畴，要让人服理，就得入情在先。大家情绪平稳，当然乐于倾听。

2．人际沟通要言之有物

在人际沟通中要有事实、有证据。用事实和凭据说话是最有说服力的，特别是在敏感的区域，言之有物更显其作用。对事不对人，双方都用事实说话，去除猜想、听说之类的内容，理性地传给对方正确的信息，让彼此知道自己该做什么，该做到什么程度。空谈一大堆理论，只是在浪费时间。

3．人际沟通要言之成理

言之成理包括文字通顺和叙述不互相矛盾两层意思，它使人感到某种言说有道理。沟通必须言之成理，让人从内心认同，这就要讲道理、给说法，或至少让别人感觉你说得有道理。杂乱无章或似是而非，难让人心服。

4．人际沟通要言行一致

人际沟通中，言语表达到哪里，行动一定要准确地做到哪里，一定要和内心表达相统一。沟通的关键不在于你说什么，而在于你做了什么，在于你说的和做的是否一致。一致性的言行在人的沟通当中具有很大的力量。说到做到，行动才最有说服力。

5. 人际沟通要设身处地。

西方有句谚语："把你的脚放在别人的鞋里"，只有亲自试试别人的鞋才能知道他的真实感觉。沟通要多为对方考虑一些，多站在对方的角度考虑和解决问题，换位思考，以心换心。避免主观和成见，自然广受大家欢迎。

第三节 性格与个性化沟通

不同的人在性格上的差异往往会对他们之间的良好沟通与交流造成相当大的影响。当然，这种影响有积极与消极之分，只有懂得经营性格上的差异，对各自的不同之处形成相互的理解和宽容，才能促成良好沟通的进行。顺畅地沟通，改善人际关系，必须根据他人的性格类型，使用特定的方式来具体进行。

一、四型性格

生活中很多冲突其实大都源自性格，不同的性格有不同的思维模式，大部分人只能够理解和自己性格模式相近的人，缺乏对不同性格特征的人的了解，因此，对其他人的做事方法难以苟同，并在生活、工作、家庭等各方面与之产生摩擦。了解性格就是在帮助个体了解自己、了解别人，从而更好地提升自己的人际关系。美国性格心理学家弗洛伦斯·妮蒂雅根据对人性格的多年分类测试研究得出，人的性格轮廓大体上分为活跃型、完善型、能力型、平稳型，简称 SCMP 四型性格。

1. 活跃型

个人的童年是快乐和幸福的，经常逃避一些日常的家庭琐事，总能找到一些乐意帮自己干活的小朋友，有一些觉得离开了自己就不行的朋友，拥有一些认为自己所说的一切都非常有趣的小伙伴，总难以被家长所理解和认可，生活的主要目标是为了寻找乐趣等。那么，这个人的主导性格就是活跃型。具体而言，活跃型性格的特点表现在以下方面：

（1）活泼、好动、爱说话。活跃型的人能很容易地从人群中被发现出来，因为这种人往往是人群中说话最多的人，旁人越表现爱听，他们越讲得眉飞色舞。他们来回走动，上蹿下跳，挥手致意，扭动身躯。而与此同时，活泼型人的注意力也很容易转移，喜欢新鲜的事物，乐于冒险，静下来处理事情比较难，并且偏好不断地变化的环境。

（2）乐观且开朗，幽默感强。活跃型性格的人通常总是笑声朗朗，脸庞如同一朵含苞待放的花儿一样随时准备开放，这类人的周围总是充满着欢乐，有他们的场合，气氛总会显得比较轻松且活跃。活跃型的性格特点，造就了很多出色的迎宾者、主持人、接待员以及典型的负责人和俱乐部主席，他们能制造独特的气氛，能激发最沉闷人的激情。

（3）易于结识新朋友。活跃型性格的人也是一种特别容易交朋友的人，他们认识刚3分钟的朋友就好像认识了3年似的。他们之所以易于结识新朋友，是源于他们天性中对人际交往"三宝"的注重，即"点头"、"微笑"和"赞美"。对活跃型的人来说，没有陌生人，说一声"您好"，他们就成了你的朋友。别人在犹豫甚至退缩的时候，活跃型的人已经跟身边的人谈起来了。然而，虽然他们的朋友很多，但他们又最容易把朋友忘记。

（4）口无遮拦，容易犯错。活跃型性格的人属于先张嘴后思考的类型，他们往往在话说出口之后才开始思考，所以很容易犯"言多必失"的禁忌。与此相对应，他们的优点在于知道错了会立刻道歉。

（5）表现欲强，喜欢成为众人的焦点。活跃型性格的人在穿着打扮方面，总乐于比较明艳一点的色调，便于他们在人群中凸显自己。同时，在人群众多的公共场合说话大声以惹人注意。他们会成为啦啦队队长，在校园戏剧里担任主角。

（6）日常生活比较马虎，处事缺乏条理性。在日常工作生活中，活跃型性格的人往往不修边幅、马马虎虎，住所、办公桌上乱七八糟。不注重事物的细节，做事情也没有什么条理，凡事完全依据自己的心情而定。

（7）重视享乐。活跃型性格的人通常生活在今天，不会把昨天发生的事情放在心上。而对于明天发生什么也先不做考虑，只求今天快乐即可。

（8）儿童的心态——天真、善变与好奇。活跃型性格的人，其心态永远会像一个长不大的孩子一样，内心始终充满着喜悦。他们小时候无论在家里还是在学校，都是家长和老师的"掌中宝"，是长辈们喜欢与呵护的对象。因此，他们的心里往往不愿意长大，总愿意享受这种受宠的状态。总而言之，活跃型性格的人身上总能反射出一些孩子般的天性。

（9）以人为重心，期待他人的夸奖与赞美。活跃型性格的人是以人为重心，他们感兴趣的是人而不是事物本身。因此，他们通常都很需要赞扬和夸奖，例如他们在工作当中重视的并不是工作的本身，而是通过工作取悦他人对他们的一个评价。

（10）感性大于理性。活跃型性格的人通常是一群艺术爱好者，并且很感性的情感表达型。在看完一部感人至深的电影之后，他们往往会因为其中某个浪漫的情节而感动得痛哭流涕，而只要接触到欢快的东西，他们又能够很快地转换情绪。

综上所述，可以发现活跃型性格的人是对别人无所谓，对自己也无所谓。他们是属于外向、多言、乐观的群体，他们的存在给世界带来了无穷的欢乐。他们以极度的喜悦拥抱每一件事，当他们对生命抱以宽容和接受的态度而不苛求什么时，生命所带给他们的意义就更加丰富。健康的活泼型人认为他们自己是快乐并且热情的，他们把幸福和快乐视为人生的目标。因此，很难想象这个世界上没有了活跃型性格的人将会怎样，因为他们总是把欢乐带到人间。

2. 完善型

对周围的一切都敏感，平时容易伤感和惆怅。注意随手关上别人没注意到的、开着的抽屉。小时候玩具都摆放得非常整齐，准时做作业并且非常喜欢收集很多的资料。能够刻苦地练习钢琴直到满意为止，却不愿意在公开的表演场合上进行独奏。在任何情况下都同情弱者，能够无私地帮助一些可怜的孩子。事情不如己所愿但他人却没有注意到时，个人会感到非常的沮丧等，那么这个人的主导性格就是完善型。具体而言，完善型性格的特点表现在以下方面：

（1）一生追求完美。完善型性格的人眼中没有完美的东西，因此他们在处理事物，或者与人交往当中总是抱着审慎的态度以及挑剔的眼光，通常表情都会相对严肃或者冷漠，不会像活跃型性格的人那样容易让人接近。另外，由于这个世界上没有完美的东西，所以他们总是活得很累。但也正因为他们对完美的不懈追求，所以他们通常都可以把事情做到最好。

（2）为人严谨，不愿意成为人群中的焦点。与活跃型性格的人不同，完善型性格的人随时在监视自己，与自己的思想进行对话，所以他们不能做出任何逃出他们规范中的东西或者事情。例如着装，他们不会像活跃型性格的人那样花哨艳丽，力图吸引他人的眼球，而是根据时令和场合使之显得非常得体合理。

不仅如此，完善型性格的人一般都是先思考后发言，而且善于分析并且往往剖析得非常深刻，通常表现出解决问题的能力特别强。与此同时，完善型性格的人对待工作也是完美主义者，凡事都按照计划按部就班进行，有组织有条理，善始善终，并且在过程中注意对细节的把握。

（3）想得多，做的少。对于完善型性格的人而言，"要么不做，要做就做到最好"是其座右铭，因此，他们往往考虑事情非常周全详细，凡事三思而后行。因此，谨言慎行的他们通常都会觉得与活跃型性格的人在一起很别扭，比较反感他们那种"马虎、缺乏条理以及口无遮拦"的处事态度和风格。

而且，完善型性格的人在谨言慎行方面往往还会走到另一个极端，即总是停留在思考的阶段而迟迟不行动。他们任何事情都可以做到最好，遗憾的是他们大多数时候都是反复地做着评估。他们可以成为这个世界上任何行业顶尖的人物，但前提是他们最需要将自己的行动力提升起来，把计划与行动紧密地结合在一起。

（4）十分矛盾，容易紧张。在公开场合中，完善型性格的人既害怕别人太在意，又担心别人丝毫不在意，他们是非常矛盾的一个群体。如果在公开场合中，所有人的眼光全部集中在他们身上时，他们往往会很紧张，感觉太扎眼。而如果没有一个人关注他们，他们又会觉得很不舒服。

（5）过于消极和悲观。完善型性格的人不仅非常矛盾，而且看待事物的视角通常都是悲观和负面的，他们接收的信息都是负面的和消极的。

（6）十分敏感，多愁善感。正所谓"说者无心，听者有意"就是这个道理，正因为这种特点，完善型性格的人往往也容易因"想多"而"愁多"，可能突然间情绪不好。

（7）忠诚可靠。完善型性格的人通常是甘愿留在幕后的人，不愿意抛头露面，心甘情愿做配角。因此，他们往往能够结交到在关键时刻能够提供有实际价值的帮助的真心朋友，虚头巴脑的承诺很少，在朋友之间都是真诚相待、相互欣赏的。

（8）很少赞美人。完善型性格的人总在追求完美，看问题透彻明晰，所以他们又往往会走到吹毛求疵的极端。因此，他们一般情况下不会像活跃型性格的人那样轻易地赞美别人，再好的事情能得到他们"还不错"的评价就已经相当难得。

（9）标准太高。完善型性格的人通常会给事物设定非常高的标准，质量比数量重要。在这种高标准下凡事都非常认真，并且往往认真到让别人觉得有压力同时让自己也觉得很累的地步。

（10）以事为重心。与活跃型性格的人不同，完善型性格的人以事为重心。因此，他们在一些原则问题上绝对不会马虎，不会为了维系良好的人际关系而违背原则地追求一团和气，往往会尖锐地指出问题的所在而根本不留情面，因此，完善型性格的人有些时候会感觉到人际关系比较紧张。

综上所述，完善型性格的人对别人要求严格，对自己也要求严格。总体来讲，他们是内向的思考者，属于悲观的一群人。但他们不会因为悲观就失去积极的意义，由于敏感，他们往往会提早发现一些危机。对于完善型性格的人而言，其生命意义就是贡献牺牲，这是非常难能可贵的生命意义。

健康的完善型人物对每件事都很擅长，他们是所有人格形态中最具才能者，很多杰出的思想家、律师、医生、艺术家、工程师以及科学家都具备这种性格特征。如果没有他们，这个世界同样也不知乱成什么样子，因为完善型的人是很好的规范者和策划者，世界需要他们的力量。

3. 能力型

很小的时候就让父母觉得很头疼，凡事都很有主见。很早就能够观察到大人们只不过年纪大一些而已，并不见得有多么聪明。比其他学生做作业都要快很多，而且不明白别人为什么那么慢。经常担任学校的社会职务等，那么这个人的主导性格就是能力型。具体而言，能力型性格的特点表现在以下方面：

（1）热情奔放，精力充沛。能力型性格的人总是在实现目标、完成任务，一生都不能停下来，属于典型的工作狂。而在工作的过程中，往往又表现出热情奔放、精力充沛的特点。

（2）自信十足，天生的领导人。能力型性格的人无论是外形还是仪表仪态都显示出非同寻常的自信，并且通常喜欢穿比较深色的、显示权威的衣服，具有与生俱来的领导素质。

（3）以事为重心，独立性非常强。与完善型性格的人一样，能力型性格的人也是以事为重心，由于他们坚持原则，所以往往导致他们由于事情而忽视了一些人际关系。不仅如此，作为天生的领导人，他们的独立性非常强。对于与工作无关的社交，他们觉得是浪费时间，因此出于实际的考虑而要求控制。做任何事情他们自己的感觉永远是对的，因此态度通常会很强硬，更别说主动道歉。然而，尽管他们从来不承认自己有什么明显的错误，口头上也不会有任何的表示，但一旦发现问题他们通常会用实际行动去予以改善。

（4）凡事讲道理，喜欢争论。由于总是坚持己见，所以能力型性格的人通常喜欢与人争论、讲道理。有时容易陷入"为争论而争论，忽视结果"的陷阱之中，忘记了争论的目的究竟是什么。实际上，处理事情"有效果"比"有道理"更为重要，有效果的道理才是真正的道理。因此，对于能力型性格的人而言，一定要避免犯所谓的"比别人更正确的错误"。

（5）处事果敢，当机立断。能力型性格的人一般都非常有主见，能够在关键时刻当机立断做出一个决定。由于其这样的特点，所以类似消防队的队长、指挥官以及将军等职业岗位非常适合能力型性格的人，不需要他们桎梏于细节和原因，只需要他们能够果敢地在关键时刻指出方向、做出决定。

（6）永争第一，愈挫愈勇。能力型性格的人通常都具有很强的意志力，在各种事情中都以"第一"为目标。"人必须超越自己的极限，否则要天堂何用？"在过程中绝不轻言放弃，勇于接受来自对手的挑战。同时，承受来自各个方面的压力和打击，永不言败，运用极强的应变力，愈挫愈勇。

（7）非情绪化。能力型性格的人是非情绪化的，一般不容易动真感情。面对困境，他们强调迎难而上，敢于冒险和挑战，绝不相信眼泪能够解决问题。因此，他们往往在亲情方面容易被人误解。

综上所述，能力型性格的人是对别人要求严格，对自己无所谓。他们充沛的注意力与精力总是向外，集中于这个世界。

健康的能力型的人物不会被内省的默想所分心，因此不会从实际行动的世界退缩。相反，他们神采奕奕地随时准备投入新的领域。他们对这个世界的喜爱总是一再地把他们引导向前，使他们不断地获得新的兴趣和能力。如果没有他们，很难想象这个世界的文明进程和发达程度将会怎样。

4．平稳型

小时候不容易哭闹，是长辈眼中的乖孩子。按时完成作业，但是会不自觉地多做一点。不在乎担任学校里面的社会职务。随时没事就喜欢小睡一会儿。尽量让身边的每个人都很高兴，同时又竭尽全力地避免一些麻烦或冲突等，那么这个人的主导性格就是所谓的平稳型。具体而言，平稳型性格的特点表现在以下方面：

（1）平和稳定，没有任何的侵略性。平稳型性格的人脸上总是带着微微的笑容，既不矜持勉强，也不夸张虚浮。穿着打扮也十分随和，不抢人风头，也不落后时尚。与人相处相对害羞和腼腆，非常保守，不愿意引人注意。在工作和生活方面也不喜好变化，工作岗位和电话很少更换。

（2）仁慈善良，善于关心和同情别人。与活跃型性格的人拥有大量欣赏他们的簇拥者不同，平稳型性格的人是全世界最好的聆听者，他们可以静下心来，面带微笑听别人说任何东西，并基于聆听的结果对别人表示关心和体谅，因此，他们也容易结识真心的朋友。

（3）以人为重心，无法拒绝别人。平稳型性格的人很难拒绝别人，他们最难说的一个字就是"NO"，同时，为了维护良好的人际关系，他们很难去做出决断。平稳型性格的人并不是没有能力做出决定，而是不容易或者害怕承担相应的责任。由此可见，平稳型性格的人以人为重心，十分在乎人际关系，刻意地追求人与人之间的和谐。

（4）没有什么特别。能力型性格的人优缺点都很明显，一眼就能够看出来，急躁火爆的脾气使他们对任何事情都直来直去。而平稳型性格的人则不这样，其最大的也是最明显的优点在于没有任何缺点，也没有什么特别。

（5）面面俱到，和事佬。平稳型性格的人通常对人际关系处理得非常到位，一般情况下，尽管心里有自己的想法，但是出于避免破坏和谐的考虑，他们都会表现得任劳任怨、没有借口。这种隐忍顺从的个性特点，使他们容易成为能力型性格的人所支配的对象。同时，他们也善于调节不同人之间的矛盾，并且能够处理很多沉闷的、重复性的工作。

（6）能够笼络人心，成就大事。平稳型性格的人虽然表面上不怎么起眼、并不十分突出，一旦他们愿意承担责任之后，往往能够成为最了不起的领袖，相当多杰出的社团领袖、国家元首以及企业家都具有这样的性格特征。因为平稳型性格的人具备发掘并笼络很多有才能的人士为之工作的能力，他们乐于为人才提供资源和空间，搭建他们施展才能的舞台，并在其中平衡好各种关系，促使大家同心同德、齐心协力地把事情做好。

（7）乐天知命，凡事泰然处之。平稳型性格的人在生活中通常很随和，生活在平静中，能够适应一成不变的生活，强调健康和低调，在这样的环境中，处事冷静且有耐心。

（8）提供并且需要安全感。与活跃型性格的人最愿意探听秘密也容易泄漏秘密不同，平稳型性格的人最能保守秘密，因此他们往往向别人展示的是自己的安全感，可以成为对方最忠实的好朋友。与此同时，他们也最需要环境中的安全感和信赖感。

（9）情感丰富但不露声色。平稳型性格的人的情感不容易表现出来，会令别人感觉到比较轻松。作为父母，他们通常是孩子们眼中最好的父母，不会以任何标准来对孩子进行苛求；作为领导，也会让员工觉得没有压力，反而容易让员工自觉付出而努力工作。

综上所述，平稳型性格的人是对别人不要求，对自己不苛求。他们普遍内向，乐做旁观者，属于悲观类型。平稳型性格的人的写照是：自制、自律、实践、平静、满足、感受深刻敏锐、不忸怩、情绪稳定、温和、乐观、让人安心；他们支持别人，有耐性、好脾气、不自夸是个真好人，也正因为他们的存在这个世界才称得上"和平"。

二、个性化沟通

沟通就如同调频电台一样，需要频率一致才能进行。这个社会是以人为本的，万事万物都离不开人，要想解决问题，首先就必须理解人，这是问题的根源所在。一把钥匙开一把锁，对不同的人应该用不同的方式来对待。

1. 与活跃型的沟通

活跃型性格的人非常有才华，但是他们需要能够展现才华的舞台，只有在这样的舞台上他们才能够获得他们所需要的关注和赞美。因此，要给活跃型提供舞台，让他们进行表演，然后给予掌声、鼓励以及赞美，这样他们才会充满信心。在工作上，要理解他们完成任务的困难，最有效的激励就是公开表扬和奖赏他们。

活跃型性格的人不会经过太多的思考来说话和表达，因此，要理解他们经常说话不思考的习惯，有必要在过滤其讲话内容的同时，保持宽容的心态，不要与他们过于计较和认真。另外，他们通常还喜欢新鲜和不断变化的东西，所以应该不断地准备一些小礼物来给他们意外的惊喜。

2. 与完善型的沟通

完善型性格的人在与人相处时，往往说话做事都显得比较冷漠，不太关心别人，并且通常都很认真和严格。因此，要理解他们是以事为重心，理性、合乎逻辑，并且用正经的态度和他们沟通。在工作上，尝试用为什么来回应他们的问题，强迫他们自己思考，满足他们自己解决问题的需要。

完善型性格的人的见解往往是极具价值的，正所谓"偏听则暗，兼听则明"，不要受他们冷漠的态度所影响，应该尽可能多地从他们身上吸取客观的事实。不喜欢他们的态度，但是不要阻止他们畅所欲言。对完善型性格的人进行赞美不能应付，也不能过分地夸大，应该突出其最令人值得赞美的那一点，然后衷心地对其进行关怀。与此同时，尊重他们的时间表，尽量不要打乱他们的计划。

3. 与能力型的沟通

能力型性格的人往往具备很多领导人的素质，因此，要理解他们是天生的领导，想控制一切的事和人，不喜欢顺从，渴望独立和自由。玩弄权谋、操纵他们、说谎，都是他们讨厌的行为，跟他们沟通的最好方式是直接、说重点。在工作上，给他们该项目主人的感觉，但首先要就范围和性质进行说明，在划清界限的基础上向他们充分授权。

能力型性格的人讲求工作的效率，因此，进行交流的时候应该注意开门见山、直入主题。与此同时，应该在公开的场合对其进行表扬，在私下里对其进行批评和建议，这样才能保全他们的颜面。

4. 与平稳型的沟通

平稳型性格的人抵触不稳定的环境，需要的是平静的环境和安全感。因此，要理解他们不是冒险者，他们担心伤害和挫折，恐惧挑战和目标。在工作上，给予既定的工作模式，如果有什么变化应提前给他们通知，让其做好心理准备。

尽管表面上表现得没有什么追求，但是要理解他们的内心有秘密的心愿，即要成为一个有用的、可以帮助别人的人。要适时地赞美他们、认同他们，因为他们常常不知道自己的优点、自己的重要性。

总结

成功离不开背景、人脉、人缘和能力四大因素。人脉，即人际关系、人际网络，体现人的社会关系。人缘，即做人的基本态度。好人缘是人际关系的润滑剂，也是人们在纷繁复杂的社会环境立于不败之地的支撑点。拥有一个好人缘需要做到尊重别人、乐于助人、心存感恩、真诚赞美、大度宽容、诚恳道歉。能力是由经验和知识所淬炼出来的一股可以实践的力量。现代社会，一个人想获得成功，必须具备四大能力，即做事的能力、做人的能力、抗压的能力和创新的能力。

人际关系是人与人相处时，所发生的一切活动，双方透过这种互动的联结，而影响双方的行为，进而达到双方最佳状况。不同的视角对人际关系的理解不同。成功建立关系网的关键是和适当的人建立稳固的关系。建立良好的人际关系有十个要领，由一至十，分别为一表人才、两套西装、三杯酒量、四圈麻将、五方交游、六出祁山、七术打马、八口吹牛、九分努力和十分忍耐。

人际沟通是一种特殊的信息沟通，是个人与周围人之间的心理沟通，是人与人之间的情感情绪、态度兴趣、思想人格特点的相互交流、相互感应的过程。人际沟通具有四大特点：沟通双方都是积极的主体；沟通双方借助符号系统相互影响；沟通双方有统一的编码系统和解码系统；人际沟通可能产生完全特殊的沟通障碍。

每个人身上都交互存在"父母"、"成人"和"儿童"三种状态。"父母"状态以权威和优越感为标志，通常表现为统治、训斥、责骂等家长制作风。"成人"状态表现为注重事实根据和善于进行客观理智的分析。"儿童"状态的表现特征比较复杂，反映了由于童年经历所形成的情感。

根据三种状态的分析，沟通可分为互补沟通、交错沟通和暧昧沟通三种形态，人与人之间有我不好—你好、我不好—你不好、我好—你不好、我好—你好四种生活定位。理想的定位是"我好—你好"，它表现了有益的自我接受和对他人的尊重，最可能导致建设性的沟通、有益的冲突和彼此满意的正视结果。

人际沟通的艺术包括：人际沟通要以情为先，人际沟通要言之有物，人际沟通要言之成理，人际沟通要言行一致，人际沟通要设身处地。

人的性格轮廓大体上分为活跃型、能力型、完善型、平稳型四种类型。与不同性格特点的人进行沟通需要个性化考虑，根据他人的性格类型，使用特定的沟通方式。

问题讨论

（1）如何理解"人脉决定钱脉"这句话的含义？
（2）怎样才能有一个好人缘？
（3）如何理解良好人际关系的要领？
（4）透过录音机，无意间录下自己平时与人的对话，作为检视，找出可以改进自己沟通方式的地方。
（5）举例说明与不同性格的人如何进行个性化沟通。

小故事

两 个 富 人

在一个犹太小镇上，一个荒淫无耻的富人死了。

全镇的人都为他哀悼，并送他的棺材到了墓地。当他的棺材被放进坟墓时，四处都是哭泣、哀叹声。据镇上最老的居民回忆，就连教士和圣人死去时，人们都没有如此悲哀。

正巧第二天镇上的另一个富人也死了。他的性格和生活方式正好与前一个富人相反。他节俭禁欲，只吃干面包和萝卜。他一生对宗教都很虔诚，成天在豪华的研究室内学习法典。可是，他死后，除了他的家人外，没有人为他哀悼。他的葬礼冷冷清清，只有几个人在场。

镇上恰好来了个陌生人，他对此迷惑不解，就问道："请向我解释一下这个城镇奇怪的行为吧。他们尊敬一个无耻的人，而忽略一个圣人。"

一个镇上的居民回答说：

"昨天的那个富人，虽然他是个色鬼和酒鬼，但却是镇上最大的施益者。他性格随和、开朗，喜欢生活中的一切好东西。实际上，镇上的每一个人都从那儿获益。他向一个人买酒，向另一个人买鸡，向第三个人买鹅，向第四个人买奶酪。他出手还十分大方。这就是为什么我们每个人都想念他，哀悼他。

"可今天死去的那个富人又有什么用呢？他成天吃面包和萝卜，没人能从他身上赚到一文钱。相信我吧，没有人会想念他的。"

启示：

当财富无法带给周围的人好处时，那它就是失败的。许多犹太富豪，他们的身份不但是企业家，也是一个慈善家。

第二章 人际沟通

 沟通游戏

你像哪种动物

规则：

（1）将各种各样的动物的漫画给大家看，也许做成图片贴在教室的墙上，或者是做成幻灯片让大家分别描述不同的动物的性格，主要是当他们遇到危险时的反应。

（2）让学员回想一下，当他们面对矛盾的时候会有什么反应，面对矛盾他们的第一反应是什么，这一点和图中的哪种动物最像。如果图里面没有，也可以找外面的，最主要是要言之有理。

（3）让每个人描述一下，他所选择的动物性格，说出理由。比如说："我像刺猬，看上去浑身长满刺，很难惹的样子，其实我很温驯。"

相关讨论：

（1）你所选的动物和别人所选的动物是不是有什么奇怪的地方？你所应用的它那一部分性格，别人注意到了吗？

（2）当不同的动物性格的人碰到一起的时候，应该如何相处？

游戏说明的道理：

（1）每个人都有自己特定的思维模式，从而决定了他的行为模式，不同的思维模式的人碰到一起，总是不可避免地要面临冲突，当冲突出现的时候，也许正视问题，互相尊重才是更好的解决问题的方法。

（2）合作和沟通的过程中，要认真地考虑自己和对方冲突的根源所在，根据彼此的特点进行调整；最终，尽管存在冲突，不同类型的人仍然可以在一定程度上互补，也可以做到很好；作为领导者的经理层人物应该善于观察和利用这一点，才能构成一个更好的团队。

第三章 组织沟通

> **学习目标**
> (1) 了解组织沟通的作用。
> (2) 列举并讨论组织沟通的障碍因素。
> (3) 明确组织内部的角色关系。
> (4) 掌握与下属、上司和平级沟通的策略。

引例

汉初三杰

刘邦打天下时,手下文臣武将不计其数,其中萧何、张良、韩信居功至伟,被史学家称为"汉初三杰"。刘邦的评价精确而深刻,有一次酒席宴上,他问群臣自己为什么能得到天下,而项羽比自己势力大得多却失去天下又是为何。群臣的对答都没有说到点子上。刘邦笑了笑说:"公知其一,未知其二。吾之所以有今天,得力于三个人——夫运筹于帷帐之中,决胜于千里之外,吾不如子房;镇国家,抚百姓,给馈饷,不绝粮道,吾不如萧何;连百万之军,战必胜,攻必取,吾不如韩信。此三者,皆人杰也,吾能用之,此吾所以取天下也。"

然而,被刘邦亲自称之为"人杰"的三个人,均功劳盖世,但结局各不一样。一代将才韩信不拘小节,恃功居傲,从"假齐王"到"韩信点兵",一步步将自己推向深渊,终于在未央宫阴谋中死于吕后之手,真可谓"英雄一世真豪杰,辜负胸中百万兵"。萧何后半生较为坎坷,刘邦一次次找借口将其入狱,萧何唯有靠自己表露忠心的行径脱离险境,已是白发苍苍,仍不能安享晚年,被刘邦开恩释放后,更是诚惶诚恐,谨慎恭敬。张良精通黄老之学,深知"不伐其功,不矜其能"的道理,助刘邦完成统一大业后,谢绝了刘邦对他的万户侯的封赏,只要了"留"这个地方,功成身退,千古流芳。

第一节　组织内部沟通

沟通是组织活动的核心，它关系到组织目标的实现和组织文化的塑造。无论员工的技术水平与产品的价值多么令人瞩目，缺乏有效的沟通，组织都不可能圆满实现其目标。大多企业在组织沟通领域存在许多问题，虽然有些问题所导致的不良现象已有所反映，但是企业管理者们却不能正确认识问题的起源和本质。因此，重视组织沟通、采取有效措施改善组织沟通是实现组织目标的关键。

一、组织沟通的作用

组织是由许多不同的部门和成员构成的一个整体，这个整体有其特定的目的和任务。为了达到组织的目标，各部门及各成员必须密切配合与协调，只有各部门、各成员之间存在着良好的沟通意识和行为，各部门及成员之间才能彼此了解、相互协作，进而促进团队意识的形成，增强组织目标的导向性与凝聚力，使整个组织系统能围绕终极目标而进行良性运作。具体而言，组织沟通的作用主要体现在以下几方面：

（1）联系与协调。沟通是员工之间、部门之间联系与协调的基本途径和方法，有效的沟通可使组织内部与外部各要素之间协调一致，形成一个有机的整体。

（2）激励。沟通是领导者激励下属，实现领导职能的基本途径。一方面，领导者需要了解员工的需求，必须通过沟通来实现。另一方面，实施有效沟通，可让员工谈自己的看法、建议，最大限度地满足员工自我实现的需求，从而激发他们的积极性和创造性。

（3）改善人际关系。组织之间、员工之间的交流有助于满足员工的心理需要，而且在沟通中双方会产生共鸣，促进彼此的了解，改善相互之间的关系，使员工产生强烈的归属感。

（4）创新。沟通是组织创新的重要来源。有效的沟通能使管理者发现问题并获得宝贵建议，员工的参与是组织创新的巨大动力。在沟通过程中，沟通者相互启发、相互讨论、共同思考，往往能激发出新的创意。

（5）控制。有效控制的前提是信息的获取，信息沟通为控制提供了基本前提和改善控制的途径。

二、组织沟通的障碍

美国加利福尼亚州州立大学研究发现：来自领导层的信息只有20%～30%被下级知道并正确理解，从下到上反馈的信息不超过10%被知道和正确理解，而平行交流的效率则可达到90%以上。组织机构臃肿，结构设置不合理，各部门之间职责不清，分工不明，就会给沟通双方造成一定的心理压力，引起传递信息的失真和歪曲，从而失去信息沟通的有效性。组织的内部结构以及组织长期形成的传统及气氛，对内部的沟通效果会直接产生影响。组织沟通的障碍主要体现在以下几个方面。

1. 角色错位

一项调查表明，因管理者不能认清自己的职位所导致的角色错位而导致了80%的管理者超过50%的工作"毫无价值"或者"价值缩水"。中层管理者角色错位的三种表现包括：第一，民意代表。把自己看作民意代表，反映基层员工的呼声，反映下面的意见，代表部门员工的意愿。显然，这是一种错误的角色定位。中层管理者应当代表公司维护员工的利益，而不是代表员工维护员工的利益；第二，同情者。在部门或在私下，当下属抱怨公司的高层或公司的制度、措施、计划时，中层管理者跟着一块骂，表示同情。这种角色错位往往容易造成员工思想上的混乱，而且不利于树立中层管理者在部门里的权威；第三，代表个人。在公司里，经常会看到或听到有的中层管理者说："刚才我说的这些，只代表个人意见。"这也是角色误区之一。对上司而言，中层管理者个人意见可以代表整个部门的意见，也可以代表其个人的意见。当与同级或下属沟通时，实际上没有"个人意见"，只有"职务意见"。

2. 态度轻视

如果一个企业不重视沟通管理，大家都消极地对待沟通，忽视沟通文化的话，那么这个企业长期下去就会形成一种无所谓的企业文化。这种无所谓文化主要表现在员工对什么都无所谓，有什么问题或看法，既不想方设法去解决问题，也不主动去找领导沟通寻求解决方法，而是抱着事不关己、高高挂起的态度，任由问题存在或发展；管理者也对什么都无所谓，不仔细去观察和了解，不去主动地发现问题和解决问题，或对出现的问题推诿拖延，导致问题越来越严重，直到付出沉重的代价。在无所谓文化中，员工更注重行动而不是结果，管理者更注重布置任务而不是发现解决问题，工作缺乏主动性，结果当然就难以预料。长此以往，员工没有进取心，工作上缺乏激情和积极性，工作效率必然无法得到提高。同时缺乏沟通还将导致员工之间、管理者与员工之间人际关系冷漠，相互协作意识淡薄，企业将会成为一盘散沙。

3. 方式不当

沟通方式选择恰当与否直接影响沟通的效果和质量。企业的员工数多则上万，少则几位，无论上万还是几位，他们彼此之间并非"一个模子"制造出来，因而有许多差异。面对不同背景的员工，如果采用不恰当的沟通方式，员工心理上会产生排斥感，甚至挫伤积极性。沟通方式合理的重要条件是使员工心理上都能接受，这是一个非常重要的先决条件，只有这样才能达到沟通效果，调动员工的积极性。

4. 地位差异

沟通双方地位的差异造成心理的沟通障碍，特别是组织中上下级之间的沟通。

下级在向上级汇报工作或主动沟通中，常常担心说错、害怕承担责任、伴有焦虑等情绪，导致沟通不能在宽松流畅的氛围中进行，形成沟通障碍。而在向下沟通的过程中，主动沟通的是上级，虽会受到欢迎和拥护，但毕竟有时会居高临下，造成下属的压迫感和紧张，也会形成沟通障碍。平行的沟通虽然地位的差距不大，但位置职务的重要与否、资历深浅、组织中成员的认可度等，都会形成地位的优越感或低下感，从而引发心理障碍，造成沟通的不畅。管理者在与员工进行沟通时应尽量减少沟通的级别，越是高级的领导者越注意与员工直接沟通。总而言之，在管理者与员工之间进行的双向沟通，其关键在于管理者。

三、组织角色的认知

管理者在进行沟通前首先要明确自己的角色。在面对上级时你是下级，在面对下级时你是上级。作为下级和作为上级沟通时，应该注意自己的角色、自己的身份，选择合适的沟通方式。组织角色是相对于组织而言的，是组织成员在组织中所扮演的角色或发挥的作用。管理者在企业里到底是什么角色呢？以下从两个方面进行分析：

企业外部：主要是针对"客户"的关系处理，这里的客户可能涉及上游的供应商、下游的代理/经销商以及终端客户。越来越多的企业老板将强化员工的"客户意识"放到非常高的位置，因此，作为管理者必须相应提高自己的客户意识，以对客户负责的心态去处理相应的事务。

企业内部：主要包括三大关系的处理。以管理者本人为中心，往上是上司（更高一级的管理者），往下是部属（你的团队成员），左右都是你的同僚及其所代表的部门/科室。

管理者是上下及平行部门进行沟通的沟通枢纽。管理者的沟通之于企业就像血液之于人体。管理者必须做到"承上启下、纵横捭阖"，否则一定会有一个地方出现问题。而只要一个局部发生问题，必将引起全身的不适。比如，一个管理者，无法取得平行部门的支持，那么他的下属推进相关工作就有诸多不便；如果一个管理者，无法取得上司的信任，那么他的下属很可能会心灰意冷，团队的凝聚力与战斗力势必低下；而如果一个管理者无法取得部下的支持，那么他根本就无法带领团队去战斗，更别奢谈什么战斗力。

1. 作为下属的承上

承上是指承担岗位职责，达成组织目标，执行上司指示。作为下属的承上角色，简单概括就是贯彻执行。贯彻上司的思想，执行上司的决策。在贯彻执行的过程中接受上司的考核。美国 ABB 公司董事长巴尼维克曾说过："一位管理者的成功，5% 在战略，95% 在执行。"企业里的一员，无论居于哪一个位置，角色首先是贯彻执行者，对自己的职务、职权、职责负责，在任何情况下，先做好自己的本职工作。基础员工、基层管理人员、中层管理人员、高层管理人员在企业充当下属角色也就意味着充当执行者的角色。基层员工属于基本执行单位，基层管理人员为现场直接执行者,中层管理人员为中层执行者,高层管理人员为最高执行者。企业所有的战略和计划制订后,一层一层往下传达,一层一层向下执行,将计划转变为行动,并在执行过程中,积极反馈信息,最终实现计划的目标。

西点军校的军规

第一条,无条件执行。第二条,工作无借口。第三条,细节决定成败。第四条,以上司为榜样。

下属的执行角色强调主动执行,主动执行就是无条件执行。无条件执行就是没有任何藉口的去执行,并达到令人满意的要求。因此,优秀下属的第一准则就是服从。没有下属的服从,任何绝佳的战略和设想都是不可能被执行下去的;没有下属的服从,任何一种先进的管理制度和理念都是无法建立和推广下去的;没有下属的服从,任何一个精明能干的领导都无法施展其才略。

尽管上司的决策也有错误的时候,但也应该遵从执行。你既不能事先加以肯定或指责,也不要事后加以抱怨或轻视上司的决定。因为上司在作决定时,认为百分之百是正确的,他才会这样做。作为一个下属,很难断定决策是对还是错,因为很多东西在没有最终答案之前无法确定对错。下属也可以大胆提出想法,但谨记一点,下属是协助上司完成经营决策,不是制定决策。所以,上司的决定,哪怕不尽如你意,甚至与你的意见完全相反,当你的建议无效时,你应该完全放弃自己的意见,全心全力去执行上司的决定。在执行时,如果发现这项决意的确是错误的,尽可能地使这项错误造成的损失降到最低限度,这才是你应有的态度。伟大的航海家克里斯托弗·哥伦布(1451—1506)说过:"即使决定是错的,那我们也可以通过执行来把事情做对,而不是再回头讨论。"

第一执行者

在中国企业界,杨绵绵无疑具有符号一般的意义:在20多个春夏秋冬的耕耘下,她和张瑞敏一起,用神奇的创造力、神奇的速度,把一个濒临倒闭的集体小厂,打造成中国民族工业的一个世界名牌。但是,多年以来她却不为外人所知,她总是愿意隐藏在张瑞敏的光环之后,直到最近几年,她才渐渐浮出水面……

杨绵绵虽然高就于海尔集团总裁的职位,但是她却无比平易朴实,心甘情愿地充当"第一执行者"的角色,她坚定而又不折不扣地执行着张瑞敏的战略思想,指挥千军万马,冲锋陷阵,抢关夺隘,在海尔的各个发展阶段打赢了一场又一场战役,为海尔的发展壮大立下了汗马功劳……

杨绵绵虽然贵为海尔集团"二把手"、高层领导,却始终以一个普通人的情怀,在实践着自己的人生理想。她两度登上著名的美国《财富》杂志"全球商界50女强人榜"。

《财富》杂志这样评价她:"海尔集团从青岛的一家电冰箱厂成长为价值122亿美元的全球家电巨头。她在执行海尔集团'一低三高'战略方面功不可没。"她获得过许许多多的荣誉,但无论获得什么样的荣誉,她总是将其看作海尔的荣誉、海尔人的荣誉。因此,她不关心自己在中国十大女老板中的排名,甚至上不上排行榜都不在意……

杨绵绵善于配合张瑞敏的工作,她与张瑞敏珠联璧合,长扑短打,相得益彰,她获得了张瑞敏极高的评价和肯定,她也被人誉为张瑞敏的"黄金搭档"……

——程书博《第一执行者》

2. 作为上司的启下

启下是指做好组织的管理,带领团队达成任务,使各项资源充分有效发挥。上司又可以称为管理者,但是前者比后者更为通俗。事实上,成为一名上司意味着从今以后你要肩负更多的责任,不仅要对自己负责,更要对整个你所管辖的领域以及你的下属负责。作为上司,首先是管理者。所谓管理者,就是"通过他人达成目标"的人。企业对于管理者的要求,就在于需要通过他去管理员工。管理者的首要任务就是如何让下属去工作。管理者应该做的是制定目标,支持、激励下属,并与他们沟通,为下属创造很好的工作环境,带动团队去完成工作目标。这里管理者要处理好两大关系:

万科董事长王石语录

作为管理者来讲,我把握三个原则。第一,决策,就是事做不做,这是王石来决定的,否则当董事长、总经理就失职。第二个,要做ն去做,就是用人的问题。第三个,他一旦做错了,你承担责任,无论他是什么原因做错了,你承担责任。这是我管理者的原则。

一是正确处理业务与管理的关系。在企业里,高层管理者几乎不涉及具体的事务。中层管理则不同,既涉及管理,又涉及具体业务。高层管理者可以不懂业务,中层管理者却必须是一个业务"高手"。中层管理者必须面对大量的业务问题,对于这些问题,中层管理者必须予以回答和解决。除了业务问题,中层管理还必须面对比高层多得多的管理问题,如制订计划、对下属实施激励、对下属的工作追踪及评估、与下属沟通、与其他部门协作,解决部门间、部门内部的人际矛盾和冲突问题等等。总之,中层管理者必须懂管理、善管理。

二是正确处理管理和领导的关系。管理者又是领导者,这就要求不仅要具备计划、组织、协调和控制的能力,还需要具有影响员工的能力,能够激励和引导员工。管理者要引导下属共同为公司的目标而努力。因此,管理者要成为"带队伍"的教练。管理者与管理教练的区别就在于:①管理者更倾向于指挥、命令、控制,而管理教练更倾向于引发、支持、鼓励;②管理者更倾向于正确地做事,而管理教

管理沟通

练更倾向于做正确的事；③管理者关注事，而管理教练关注人；④管理者更倾向于给对方提供答案，而管理教练更倾向于让对方发现答案。上司要对下属的成长负责，要让下属和自己一起成长达到水涨船高的景象。

领头羊和牧羊犬

领头羊，本身也是羊，和他所带领的羊是同种动物。羊群在领头羊之后，是充满信任地、甘心情愿地跟着它向前走。牧羊犬，本身是狗不是羊，羊群在它的驱赶下，以落伍为耻，争先恐后地往前涌。

领头羊发挥它的领导作用主要是靠道德信任和信用。它身先士卒，路上有陷阱，它会第一个掉下去，前面有岔路，它会凭经验做选择。牧羊犬发挥它的领导作用，主要是靠法律、法规和规矩：前面慢了，它赶到前面催，旁边散了，它追上去赶回来，方向错了，它拦在前面迫使羊群转向。

领头羊是靠"拉动"来带动羊群往前走的，它只管往前，后面的羊是否掉队它是不管的。领头羊跑多快，羊群就跑得多快。牧羊犬是靠"推动"促使羊群往前走的，它不仅要管跑得快的，也要管跑得慢的，不能让一只羊掉队，否则无法向主人交代。羊群跑得多快，和牧羊犬有关系，但又不全有关系。

领头羊侧重于战略：要去什么地方，该怎么走，自己想明白了，就赶紧启程。所以，领头羊，一般可称之为"战略型"领导者。牧羊犬侧重于过程：羊群主人的意图要领会清楚了，然后，要保证每只羊都要到达目的地，奔跑过程中队形乱了，要管；速度慢了，也要管；方向错了，更要管。所以，牧羊犬一般可视之为"运营型"领导者。

作为一个企业的领导者和管理者，要深刻地了解自己何时担当领头羊、牧羊犬的角色，就必须和企业的发展阶段结合起来。

在企业的创业期，要的是100%的领头羊，要和大家融为一体，有群体的核心理念，要不顾一切地往前跑，生存下来，发展起来，早日达到目标就是成功。

在企业的发展期，要马上清醒地认识到角色的转换，做75%的领头羊和25%的牧羊犬。不仅要保持创业初期的那种"革命干劲"，而且，要开始注意这种革命干劲在羊群中的传播；不仅自己在前面跑得快，而且，要关注羊群团队的状况。但由于是处于发展期，所以更多的角色依然是领头羊。

在企业的成熟期，要做50%的领头羊和50%的牧羊犬。此时，既要有精神感召，又要有道德约束，更要有法制约束。由于企业处于成熟期，所以，不仅要拉，也要推，不仅要带，也要催。

在企业的转型期，领导者和管理者要做25%的领头羊和75%的牧羊犬。股东的目的明了在胸，董事会的授权为何不用。晓之以理在前，动之以律在后，拉不动，就多推；带不动，就多追；方向偏了，就是生拉硬拽往回。

——《中国经济周刊》

3. 作为同事的纵横捭阖

纵横捭阖这个词是从战国的合纵连横这个著名的历史典故而来，当年战国纷乱，秦国独大，为了自保，各国合纵抗秦，却被秦国连横而一一击破。捭阖的本义是开阖，捭就是拨动，阖就是闭藏。《鬼谷子》认为，一开一合就是事物发展变化的普遍规律，是掌握事物的关键。这里纵横捭阖中的"纵"，从以前的"合众弱以抗强"变为"合众强以更强"，就是现代意义上的强强联合。"横"，从以前的"事一强而攻众弱"，变为"事一强而避众弱"，这个众弱就是自身的一些资源不足和专业不足，也就是说，在合纵的大框架下，让专业的机构从事专业的部分。作为同事的纵横捭阖角色就是要强调合作共赢，在工作中应充分树立相互配合、互相支持的团队精神和整体意识，增强跨部门合作和沟通意识，全面提升团队运营能力。

第二节　与下属沟通

作为一名主管，除了要为部门的经营策略、业务数量、客户关系等问题殚精竭虑，还需要关注的就是怎样处理好与下属的关系。能否建立一个关系融洽、积极进取的团队，很大程度上取决于是否善于与下属进行沟通，取决于是否善于运用沟通技巧。

一、与下属沟通的原则

沟通不是简单的你说我听，而是一个信息交流、思想统一、增强认同感、加强凝聚力的过程，要想取得良好的效果，管理者需在实施过程中掌握一些原则。

1. 谈行为不谈个性

谈论行为就是讨论一个人所做的某一件事情或者说的某一句话。个性就是对某一个人的观点，即我们通常说的这个人是好人还是坏人。谈行为不谈个性，通俗地说，就是对事不对人，它不仅是沟通的一个基本原则，也是管理学中强调的一个管理原则。当出现一件事时，只针对这件事，分析原因，找出解决办法，而不去评价事情执行者个人怎么样。

"对事不对人"有助于身为管理者的正确思考。毕竟，人都有做错的时候。当出现问题时，管理者可以从以下的角度去分析，即我们需要的是发现问题和解决问题的策略，而不仅是一位训导别人的上级，这时，"对事"的观念可以帮助我们把思考的焦点集中在"这件事怎么啦？应该怎样以正确的策略和最快的速度解决当前问题"。但当角度是"对人"而非"对事"时，这时候的言论往往也是不理智的，因为针对的方向是人而非事，而对人大概只有训斥了。方向正确了，才有可能提高管理者与下属相互沟通的效率，并养成迅速思考的习惯。简单地说，"对事"的角度思考，是理性；"对人"的角度思考，容易导致管理者情绪化地做出一些本不应该的决策。此外,"对事不对人"讲究的是宽容、体谅、关心、帮助以及鼓励,而不是一味地训斥或责怪。这不仅能引导员工以良好的心态寻找及应用解决问题的方法,培养他们的独立工作能力,更有助于提升管理者个人涵养。试问,谁愿意信服一个不能宽容别人犯错的上级呢?

实际上,对事不对人不仅对下属有效,而且同样适用于与上司、适用于同级之间的沟通;推而广之,这更可以适应于更多场合和不同的角色之间。这是因为,对事不对人的出发点是对事,这可以避免许多无谓的争执和不恰当甚至过激的言论。作为沟通之道,它当之无愧。

2. 明确沟通

明确就是在沟通的过程中,你说的话一定要非常明确,让对方有一个准确的唯一的理解。中国人的表达是内敛、含蓄的,把自己的想法寄托在别人对自己的理解上,但往往就是这种沟通内容的不明确性会取得适得其反的效果。有一部门领导交给下属一项任务,因领导说话较快下属有些方面听得不是很明白,在执行任务的过程中遇到了难题,而又不去与上司说明,以致问题暴露出来,方知是因为没有及时有效的沟通。在沟通过程中有人经常会说一些模棱两可的话,就像经理拍着下属的肩膀说:"某某,你今年的成绩非常好,工作非常努力。"好像是在表扬下属,但是接下去他还说一句:"明年希望你要更加的努力。"这句话好像又在鞭策下属,说下属不够努力。这就使人不太明白:沟通传达给我的到底是什么意思?所以,沟通一定要明确,努力了就是努力了,缺乏努力就是缺乏努力。明确沟通,要深度地分析思想,让自己的思路清晰,让自己的观点明确,让自己的语言精练,让自己的立论符合对方的习惯。

明确沟通还要注意一个误区,就是多头领导。多头领导是指,一个人的工作,由多个领导来安排,所安排的同样工作各有差别,不知道听谁的好,很多情况下,这些领导们并不沟通,让下属都左右为难。或者说,这么做不对,那么做也不对,在领导夹层中间,费力不讨好。多头领导的结果是下属无所适从,许多情况不好处理。

3. 积极聆听

"沟通首先是倾听的艺术。"在日常工作中,管理者的倾听能力更为重要。一位擅长倾听的管理者通过倾听,可以从下属那里获得信息并对此进行思考。下属的意见是决策的首要考虑信息,收集这些信息可以使管理者觉察下属的心理和想法。有效准确地倾听信息,将直接影响管理者的决策水平和管理成效,并由此影响企业的经营业绩。

沟通是双向的行为,要是沟通有效,双方都应当积极投入交流。但很多时候都是被动地听,而没有主动地对信息进行搜索和理解。积极的倾听要求管理者把自己置于员工的角色上,要想象他的思路,体认他的世界,以便于正确理解他们的意图,而不是你想理解的意思,避免进入"和自己说话"的陷阱。管理者以尽量给员工多的时间让他们相互交谈，并且在倾听的过程用动作语言表现你对员工谈话的浓厚兴趣。让员工感觉到你是在诚心诚意地倾听自己的见解，这样员工会毫无保留地把真实想法说出来。你的决策也会顺利地进入下属的心里。

二、因人而异沟通

管理者对下属以及需要沟通的问题应该有了比较深刻的了解，但是要真正解开下属心中的结，使下属和你达成共识，必须要了解员工的差异，包括员工的价值观、态度、性格、认知、能力，以及员工学习与模仿能力对员工行为塑造与增强的效果等。有的员工性格豁达，喜欢开门见山；有的员工比较爱面子，喜欢别人用含蓄的方式；有的员工在压力下才会有动力；有的员工则需要鼓励才能发挥干劲……所以，在沟通的过程中，管理者需"随机应变"，根据员工的差异采取不同的策略。

班尼百货公司是美国第三大百货连锁公司，它创建于 1903 年。创办人詹姆士·班尼来自于宗教气息极为浓厚的家庭，因而他的经营哲学即是与宗教息息相关的"黄金律"：我们要别人怎么对待我们，自己也要怎么对待别人。根据这一个原则，班尼在管理生活当中就确定了一个非常重要的有原则，就是对待不同的员工，要有不同的方法。班尼说，在这个世界上，每一个人都是与众不同的，每一个人都是独一无二的。所以，我们不能够按照统一划齐的标准来对待所有的员工。毕竟，每一个人都有自己的个性，都有自己独特的一面。

班尼举了个例子说：曾经有两个员工，在最开始表现都不是很好。班尼知道这两个人个性不一样。于是，班尼就分别把这两个人叫到办公室来，一个采取严厉批评的办法，狠狠地数落他；而对于另一个员工则不断地鼓励，发现一点好的进步都给予表扬。班尼说，虽然我采取的手法不一样，但是最后所达到的目的却是一样的，那就是让两个员工都变得努力，工作越来越上进。这是因为，这两个员工的性格不一样，所以我才会针对不同的人，采取不同的方法。

人与人不同，有的员工可能受批评或者稍微指点一下就行，多余的表扬和激励可能并不起作用。有的员工则极度需要得到别人的认可，表扬和激励一下就干劲冲天，几天不表扬和激励就垂头丧气。所以，作为管理人员，首先应该综合了解自己的下属，然后针对性地进行表扬和激励，做到恰如其分、有的放矢。根据能力—意愿特征，员工大致可以分成四大类，即低能力低意愿型、低能力高意愿型、高能力低意愿型、高能力高意愿型。能力是完成任务的条件，意愿是愿意投入工作的态度。

1．低能力低意愿型

这类员工的特点是当一天和尚撞一天钟，一点委屈不能包涵，一点吃亏不能容忍，每天公司点名都在，但往往是人在心不在。不过他们并不是一无是处；份内的工作也会完成，上司在时他们也积极地表现自己，可只要失去监督，他们就会耍滑、偷懒。对这类员工，要分析原因，看看是否可以找到转变的方法。

2. 低能力高意愿型

这种类型的下属有很高的意愿，有很大的主观能动性，有自我激励机能，不需要主管作太多的激励。但由于其目前还处于低能力（可能是本身能力不够或者是能力还没得到培养），需要在做出一点成绩时就予以充分的肯定与表扬和激励，才能更加激发他们的意志，向高能力高意愿看齐。所以，进行一些培训辅导，要关注对方工作的过程，事先指导，事中询问，事后检查的方式，尽量多一些指导，能让他们异军突起，成就自己，得到最大的发挥。

3. 高能力低意愿型

可能由于某种原因，他们不太愿意发挥自己的长处和表现自己的能力。而这就需要主管用表扬来改变他们对外界的看法与不满，从而激发他们高昂的意愿。所以，要充分激励，要多表扬为主，时刻关注对方的工作积极性，表扬他，证明主管重视他，希望他发挥自己，主管会尽量照顾他，来让环境更有利于他的发展。有鉴于他们的高能力，只要认同环境，认同主管，他们一般都会进行自我激励。

4. 高能力高意愿型

这种类型的下属，是企业最理想的人选。但是，正因为他们是高能力高意愿，可能很容易在下属中间脱颖而出，这样，也容易给主管带来管理难题——他们更需要成长的空间，而企业能保证吗？所以，在对他们进行适当的表扬时，还要尽量多的激励，最重要的是，在表扬与激励之后，要尽量给他们提供空间，给予授权。

三、运用赞美的技巧

戴尔·卡耐基说："当我们想改变别人的时候，为什么不用赞美来代替责备呢？"人人都渴望掌声与赞美，哪怕只是一句简单的赞语，都会给人带来无比的温馨与振奋。有位企业家曾经说过："人都是活在掌声中的。当下属被上司肯定、受到嘉奖的时候，他才会更加卖力地工作。"纵然下属只有一点点的进步，作为主管也应该赞美他，因为这样才能激励他不断地改进。赞美能够使员工对自己更加自信、对工作更加热爱，能够鼓励员工提高工作的效率。所有人最欣赏的就是自己的优点，我们的事业、我们的工作最需要的也是最大限度地发扬每个人身上的优点。要多赞美、少批评，一有机会就赞美你的下属，永远不要嫌多。另外赞美下属方式要恰当，用语言、真诚的微笑、欣赏的眼神等来赞美他人。

（1）赞美要培养关爱、欣赏下属的心态。这是令你产生赞美意愿的唯一方法，不要仅仅是因为管理学书上说赞美重要你就天天赞美，但都落在嘴皮上，内心里一点都没有欣赏别人的心态，这样的赞美会让人觉得不真诚。

（2）注意赞美的表达方式。每个人都有出色的表现，但在哪一方面出色却各有不同。有的人是专业技术水平高，工作成绩突出，而有的人则在社交方面有特长。针对不同的情况，应给予方式不同的赞美。

（3）赞美的内容要具体。赞美要找到值得你赞美的事情，就具体的事情表示你对员工的欣赏，比如"你每次和人们说话时，都能让他们觉得自己很重要"、

"你这个月的财务报表做得很清楚,一点差错都没有"等。这样,赞美会更有力量。称赞得越广泛越庞杂,它的力量就越弱。

(4) 赞美要真诚,虚情假意的赞美不如不赞美。拍马屁不叫赞美,因为那种奉承不是发自内心的话。如果你经常说一些违心的称赞,那么,当你真的要严肃时,人们便很难再相信你了。有很多事情值得你去真诚地赞扬,没有必要说那些不真心的话。

(5) 赞美时配合你关爱的眼神和肢体语言。不要在赞美员工的时候眼睛还在看其他东西或者手里还在写其他的东西,这种赞美会让对方觉得你好像在履行公事。

(6) 赞美要及时。一发现员工的优点,就立即赞美他,为他打气,过时的赞美无效。

(7) 让员工知道你感到自豪高兴的心情。

(8) 赞美要讲究语言表达技巧。不要把好事说成坏事,也别让别人产生误解。

四、运用批评的技巧

"人非圣贤,孰能无过",下属犯错误是正常的。同样,作为主管,你批评他也是应该的。不过,要注意的是,批评的目的是为了帮助下属成长,让他在今后的工作中表现更出色。而不是出气,也不是要打击他,更不是要把下属整垮。在批评之前,主管先要弄清楚批评的目的,然后再思考,为了达到这个目的,要采取怎样的步骤,而不是毫无计划地有一句说一句。批评下属有五个步骤:

第一步,直接提出问题。直奔主题,开门见山地向下属提出要和他谈的问题,让下属明确知道领导已经非常清楚地了解他所出现的问题。

第二步,提出事实。非常准确地提出下属所犯错误的具体事实。重点是要说事实,而不是感觉。整个批评过程中千万不要有如"你没有责任心、你不重视这个问题、你的精力都用在工作以外了、你不思进取"等语句。没有一个下属会对你的感觉和猜测而服气,就算暂时承认也只是对你的敷衍。而且,事实要准确,如果需要时间、地点、人物、事件,都要准确地说出来。

第三步,让下属认识到这个错误给企业带来的不良影响。批评的重要目的之一就是让下属认识到问题的存在,这个错误是否会影响公司的名誉,会对公司带来哪些损失等。如果通过批评,下属仍然没有认识到问题的存在,那么批评是毫无意义的。

第四步,提出后果。主管在批评员工时,应指出员工的行为所带来的后果,如果不改会怎么样,如果改不过来会怎么样。要将这个后果告诉他,让他自己主动去改。

第五步,帮助他找到解决问题的方法。站在下属的立场帮他出主意,同员工一起找到解决问题的方法,确认问题的解决。

另外,批评下属时,要注意场合,最好能够在私下里进行。曾国藩(1811—1872)曾说"扬善于公庭,规过于私室"。意思是说,部下做得好的地方,要在大庭广众之下去表扬他;部下若有做得不对的地方,悄悄地在私密的地方批评、规劝他。

> **汉堡包效应**
>
> 在批评心理学中，人们把批评的内容夹在两个表扬之中从而使受批评者愉快地接受批评的现象，称之为汉堡包效应。这种现象就如汉堡包，第一层总是认同、赏识、肯定、关爱对方的优点或积极面，中间这一层夹着建议、批评或不同观点，第三层总是鼓励、希望、信任、支持和帮助，使之后味无穷。这种批评法，不仅不会挫伤受批评者的自尊心和积极性，而且还会使对方积极地接受批评，并改正自己的不足方面。

第三节 与上司沟通

不是人人都是管理者，但每个人都一定有做下属的经历，而且更多的情况下，我们在扮演着领导与下属的双重角色。做下属其实也有很大学问，通常做一个好下属，比做一个好领导更有讲究。有人说："要当好管理者，要先当好被管理者。"作为下属要时刻保持主动与领导沟通的意识，领导工作往往比较繁忙，而无法顾及得面面俱到，保持主动与领导沟通的意识十分重要，不要仅仅埋头于工作而忽视与上级的主动沟通，还要有效展示自我，让你的能力和努力得到上级的高度肯定。只有与领导保持有效的沟通，方能获得领导器重而得到更多的机会和空间。

一、与上司沟通的原则

《财富》杂志的专栏作家 Stanley Bing 在其著作《与象共舞》(*Throwing the Elephant*) 中做了一个精妙的比喻：工作场所是一片丛林，你的上司是丛林里的大象。事实上，同事或者下属也可能成为你面前的难以战胜的"大象"，这些大象可以轻易地将你踏死，它可能是有意为之，也可能是无意之举。由此可见，如何处理与上司的关系，将直接影响你的工作绩效、职业前景以及在该企业内的生死存亡。

1. 积极主动

有些员工不喜欢主动和上司打交道，见到领导来，要么躲躲藏藏，要么转身就走；还有，在上司面前唯唯诺诺、小心翼翼，不敢靠近，不敢说出自己的想法。这样的人，永远都没有提升的机会。站在领导的角度上来看，你有能力你不在我面前表现，我怎么知道你有这个能力呢？做下属要学会主动、坦诚地找上司沟通。不要埋头苦干，要抬头实干，让上司知道你的能力。

2. 适度赞美

赞美是人性中共同的需要，下属需要，上司同样需要。中国有一句古话叫："伸手不打笑脸人。"犹太人有一句谚语："唯有赞美别人的人，才是真正值得赞美的人。"赞美是一种美德。面对上司就要像面对客户一样，不要吝惜你的赞美。不赞美、不祝贺上司的成功，在上司看来，是你不愿意分享他的快乐，进一步说，是不愿分享公司的快乐。势必会引起上司的不快，从而影响彼此间的感情，以及工作上的沟通。背后赞美远比当面恭维说好话，效果要明显好得多。假如我们当着上司和同事的面说上司的好话，我们的同事们会说我们是在讨好上司，拍上司的马屁，从而容易招致周围同事的轻蔑。另外，这种正面的歌功颂德所产生的效果是很小的，甚至还会有起到反效果的危险。同时，上司脸上可能也挂不住，会说我们不真诚。与其如此，倒不如在公司上司不在场时，大力地"吹捧一番"。而我们说的这些好话，是终有一天会传到上司耳中的。

3. 敬而有节

下属尊重上司不仅仅是上司领导的需求，更是处理人际关系的一个基本原则。对上司应当尊重，但需要掌握一个"度"。第一，关系适度。处理上下级之间的关系时，不要"不及"，也不要"过分"，让双方的关系保持在一个正常的工作关系限度内。第二，交往适度。交往积极性要适度，不要过分地有意接受或阿谀。第三，角色与非角色的交往适度。角色交往是指下属以工作角色与上司交往，这种交往个人情感成分较少，工作成分较大；非角色交往是指双方以个人身份交往，满足的是情感交流。下属与领导交往中，应该既有工作角色也有朋友角色，但要把握好分寸，公事就要公办，私事才能私办，公私界限要分明，不能以感情代替原则。

刘墉为什么属驴

《刘墉传》中有个故事，有一天，乾隆皇帝跟刘墉说："朕今年45岁，属马的，你呢？"刘墉垂手说："臣也45岁，属驴的。"乾隆感到惊奇，又问："朕属马，爱卿怎么属驴？"刘墉说："万岁属马，臣怎能同属？只好属驴了。"

---

4. 忠诚原则

古代君臣之伦理："君事臣以礼，臣事君以忠。"不言而喻，任何一位上司都希望其下属忠于自己。何谓忠诚？古人谓之为："严守分际、善尽职责。"大意是说，对外要严格遵守等级秩序，万不可盲目造次，自认为与上司私下交情不错而忽略了客观上业已存在的上下级别关系，让人感觉不伦不类、不孝不忠；对内要按照上司或本岗位职责，尽心尽力地把事情做好、办妥。在其位而谋其政，不在其位而不谋其政，努力扮演好属于自己的角色。

职业经理人的职业操守，有三点最重要：一是忠诚度，二是责任感和使命感，三是自律精神。忠诚度方面，有两层含义：一是对所服务企业和上司忠诚，二是对职业经理人这个职业的忠诚。在当今频繁的跳槽过程中，你可能会转职到新的公司，一旦涉及原公司或上司利益的地方，最好不要妄加评论，效忠现在的公司和上司的同时，千万不可以侮辱、出卖原公司老板（或上司）为代价来取悦新的上司，不背叛旧主同样也可以效忠新主，因为可以不说真话，不作评论。

丁固之死

丁固是楚霸王项羽麾下的一名大将。楚、汉争夺天下时,丁公为了项羽而将刘邦追赶到彭城的西郊。

丁固追上刘邦,短兵相接时,刘邦心里一急,便对丁固说:"你我都是贤能的人,难道贤能的人之间有必要彼此逼到绝境?"丁固心肠一软,遂引兵离开,刘邦于是逃过一劫。

几年后,项羽被消灭了,刘邦乃随之称帝。丁固自认为对刘邦有大恩,遂前来拜见。

刘邦认为丁固原来是项羽手下的大将,却私下放走敌人,这是不忠于项羽的行为。事实上,促使项羽失去天下的人,乃是丁固。刘邦于是下令斩掉丁固,并说道:"我这么做,为的是要使后世做人家部属的人,不要仿效丁固的作为。"

二、主动向上司汇报工作

一件工作是以上司的命令开始,以下属的报告结束。下属的工作是否能顺利进行,是上司最为担心的。及时汇报可缓解上司的这种担心,同时也可让上司认为你很重视他对你的工作安排。汇报工作是下属与上司最基本的沟通,也是做好工作的前提。出色地完成任务仅是一个前提,你还要把你的成果主动展示给上司,才会提升你的竞争力,才会获得上司的赏识。"做完蛋糕要记得裱花。有很多好的蛋糕,因为看起来不够漂亮,所以卖不出去。但是在上面涂满奶油,裱上美丽的花朵,人们自然就会喜欢来买。"所以,一定要主动向上司汇报你的工作成果,如果你完成的是一件特别棘手的任务,更应该及时向上司汇报,让上司在分享喜悦的同时,了解你的工作能力和聪明才智,给上司留下深刻的印象。

有一个老板,为了锻炼自己的儿子,把儿子安排在自己的公司后,并没有向外人公布是他的儿子,也不允许儿子泄露他们的父子关系。他的儿子很争气,根本就不想借助他的影响,还信誓旦旦地跟他说,一定要靠自己的业绩引起上司对他的重视,获得别人对他的尊重。从此,老板的儿子只顾埋头苦干,并靠自己的聪明才智做出了不俗的成绩。老板喜在心头。两年后,老板想让儿子到领导岗位上接受锻炼。为此,他把儿子所在部门的主管调到分公司任经理,并让主管推荐接任的人选。主管推荐了一个,不是他儿子,老板让主管再推荐一个,还不是他儿子。老板很惊奇,将推荐的两个人跟儿子作比较,发现他们并没有明显超过他儿子的地方。老板说出了儿子的名字,问没有得到推荐的原因。主管一愣,敏感地感觉到老板想提拔这个人,想了想说:"这个人的工作能力也行,只是留给人的印象很普通、很平凡,恐怕很难胜任领导的角色。"

主动汇报工作会减少失误。有时候,一项决策在执行过程中,会因为局势发生变化而不得不进行必要的调整。上司一般都会及时把调整后的方案通知执行的员工,但上司也有疏忽的时候,如果你经常向上司汇报工作进度,你就会及时得到消息,反之,你得到消息的时间就会被延缓,而在这段时间里,你所做的工作不但白费,甚至会给公司造成损失。主动向上司汇报工作进度,还会得到上司的支持和帮助,上司会对你的工作进行指导,会提醒你哪些环节容易出现差错,这样就会使你避免犯错,至少是减少失误。

管理学有句名言:下属对我们的报告永远少于我们的期望。因此,下属要懂得:①工作完成,要立即向上司汇报;②工作进展到一定程度,特别是完成时间需要两天以上的工作,中间一定要向上司汇报;③预计工作会拖延时,要及时向上司汇报。尽管上司知道你有更紧急的事情忙碌着,也应该主动汇报并与他协商完成的时间。

向上司汇报工作,并不是想象中那么简单,只管找到上司陈述就可以。流程以内的事情有些要报,有些可不报,流程以外的例外事件一定要报。分清轻重缓急,区别对待。汇报时,要注意以下几方面。

1. 选择口头汇报还是书面汇报

汇报工作分口头汇报和书面汇报,什么时候适合用口头汇报,什么时候适合用书面汇报呢?要注意区分这两种汇报方式的效果:①时效性。口头汇报的优点是及时便捷,适用于紧急、临时性事件的批复处理,比如业务员送货到客户处时,客户以质量不合格为由拒绝收货,这时业务员就应该立即致电上司口头汇报情况。但口头汇报的不足是不利于留存,所以存在"说过就忘"的可能,领导的事情一般都比较多,一些不大不小的事情听完汇报后可能马上忘记,事后有什么问题,作为下属也不好与领导"对质",所以有时采用书面汇报就比较合适,既不至于上司忙时忘记,又留给了上司考虑的时间,所以,书面汇报的好处是时效性长,便于留存和审阅。②准确性。很显然,口头汇报的准确性不如书面汇报,所以口头汇报适合一些简短明了的事件,或者是上司已经了解的事件只需请示其处理意见或结果。对于那些不是三言两语能说清楚的事情,需要详细、系统性地汇报的工作,最好用书面汇报,比如某项工作的进展实施情况、项目方案的审批、工作总结报告等。③正式性。采用书面报告的形式显得正式和庄重,更有逻辑和条理性,容易把问题讲透讲明白,当然口头汇报如果能选择合适的时间和场合与上司进行深入的交流探讨也能达到书面汇报所不能比拟的效果,尤其是在一些争取上司同情、理解和支持自己某项工作方案或者政策资源扶持上,面对面的交流汇报非常必要和有效。

2. 汇报工作尽量直奔主题,简明扼要

汇报要突出重点和中心,尽量直奔主题,简明扼要,切忌拖泥带水、拐弯抹角,尤其忌含沙射影、故弄玄虚,没有哪个上司喜欢这样的汇报方式和下属。如果确实存在不好明说的问题(比如上司的决策有误,或者不属于自己能力范围内能解决的问题,或者涉及公司相关人事意见等方面),可以委婉地表达自己的观点和立场(注意,委婉不是啰唆)。记住,上司很忙,没有时间听长篇大论。如果你的汇报过于冗长,很可能会引起上司的反感。

3. 尽量陈述事实,适当表明立场和态度

汇报工作要基于事实,客观陈述,不要开口就长篇大论,妄加评判,否则上司会认为你的汇报不客观，反映问题带有明显的个人偏见，不利于上司接受和认可。同时也会干扰上司做出正确的判断。适当表明自己的立场和态度是可以的，但前提是基于事实的客观汇报后。

4. 分清职责，不要只谈问题，不谈结果

作为下属，你要管理好自己的"猴子"（责任），要搞清楚自己的职责，不要企图把自己的"猴子"放在上司的肩上，一味地把自己职责内应该处理好的问题甩给上司，不能只谈问题，不谈结果，没有哪个上司会欣赏这样的下属，上司会认为你要么能力不够，要么是在为推卸责任找退路和借口。比如，你是公司的一名部门经理，你向上司反映自己部门员工工作不够积极，缺乏责任心，经常违反纪律等问题，这很有必要，但汇报如何解决的结果更重要。对于上司来说，通常是"要结果，不要理由"。

三、向上司请示要有备选答案

日常工作中，下属经常就有关事项向上司请示或者寻求帮助，在这个过程中有些下属的做法很令上司欣赏，而有些下属的做法却得不到上司的认可，甚至令上司反感。为何会这样？原因较多，但也与下级能不能让上司的决策简单化有关。

1. 对是否需要请示的事项，下属应有个基本的判断

事情要不要请示，下属应根据工作内容、职责权限和事情的重要程度，以及上司的工作风格来决定。不要什么事都要请示，一个称职的上司不喜欢下属经常来向自己请示本该属于下属自己决定的事情。通常情况下，上司都会比较忙，如果你不论何事都来请示，既干扰了上司的工作，同时又会使上司认为你无能。所以，哪些事需要请示，哪些事不须请示，何事必须先请示才可做，何事边做边请示，何事先去做然后再报告，下属最好和上司共同明确一下，对没有明确的事项，下属自己要学会判断，当然上下级之间也需要一定的磨合。

2. 下属应以上司的思维高度与角度，来考虑所请示的问题

对于应该请示的事项，在请示前下属不妨站在上司的角度想一下，假如我是上司，对该请示的问题我应该怎么决策。如果决策的信息和依据不充分，那就去搜集和补充，也许当你这样做了就会有新的视角和思路出来，说不定问题的答案也会随之产生，只不过你所要做的就是将你的答案通过你的上司说出来而已。

3. 下属请示时不能只提问题而不给方案

下属在反映问题或提出请示事项时，如果只提问题而不提解决问题的方案，就容易被上司以反问的方式而问倒，如："对这个问题你有什么解决办法吗？"如果经常这样上司就会以为你不愿思考或能力有问题。反之，你在提出问题的同时给出自己的意见，上司从心里就会认为你是一个有主见的人，即使这个意见没有被上司认可。

4. 请示时要让上司做"选择题"而不是"问答题"

下属在给出解决意见的时候，最好能提出二个到三个方案供上司选择，而不是只给一个方案，更不能什么方案都不给而只抛出问题，即用"问答题"让上司来答。下属在给出备选方案时，对每个方案的利弊要做好详细的分析，并提出自己的倾向性意见，这样不仅有利于下属的成长，也会使上司的决策变得相对容易一些。

5. 为上司提供充分和翔实的决策信息与依据

如果下属对请示事项（问题）的解决方法在经过思考后，仍然感到十分迷茫而拿不出意见，下属就应做好所请示事项（问题）的信息搜集和提供工作，信息越翔实、越充分，决策依据越明确，上司的决策就越简单越容易。

6. 提前考虑好上司决策时所担心的风险、问题及对策

上司在对下属所提交事项进行决策时，有时会担心实施后所出现的风险和产生的新问题，这些因素可能不为下属所知，甚至有些下属因此还会抱怨、责备上司的不理解不支持。上司没有批示或没有做出明确的意见，自然有他的原因和理由。作为下属要能够谅解，并提前考虑好上司可能会有的担心及对策与防范预案，如果上司知道到你把这些都考虑好了，相信你的上司决策速度就会变快。

会不会做下属或者是下属做得好不好，很大程度上就看下属能不能使上司的决策变得容易和简单。如果你的上司决策工作变简单了，相信你的工作也因此会变顺利。

四、准确领会上司的意图

上司不会轻易地将他的意图直截了当地表达出来，很多时候上司的真正意图需要下属经过仔细揣摩才能领会，其中的原因是多方面的。有一种情况是，领导碍于地位，不便随便表态，但倾向性意见已不难揣度，这时候应该表现得比较乖巧，不要强迫领导明确表态；另一种情况是，领导要助于帮腔，一个唱红脸，一个唱白脸，一台戏才能演好，这时不能附和唱一个调子；还有一种情况是，上司没有拿定主意，但迫于形势只好模棱两可地敷衍，这时就得表现得沉着稳重，私下找上司沟通，不要贸然行事。因此，下属要认真听取上司的讲话。在上司面前要除去自卑心理，听清他所交待的一切，并搞清其中隐含的用意。

1. 察言观色

无论表演天分再高，人的眼神、表情及肢体语言也总会在不经意间暴露出他的内心变化。长期跟随上司的下属，只要稍微长个心眼，用些心思，就能很容易记住并识别上司一些非常有特征的表情及动作，从中做出相应的判断。

2. 听话听声

上司说话时的用词、声音、语调、口吻、节奏，甚至隐藏其中微妙的感觉，其实都在传递一种特定的信息。下属的听话能力和辨别能力，就是能在各种语言状态中抓住要点，抓住其中真正的潜台词，因为很多时候，上司说出来的话并非完全是他的真实想法。

五、维护上司的权威

员工与上司，永远是上下级的关系，是被领导与领导者的关系，也就有地位高低之别。作为下级应该懂得，尊重上司，不仅是对上司个人的尊敬，而且是顾全大

局，支持工作的表现。特别在正式的工作场合，要讲究礼节，维护领导者的威信，这也是最基本的职业素养。即便在工作中与上司的意见相左，也要务必保持清醒，回避冲突。在维护上司的权威时，要注意做到以下几点。

1. 上司永远是对的

在执行这个问题上，不要怀疑你的上司，即使他有错，那也是有限度的。军队执行命令的时候从来也没有说领导的命令是100%的正确。但是，如果说他90%是对的，10%可能是错的，下面的人因此瞎议论，让下面的人来指挥，那他可能连30%都对不了。所以，下属不能因为上司有一部分错误，有一些风险，就不执行。而不执行，风险是100%，执行，风险只有10%。两害相权取其轻。没有绝对正确的决定，不要用这些没有绝对的东西给自己找理由。

很多人说工作干不好，是因为领导不好，环境不好，老板不好。这是典型的借口。你是你，领导是领导，你有看法，但绝对不能在打仗的过程中不执行。你有好的建议要提前，在上司还没采纳你的建议时，你还是要执行现在的命令。如果经历了几次，上司或老板明知你的意见是正确的而故意不采纳，最后又造成了公司损失，你只需做一件事，离开这家公司。

此外，当上司批评自己时，虚心接受，不要为自己作过多辩解，更不要强词夺理。错了就错了，改正就是了。一个聪明的员工不会在大庭广众之下纠正上司的错误。中国人酷爱面子，视尊严为珍宝，尤其做老板更爱面子。作为老板，他在树立权威，若不慎做了错误的决定或说错了什么话，如果下属直接指出或揭露上司的错误，无疑是向他的权威挑战，会让他很没有面子，会损害他的尊严，刺伤他的自尊心，相信一个最宽宏大量的上司也无法忍受。

老板需要面子

有一家公司新招了一批员工，在老板与大家的见面会上。老板逐一点名。

"黄烨（华）"。

全场一片寂静，没有人应答。

一个员工站起来，怯生生地说："老板，我叫黄烨（叶），不叫黄烨（华）。"

人群中发出一阵低低的笑声。

老板的脸色有些不自然。

"报告经理，我是打字员，是我把字打错了。"一个精干的小伙子站了起来，说道。

"太马虎了，下次注意。"老板挥挥手，接着念下去。

没多久，打字员被提升为公关部经理，叫黄烨的那个员工则被解雇了。

启示：

表面看来，这个老板没有什么水平，打字员在拍马屁。实则每个人都有自己的知识欠缺，犯错误出洋相难以避免。作为下属，有什么必要当众纠正呢？如果这个叫烨的员工当时应答，事后再巧妙地纠正就不会伤害老板的面子。好在那个打字员承认自己错了，才巧妙地让老板从尴尬中走出来。

老板有错时，不要当众纠正。如果错误不明显不关大局，其他人也没发觉，不妨"装聋作哑"，等事后再予以弥补。有一个老板在会上将一组财务数据讲错了，一个做财务工作的下属没有马上纠正，他在做财务报表时，将老板说错的数据纠正了过来，老板看到财务报表时，才知道自己在会上说错了。因此，对这个员工的好感大增。

有时，老板的错误明显，确有纠正的必要，最好寻找一种能使老板意识到而不让其他人觉察的方式纠正，让人感觉到老板自己发现了错误，而不是下属指出的，一个眼神、一个手势甚至一声咳嗽都可能解决问题。

无论什么事情，碰巧是上司的错误，作为下属都应该给上司留情面，然后想办法弥补损失。这样做既显得你通达人情，又能让上司看到你的工作能力，一举两得。

2. 不要议论上司的是非

古人云："无道人之短，勿说己之长。"在人际交往中，我们总是很容易发现别人身上的缺点或错误，而时常对自己的不足浑然不知，如果发现别人有什么过错，就在背后指指点点、数落再三，议论是非，所谓"良言一句三冬暖，恶言伤人六月寒"。对他人的议论是非，古人都很是慎重。曾国藩说："凡事后悔己之隙，与事后而议人之隙，皆阅历浅耳。"事实上，不管是不是事后议论是非，都会害人不浅，更会害己不浅。对于那些存心议论是非，诋毁别人的人，也应该做出相应的反击。

世上没有十全十美的人。上司也是人，所以不要太苛求上司。无论在工作中还是在生活中，不要去议论上司的是是非非。微软创始人比尔·盖茨曾告诫他的员工"不要在背后议论领导"。在工作过程中，因每个人考虑问题的角度和处理的方式难免有差异，对上司所做出的一些决定有看法，心里有一些意见，甚至变为满腔的牢骚，有时也是在所难免，但是不能到处宣泄。听到同事在议论上司时，首先应以善意的态度劝告他们不要背后议论上司，不要扩大议论的范围，更不要以讹传讹，有意或无意地贬低上司或损害上司的形象；应尽量回避对上司的议论，不得已作评价或说明时，也只宜点到为止，不要主动挑起话题，更不要添油加醋，以免引起不必要的猜测和误解。

老 板 物 语

1. 老板绝对不会有错。
2. 如果发现老板有错，一定是我看错。
3. 如果我没有看错，那一定是因为我的错才害老板出错。
4. 如果是老板自己的错，只要他不认错，那就是我的错。
5. 如果老板不认错，我还坚持他错，那就是我的错。
6. 总之，"老板不会错"，这句话绝对不会错。

---

3. 将荣耀归于上司

古语说："上不与下争利，下不与上争名。"让上司在人前人后永远光鲜，上司得到了荣耀，当然不会忘记那些在背后默默无闻的奉献者。大多数上司是闻功则喜，在论功行赏时，上司总是喜欢冲在前面。而工作上犯了错误时，许多上司都有后退的心理。假如你努力完成了一项对公司非常有利的业务，照理说应该受到公司的嘉奖和上司的表扬，使你在众人面前露脸，如果你聪明地将功劳让给上司，那将是另一番情景。向其他人指出上司的优点，让上司知道：做出了成绩也不忘对同事和更高的领导说，这也是上司的一份功劳。在你取得成功时，如果你能用汗水和心血换来的功劳大方地奉献给上司，那么上司一定会对你产生好感，并会给你高升的机会，会在其他方面使你得到补偿。如果以后有为公司建功立业的机会，他会首先想到你。古人说为臣有"三忌"：一忌功高震主，二忌权大欺主，三忌才大压主。无论做人还是做官，都该认清主角，不要喧宾夺主；认清主客，礼让上座。

王浚的生存之道

三国末期，西晋名将王浚巧用火烧铁索之计，灭掉了东吴。三国分裂的局面至此方告结束，国家重新归于统一，王浚的历史功勋不可埋没。岂料王浚克敌制胜之日竟是受谤遭诬之时，安东将军王浑以不服从指挥为由，要求将他交司法部门论罪，又诬陷王浚攻入建康之后，大量抢劫吴宫的珍宝。

这不能不令功勋卓著的王浚感到畏惧。当年，消灭蜀国，收降后主刘禅的大功臣邓艾，就是在获胜之日被谗言诬陷而死，他害怕重蹈邓艾的覆辙，便一再上书，陈述战场的实际状况，辩白自己的无辜，晋武帝司马炎倒是没有治他的罪，而且力排众议，对他论功行赏。

王浚每当想到自己立了大功，反而被豪强大臣所压制心里便愤愤不平，每见皇帝都一再陈述伐吴之功和被人冤枉的悲愤，有时感情激动，也不向皇帝辞别便离开朝廷。他的一个亲戚范通对他说："足下的功劳太大了，可惜足下居功自傲，未能做到尽善尽美！"

王浚问："这话什么意思？"

范通说："足下凯旋之后，应当退居家中，再也不再提伐吴之事，如果有人站起来，你就说是皇上的圣明，是诸位将帅的努力，我有什么功劳可夸，这样，王浑能不惭愧吗？"

王浚按照他的话去做了，谗言果然不止自息。

第四节　与平级沟通

管理者除了要与上司和下属沟通，还要与平级同事沟通。团队的成功，除了团队本身的努力之外，如何与组织内其他部门协调合作更是关键。如何与平级合作，以获得其他部门的配合与支持，这要求管理者具备良好的平级沟通技巧。同事之间，毕竟存在个人性格、职位性质特征、工作侧重点的差别。在沟通的时候，如果能自觉考虑到对方的利益所在，则沟通自然可以变得顺畅起来。

一、以大局为重，多补台不拆台

对于同事的缺点，假如平常工作时间不肯当面指出，但一跟外单位人员接触交谈时，却很容易失控而对同事大加品头论足、挑他们的种种毛病，甚至还恶意攻击，这样便影响同事的外在形象，时间长了，对自身形象也一样不利。要意识到，同事之间因为工作关系而汇集在一起，就应该有最起码的集体意识，以大局为重，自觉维护已经形成的利益共同体。尤其是在与外单位人员进行交际时，头脑中要存有"团队形象"的观念，多补台不拆台，不要只为个人小利而损害了集体大利，努力做到"家丑不外扬"。

二、对待分歧，求大同存小异

同事之间因为经历、立场等方面的不同，对同一个问题，常常会产生差异极大的看法，以致引发不同程度的争论，稍不小心就容易伤了同事之间的和气。所以，跟同事发生意见分歧时，第一是不能过分争论是非对错。从客观上看，每一个人接受一种新观点都需要一个过程，从主观上来说，人时常都有"好面子"、"好争强斗胜"的心理，当同事之间谁也不服谁，这时若是过分争论，就非常容易激化矛盾而不利于整体团结；第二是不要一味"以和为贵"、事事都讲求一团和气，哪怕涉及原则问题也不坚持、不争论，而是随波逐流，刻意掩盖矛盾。这就会走向另一个极端，也同样会不利于团体事业的发展。面对问题，尤其是存在较大分歧时要努力寻找共同点，争取求大同存小异。即使确实不能求得一致时，也不妨冷处理，明确表达"我难以同意你们的观点，我保留我的意见"，使争论逐渐淡化，同时又保持自己的立场和态度。

三、对待升迁与功利，持平常心态

部分同事平日里待人异常和气，可当遇到利益之争，就很"不客气"地当"利"不让。或在背后散布流言，或嫉妒心大为发作，说一些诋毁他人的风凉话。如此既不光明正大，又于己于人都产生负面作用，所以对待升迁、功利要始终持有一颗平常心。

四、跟同事交往，保持适当距离

在一个单位里，要是少数几个人交往过于频密，极易给人造成有意拉小圈子的印象，极易让别的同事产生猜疑心理，更使一些心理不太健康的人产生"是不是他们又在谈论别人是非"的消极想法。所以，在跟上司、同事交往时，要注意保持适当距离，防止卷入小圈子。

五、产生矛盾时，要宽容忍让，勇于道歉

同事之间难免时常发生一些磕磕碰碰，假如不能及时得到妥善处理，就会逐渐

累积蔓延而形成大矛盾。俗话说，冤家宜解不宜结。在跟同事有矛盾冲突时，要勇于主动忍让，从自身方面寻找原因，设身处地从对方的角度多为对方想想，防止矛盾激化。假如已经形成矛盾，自己又的确有错误，就要放下面子，勇于道歉，以诚心换诚心，实现和好。退一步海阔天空，只要有一方勇于主动打破僵局，就会发现原来彼此之间并没有任何化解不了的隔阂。

六、发生矛盾时，要理智妥善地解决

要解决好存有矛盾的同事之间的沟通问题，其中沟通双方的细节问题也很关键。对于心理有缺陷的人，如果他能够有意识地改变自己的缺陷，当然是最好。在与这样的人进行沟通时，首先要了解对方存在的这个缺陷。原因是当沟通不畅时，心理有缺陷的人很容易形成对某件事有成见而存在不满的情绪，即使不在此事上表现出来，也会在其他事情上表现出来。这主要是由于在沟通的时候，沟通双方缺乏一种直接而坦诚的沟通方式。倘若有同事与这样的人发生的矛盾已经到了明显影响工作的境地，应该找一个具体而恰当的时间和场合，与这个人进行面对面的直接且真诚的沟通，把彼此真实的内心想法都直接坦率说出来，看对方的反应是什么，他到底需要你怎么做，才可以满意。倘若你选择摔书本或摔杯子的间接方式，十分容易令对方产生较大误解。

职场沟通的八个黄金句型

1. 我们好像碰到了一些情况。

    妙处：以最婉约的方式传递不好的消息。

2. 我马上去做。

    妙处：上司会因此觉得你是名有效率的好员工。

3. 某某的办法真不错。

    妙处：体现出团队精神。

4. 这个报告缺了你就不行啦！

    妙处：说服同事愿意帮你忙。

5. 让我再仔细地想一想，四点半以前给你答复怎么样？

    妙处：巧妙避开你没把握或不愿意参与的事。

6. 我很想知道你对某个方案的见解。

    妙处：不露痕迹地讨好。

7. 是我一时没能明察，好在……

    妙处：承认疏失又避免上司明显不满。

8. 谢谢你告诉我，我会认真参考你的建议。

    妙处：对待他人批评表现出冷静。

——肖卫《女人的资本Ⅱ：职业女性的十一种生存智慧》

总结

组织是由许多不同的部门和成员构成的一个整体,为了达到组织的目标,各部门及各成员必须密切配合与协调。组织沟通的作用主要体现在联系与协调、激励、改善人际关系、创新和控制。

组织沟通的障碍包括角色错位、态度轻视、方式不当、地位差异。

组织角色是相对于组织而言的,是组织成员在组织中所扮演的角色或发挥的作用。在企业外部,主要是针对"客户"的关系处理。在企业内部,主要包括三大关系的处理。以管理者本人为中心,往上是上司(更高一级的管理者),往下是部属(你的团队成员),左右是同僚及其所代表的部门/科室。

管理者必须做到"承上启下、纵横捭阖"。承上是指承担岗位职责,达成组织目标,执行上司指示。启下是指做好组织的管理,带领团队达成任务,使各项资源充分有效发挥。纵横捭阖是要强调合作共赢,在工作中应充分树立相互配合、互相支持的团队精神和整体意识。

与下属沟通要谈行为不谈个性、明确沟通、积极聆听。管理者需"随机应变",根据员工的差异,因人而异沟通,并且适当运用赞美和批评的技巧。

与上司沟通要积极主动、适度赞美、敬而有节、忠诚原则。下属要主动向上司汇报工作,向上司请示要有备选答案,准确领会上司的意图,维护上司的权威。

与平级沟通要以大局为重,多补台不拆台;对待分歧,求大同存小异;对待升迁与功利,持平常心态;跟同事交往,保持适当距离;产生矛盾时,要宽容忍让,勇于道歉;发生矛盾时,要理智妥善地解决。

问题讨论

(1)从沟通的角度理解"将在外军令有所不受"是否正确。

(2)为什么"管理不能一视同仁"?

(3)老板出国考察要5月10日回国,临走前安排你处理公司的一切事务。供应商王总和老板是好朋友,两家公司一直合作很好。4月16日王总来找你,说他最近资金周转较困难,请求将我公司本应5月15日付他公司的货款30万元提前付给他,王总4月19日前着急用钱。你询问了财务部,王总公司的对账单已核对无误,我公司账户资金充裕,近一个星期内没有计划外应付账款。你批示财务部,付给王总此项货款。财务部主管提出了异议,说不可以破坏规定,不同意提前支付。你是否会坚持并落实你的决定?

(4)你向老板递交了一份新的公司管理方案,老板很欣赏并让你推行新的管理方案。公司个别高层老职员对你这套方案的推行进行软抵抗。你将如何工作？

（5）业务部小陈和司机小李出去送货，到目的地客户工厂刚好是下班时间，要等下午上班后才能卸货。客户工厂收货员小王对小陈开玩笑地说要小陈请他吃饭。小陈是个直爽大方的人，热情地拉着小王要请小王吃饭，三人共花了68元。第二天小陈来找你签字报销招待费。公司规定业务人员未经公司批准不得对客户请客送礼。老板告诉过你，3000元以下的费用审批由你全权处理，不用请示老板。你是否会给小陈签字报销？

 小故事

猴 子 与 表

森林里生活着一群猴子，它们每天在太阳升起的时候外出觅食，在太阳落山的时候回去休息，日子过得平淡而幸福。

一名游客穿越森林，把手表落在了树下的岩石上，被猴子"猛可"拾到了。聪明的"猛可"很快就搞清了手表的用途，于是，"猛可"成了整个猴群的明星，每只猴子都向"猛可"请教确切的时间，整个猴群的作息时间也由"猛可"来规划。"猛可"逐渐建立起威望，当上了猴王。

做了猴王的"猛可"认为是手表给自己带来了好运，于是它每天在森林里巡查，希望能够拾到更多的表。功夫不负有心人，"猛可"又拥有了第二块、第三块表。

但"猛可"却有了新的麻烦：每只表的时间指示都不尽相同，哪一个才是确切的时间呢？"猛可"被这个问题难住了。当有下属来问时间时，"猛可"支支吾吾回答不上来，整个猴群的作息时间也因此变得混乱。过了一段时间，猴子们起来造反，把"猛可"推下了猴王的宝座，"猛可"的收藏品也被新任猴王据为己有。但很快，新任猴王同样面临着"猛可"的困惑。

这就是著名的"手表定律"：只有一只手表，可以知道时间；拥有两只或更多的表，却无法确定几点。更多钟表并不能告诉人们更准确的时间，反而会让看表的人失去对准确时间的信心。

启示：

一个人不能由两个以上的人来指挥，否则将使这个人无所适从。拿破仑（1769—1821）说："宁愿要一个平庸的将军带领一支军队，也不要两个天才同时领导一支军队。"

第三章 组织沟通

 沟通游戏

同心协力

规则：

（1）将学员分成几个小组，每组在 5 人以上为佳。

（2）每组先派出 2 名学员，背靠背坐在地上。

（3）2 人双臂相互交叉，合力使双方一同站起。

（4）以此类推，每组每次增加一人，如果尝试失败需再来一次，直到成功才可再加一人。

（5）培训者在旁观看，选出人数最多且用时最少的一组为优胜。

相关讨论：

（1）你能仅靠一个人的力量就完成起立的动作吗？

（2）如果参加游戏的队员能够保持动作协调一致，这个任务是不是更容易完成？为什么？

（3）你们是否想过一些办法来保证队员之间动作协调一致？

游戏说明的道理：

（1）别看这个游戏简单，但是依靠一个人或几个人的力量是不可能完成的。因为在这个游戏中，大家组成了一个整体，需要全力配合才可能达到目标。它可以帮助学员体会团队相互激励的含义，帮助他们培养团队精神。

（2）这个游戏还考验每个小组的领导者，看他怎么指挥和调动队员。因为这个游戏不但需要大家通力合作，还需要每个参与者的密切配合。如果步调不一致，大家的力气再大也不可能顺利完成。这种情况下，作为小组的领导者，应该想一些办法来解决这个问题。比如可以让大家以他马首是瞻，跟随他的动作；更有效的就是想出一个口号，既可以鼓舞士气又能统一大家的节奏。

第四章　团队沟通

> **学习目标**
> （1）区别团队与群体的差异。
> （2）理解高效团队的六大特征和团队的陷阱。
> （3）分析团队发展的阶段及特点并掌握相应的领导方式。
> （4）了解团队冲突的解决方法。
> （5）识别会议失效的因素。
> （6）列出并详细阐释提高会议质量的通则。

引例

这是你的船

1997年6月，我开始接管"本福尔德号"，并在这艘导弹驱逐舰上度过了整整两年时光。第一次担任舰长就指挥一艘如此先进的舰艇，这对我来说是一件非常刺激的事情，同时也给我带来了巨大的挑战。机会来了，可摆在我面前的问题也很多：美国军方在战备军械装备方面可谓不遗余力，但我们在战略技术以及军事管理方面却仍沿用以前的老方法。

接管"本福尔德号"以后，我发现船上的水兵士气消沉，很多人都讨厌待在这艘船上，他们甚至想赶紧退役。而让我感到骄傲的是，两年之后，这种情况彻底发生了变化，"本福尔德号"上全体军官上下一心，整个团队运作通畅，士气高昂。确切地说，很多人都这么认为："本福尔德号"变成了美国海军的一只王牌驱逐舰。

对于任何机构的领导者来说，他们所面临的一个共同的问题就是，如何从机构成员身上获得最大限度的回报。显然，领导不会允许任何人把自己的组织当作一个收容所。作为导弹驱逐舰的舰长，我的任务是赢得战斗；而作为公司的经理人，你的责任则是为公司获得利润。但无论处于何种机构当中，单纯依靠命令的领导方式都是行不通的。即使这种做法可能会带来一些短期的收益，它的长远后果也会是灾难性的。我的经验告诉我，只有帮助人们发挥他们的潜力，实现他们的价值，你才能完成那些在传统的"命令—控制"体制下看似不可能的任务。

我发现我给予下属的自由空间越大,他们就会越严格地执行我的命令。刚开始的时候,人们总是会在做一件事情之前征求我的同意,后来我告诉他们:"这是你的船,所以你也要负起责任。你自己决定吧,让我们看看结果如何。"从那以后,"这是你的船"就成了"本福尔德号"的口号。所有的水兵都觉得照管好"本福尔德号"就是自己的职责所在。我相信,只要你的组织能够让员工确立一种"这是我的公司"的信念,你就一定能够打败所有其他竞争对手。

这是你的船!This is Your Ship!

——迈克尔·阿伯拉肖夫《这是你的船》

第一节 团队与群体

"一个和尚挑水喝,两个和尚抬水喝,三个和尚没水喝"。这一古老的寓言告诉我们一个道理——团队的重要性。在现今经济高速发展的社会中,团队已经成为企业的核心竞争力。一个优秀的企业,必定有一个优秀的团队。一个人再能干,也不可能单独完成整个公司的各项业务,只有通过团队合作,结合每一个人的智慧和创新,互相协作、及时沟通、互相关怀才能克服工作中的困难,取得最大的发展。阿里巴巴集团主席马云曾说:"我不懂电脑,对软件、硬件更是一窍不通,但是,我却通过建立一个团队成就了阿里巴巴的辉煌业绩。"

一、团队与群体的区别

团队,英文 team,有时也称为工作团队,即 work team。管理学家斯蒂芬·罗宾斯提出,团队就是由两个或者两个以上的相互作用、相互依赖的个体,为了特定目标而按照一定规则结合在一起的组织。这个定义可以看出,团队是由不同成员组成的一个共同体,该共同体合理利用每一个成员的知识和技能协同工作,解决问题,达到共同的目标。英文中还有一个词 group,中文意思"群体"。群体是指两个或两个以上的人,为了达到共同的目标,以一定的方式联系在一起进行活动的人群。团队和群体经常容易被混为一谈,但它们有着一些根本性的区别。

(1)领导方面。作为群体,应该有明确的领导人,成员几乎绝对服从;而团队可能就不一样,尤其是团队发展到成熟阶段时,成员共享决策权。

(2)目标认同。群体成员对目标的认同程度较低;而团队有清晰的目标,且团队成员对目标认同程度高。

(3)协作方面。协作性是群体和团队最根本的差异,群体的协作性可能是中等程度,有时成员还有些消极,有些对立;但团队中是一种齐心协力的气氛。

(4)责任方面。群体的领导者要负很大责任;而团队中除了领导者要负责之外,每一个团队的成员也要负责,甚至要一起相互作用,共同负责。

(5) 技能方面。群体成员的技能可能是不同的，也可能是相同的；而团队成员的技能是相互补充的，把不同知识、技能和经验的人综合在一起，形成角色互补，从而达到整个团队的有效组合。

(6) 结果方面。群体的绩效是每一个个体的绩效相加之和，团队的结果或绩效是由大家共同合作完成的产品。

有些企业把几个员工聚集在一起做一件事，就号称建立了一个团队，这显然是对团队本质的不了解。要知道，建立一个团队，不是一件容易的事，而要建立一个优秀的团队，更是特别不易。最起码，在建立一个团队之前要弄明白，我们为什么要建立一个团队，建立团队对我们有什么好处。1996年的空调市场可谓硝烟弥漫，战火不断，各厂家均不惜代价，建立起庞大的销售队伍，以期获得更大的市场份额。可就在这些庞大的销售队伍之中，有一家企业却反其道而行之，仅仅组建了一个只有23人的销售小团队，凭着这支"小分队"，这家企业在空调市场上南征北战，打败了众多强大的对手，缔造了一个销售的奇迹。这家企业就是格力电器，而这支"小分队"的负责人就是有"营销凤凰"之称的格力电器总裁董明珠。董明珠带领着她的23名营销员迎战春兰和华宝上千人的营销队伍，最终打败对手，取得了辉煌的胜利。

为什么有着上百人、上千人甚至上万人的劳动密集型企业创造的利润比不上只有几十个人团队的高科技公司？答案在于，劳动密集型企业虽然人数众多，但他们仅仅属于群体，没能形成团队。团队与群体最大的差距就在于，团队具有创造性。通过团队成员间的合作互补，每个人同时具备了自己的优势和别人的优势，因此能产生"核裂变"式的爆发性力量。而群体却只有制造性，最好也只能达到 $1+1=2$ 的效果，即使群体中有个别人具备创造性，但由于无法和其他人合作互补，也就无法产生 $1+1>2$ 的效果。

蚂蚁军团

在非洲的草原上，如果见到羚羊在奔逃，那一定是狮子来了；如果见到狮子在躲避，那一定是象群发怒了；如果见到成百上千的狮子和大象集体逃命的壮观景象，那是蚂蚁军团来了。

二、高效团队的特征

如果有一车沙从大厦顶上倒下来，对地面的冲击是不太大的，如果把一整车已凝固成整块的混凝土从大厦上倒下来，其结果就大不一样。团队管理就是把一车散沙变成已凝固成整块的混凝土，将一个个独立团队成员变成一个坚强有力的团体，从而能够顺利完成项目的既定目标。沙土需要搭配石头、钢筋和水泥等才能形成混凝土，在团队建设中同样如此。每个成员的知识结构、技术技能、工作经验和年龄性别按比例的配置，达到合理的互补，决定了这个团队的基本要素。有了沙土等基本要素，是否就一定是混凝土呢？没有水，没有搅拌，就还不行。混凝土中的水就是一种良好的团队氛围，团结信任积极向上的工作气氛。具备了这种气氛，意味着成功了一半。主管在团队管理中相当于搅拌机的作用，组织会议、讨论、学习、攻关和休闲等活动，与成员之间形成良好的沟通，最终能形成明智的决策。高效团队一般具备以下几大特征。

1. 清晰的目标

美国心理学家亚伯拉罕·马斯洛（1908—1970）说："杰出团队的显著特征，便是具有共同的愿景与目的。"高效的团队对于要达到的目标有清楚的了解，并坚信这一目标包含着重大的意义和价值。而且，这种目标的重要性还激励着团队成员把个人目标升华到团队目标中去。在有效的团队中，成员愿意为团队目标做出承诺，清楚地知道希望他们做什么工作，以及他们怎样共同工作最后完成任务。

2. 相关的技能

高效的团队是由一群有能力的成员组成的。他们具备实现理想目标所必需的技术和能力，而且相互之间有能够良好合作的个性品质，从而出色完成任务。尺有所短，寸有所长，每个成员都有其各自的特长。把不同知识、技能和经验的人综合在一起，形成角色互补、技能互补，从而达到整个团队的有效组合。

瞎子与瘸子

一个瞎子迷失在森林里被东西绊倒了。瞎子在森林地面上摸索，发现自己跌在一个瘸子身上。瞎子与瘸子开始交谈，悲叹自己的命运。瞎子说："我已经在这个森林里徘徊很久了，因为我看不见，所以找不到出去的路。"瘸子说："我也躺在森林的地上很久了，因为我站不起来，无法走出去。"当他们坐着谈话的时候，瘸子突然大声叫起来，他说："我想到了，你把我背在肩上。我来告诉你往哪里走，我们联合起来就能找到走出森林的路。"

---

3. 相互的信任

信任，是架设在人心的桥梁，是沟通人心的纽带。成员间的团结和信任可以说是所有完美团队的共有特性，只有这样我们所有的人才能在分派任务、设定计划、职权划分、相互沟通和协同工作时保持足够的尊重和信任，都会认真思考其他成员提出的问题和看法，认真反思自己可能存在的问题和缺点，充分提高每个成员的工作积极性和技术水平，尊重和体现每个成员的自我价值，使每个成员都有幸福感和归属感。

4. 良好的沟通

团队成员通过畅通的渠道交换信息，包括各种言语和非言语信息。此外，管理层与团队成员之间健康的信息反馈也是良好沟通的重要特征，有助于管理者指导团队成员的行动，消除误解。就像一对已经共同生活多年、感情深厚的夫妇那样，高效团队中的成员能迅速准确地了解一致的想法和情感。

5．恰当的领导

一个合适的领导，能够为团队指定方向，设定短期目标和长期目标，组织、协调、监督和控制团队内外的所有关系、任务和资源，并当团队陷入困境时带领成员走出困境，同时能够为团队成员带来丰厚的利益。一只羊带领的一群狼的团队，依然是"羊团队"，而一只狼带领的一群羊的团队，却是"狼团队"，所谓"兵熊熊一个，将熊熊一窝"。优秀的领导者不一定非得指示或控制，高效团队的领导者往往担任的是教练和后盾的角色，他们对团队提供指导和支持，但并不试图去控制它。

6．有效的制度

古人说："没有规矩，不成方圆。"团队的理念属于精神范畴，看不见，摸不到，有了完善的制度体系，才能使团队成员亲身理解、体会到理念的存在，才能以理念规范团队成员的行为。完善的制度包括有形的制度和无形的制度。有形的制度就是各种规章制度，无形的制度是一种组织氛围。团队内无形制度的形成过程比较长，其形成的主要因素，一是社会文化基础，二是团队领袖的愿望和努力。

三、团队的陷阱

团队的成员关系如果过于紧密，对团队的决策判断并不见得是好事。因为"集体精神"的强势话语权，有时候会铲除单个人讲出真理的外在环境。换句话说，如果每个人都站在团队整体的立场去判断一项决策，他们所得到的答案几乎都是相同的。而如果每个人都站在自身的角度，从自身的立场去判断决策，其得出的结果有时候会有所差异，甚至会截然相反。

1．群体思维

群体决策是科学决策的基本方式，但不等于科学决策。在集体决策时，即使经验再丰富的管理者组成的团队也有可能犯下幼稚的错误，共同选择一个失败的方案，并带来灾难性的后果，这就是所谓的群体思维的陷阱。群体思维（group think）是指这样一些情况，群体对于从众的压力使群体对不寻常的、少数人的或不受欢迎的观点得不出客观的评价。具有较强凝聚力的团队在做出某种决定的时候，总是深为"集体思想"所累。根据社会心理学家的理论，集体思想是"具有凝聚力的集体中成员的一种思考模式，有某种共识存在于该集体中，并处于强大的支配地位，以至于往往忽视了对其他各种行动方案的客观评价"。这样的团队经常觉得自身无懈可击。面对这样的从众压力，团队成员不容易坚持自己的观点。这种"集体心理"给团队的行事效果带来了巨大的风险，使团队变得冲动、易变、急躁、易受暗示，从而使集体行为缺乏理性的约束，趋于偏执、专横、保守。

虽然对团队来讲，一定的从众行为是允许的，但如果这种从众行为是以牺牲我们的个性、妨碍我们产生新的创见、压抑个人的独创精神为代价，那我们就要反思，并对这种行为说"不"。奥尔福德·斯隆有一次主持通用汽车公司的董事会议时，有位董事提出了一项建议，其他董事立即表态支持。当与会者纷纷表示赞成时，斯隆提议依序表决。结果，大多数人点头赞成。最后轮到斯隆，他说："我若也投赞成票，便是全体一致通过。但是，正因如此，我打算将此议案推迟到下个月再作决定，我个人不敢苟同诸位刚才的讨论方式，因为大家都把自己封闭在同一个思考模式里，这是非常危险的决策方式。我希望大家用一个月时间，分别从各个不同方面研究这项议案。"一个月之后，该议案遭到董事会否决。正是对集体决策中群体思维的危险性的认识，使得斯隆否决了一个危险的方案。这一案例给了我们一个重要的提醒，这就是在作集体决策的时候，作为团队的负责人，应该更稳重、更"保守"、更清醒一点，而不要掉入群体思维的陷阱中去。

航空航天局真的对哥伦比亚号机翼上的大洞一无所知？

2003年1月16日上午7点，哥伦比亚号进入太空。这是美国国家航空航天局航天计划中的第113次飞行。就在结束为期16天的太空任务，返回地球着陆前16分钟，不幸发生了。航天飞机失去控制，在得克萨斯上空解体，7名宇航员全部遇难。整个世界为之震惊，这已是美国17年来的第二次航天飞机事故。

哥伦比亚号爆炸的灾难发生后不到3小时，航空航天局的副局长就委任退休四星海军上将哈尔·格曼主持调查工作。格曼召集12名专家组成了哥伦比亚号事故调查委员会。他们很快注意到，就在控制中心与航天飞机失去联系的前几分钟，由机载温度传感器传回的数据有些异常。原来一些传感器在发生故障前，就已经测到了高温读数。而且最重要的是，所有这些数据都来自航天飞机的同一区域。

调查人员怀疑，热气透过航天飞机的隔热层进入轮舱，或许是由起落架舱门的封口破裂引起的。但要找到确切原因，他们需要更多的数据，而这些数据都在哥伦比亚号上。调查人员找到航天飞机的飞行数据记录仪，资料证实，哥伦比亚号的外壳上的确有个洞，因此在重返大气层时进入了热气体。此外，调查小组还推算出了破洞形成的时间，得知它早在航天飞机重返大气层之前就出现了。

现在，调查人员只剩下最后一个疑问了。为什么航空航天局会对哥伦比亚号机翼上的大洞一无所知？航空航天局在哥伦比亚号升空后一天，就知道了泡沫撞击事件，可为什么没有人发现机翼上的大洞？调查人员的发现令人不安。原来，航空航天局的工程师们很担心泡沫撞击会造成影响，曾请求管理者为在轨道上运行的航天飞机拍摄卫星照片，以查看机翼受损情况，却遭到了拒绝。

主管部门强烈要求工作人员不要再有这样的想法。泡沫撞击非常普遍，以前也从未出现过重大事故。但格曼发现，航空航天局的管理者不愿意将事闹大，还有另一个原因。原来，全面调查可能会延误航天飞机飞往国际空间站执行任务，进而危及整项工程。

格曼说："按照国会颁布的法令，如果不能按时完成国际空间站任务，他们就会削减预算，终止这项计划。因此，在进度和经费的压力下，那位可怜的负责人只能说'没错，航天飞机的机翼上是有一个洞，但不会有任何影响。'他们假装听不到。"

2. 群体偏移

群体偏移（group shift）是指在群体进行决策时，往往会比个体决策更倾向于冒险或保守。在某些情况下，群体决策偏向保守，在更多的情况下，群体决策偏向于冒险。因此，这种现象又叫做"极化现象"或"冒险性转移"。

为什么会出现极化倾向呢？一是群体在相互讨论中发生了相互作用。成员在群体决策中变得更加熟悉，更容易接受群体核心人物，核心人物的冒险或保守倾向影响了群体的倾向。二是群体决策分散了责任。群体决策使得任何一个人都用不着单独对决策失败的后果负责任。最后，也许是某些群体更崇尚冒险，而另一些群体更加谨慎，仅此而已。有学者认为，群体决策容易夸大每个群体成员的最初观点，群体决策究竟是转移到更保守还是更冒险，取决于群体成员个人在讨论前的倾向。

3. 团队规模

一个团队的战斗力，并不是和团队成员的数量完全成正比的。人多力量不一定大，也是无数的历史事实证明了的。而经过实验我们进一步发现，当团队成员的数量超过一定比例的时候，团队的战斗力反而呈下降趋势。正如林格尔曼的拔河实验，尽管总体拉力增加，但每个成员施加的平均拉力减小，这与团队合作时成员更卖力的传统理论相悖。团队成员的数量越大，团队内部就越容易出现"南郭先生"。究竟多少人组成的团队才能发挥出最大的战斗力？沃顿商学院珍妮弗·缪勒教授的观点：在组建一支有效团队时，规模并不一定是首先要考虑的事情。缪勒认为以下要素需要优先考虑：

林格尔曼效应

早在1861年，法国农业工程师马克西米利安·林格尔曼（1861—1931）在他著名的拔河实验中注意到，当拔河的人数从1个人逐渐增加到一群人时，集体的力量并不等于个体力量的总和：当增加到3个人时，力量仅仅相当于两个半人的总和。也就是说，在集合的过程中损失了半个人的力量（$1+1+1=2.5$）；当增加到8个人时，集体的力量竟然已经仅仅相当于大约4个人的总和（$1+1+1+1+1+1+1+1=4$）。林格尔曼的实验结果显然违背了加法的基本定律，个体的力量在集合的过程中流失，而且是人数越多流失越大！林格尔曼由此得出结论：当人们参加社会集体活动时，他们的个体贡献会因人数的增加而逐渐减少，林格尔曼将其称之为"社会惰性"，即一个群体或团队往往会"隐藏着"缺少个人努力的现象。

第一，问清楚团队即将承担何种任务很重要。对此问题的回复将揭示你想聘用什么样的员工以及寻求何种类型的技能，其中有一项就是所需的协调程度。如果是销售团队，那只有在最后才能实现真正的协调。因为它全是单个个体的行为，人与人之间不存在相互依赖。相互依赖很重要，它是你衡量人际关系是否融洽的标准

之一。

第二，团队将如何构成？人们在行动中需要运用哪些技能？这包括从工作方式到个人风格到知识基础等，要确保这一切与任务相适合。

第三，你需要考虑团队规模。在规模大于5个人后，人们在团队中的拉力发生收益递减。但是除非缺乏动力或承担强制性任务，否则人们不会愿意显露"社会惰性"。如果你问经理们这个问题，他们会说："我正在为偷懒和搭便车的现象烦恼。"偷懒（社会惰性）指的是在群体背景下个人努力的减少，而搭便车则是理性的利己主义行为。如果一个人得不到什么激励，他会说："我要搭便车"，即不会积极参与。

在企业里面，团队的负责人需要注意自己的团队里面是否进入了太多的"南郭先生"。事实上，只要团队的规模过大，不管量化考核有多细，总有人能够浑水摸鱼，不劳而获。同时也应注意，最大的危害不是"南郭先生"没有为团队做出贡献，而是"南郭先生"的不劳而获影响了其他成员的情绪，从而影响到整个团队的战斗力。同时，团队规模过大还会造成沟通不畅。一般来说，一个团队负责人能够把自己的思路直接清晰地传递到的一般只有3～5人，最多不会超过10人，再多的话，就要付出极高的沟通成本。

4．共同的敌人

一名优秀的团队领导要意识到，在团队里面，如果你和你的团队成员找不到共同的"敌人"，那么，你们彼此之间就是"敌人"。西方经济学的基本假设认为，人是"经济人"。在任何一个组织中，如果没有一个共同的"敌人"能够将所有的个体凝聚起来去面对，人与人之间就会由于自身利益不同于他人的利益而自行地树立他人为"敌人"，组织内人与人之间就将出现摩擦、对立和冲突，产生巨大的内耗成本。如果一个组织的领头人要领导或管理好这个组织，第一要务就是要找到所有个体的"共同敌人"。法国当代哲学家勒内·吉拉尔也持有同样的观点：一个社会共同体在其初始创建时，都需要有一次伟大的"替罪羊事件"，而每个民族和宗教的创世纪神话的核心，都是一个替罪羊神话。这是因为，一个社会共同体的建立，离不开社会共同体成员的认同（凝聚力、团结），而激发和维持共同体成员认同感的最佳手段莫过于"同仇敌忾"。为此，为了共同体能够存在，没有敌人也要找出一个敌人，找不到敌人也要想象出一个敌人，想象不出一个敌人也要假设一个敌人，共同体就是建立于对共同敌人的共同想象之上的。这就是为什么当一个共同体在共同的敌人被消灭之后，往往会陷入内部混乱的原因。共同体的敌人消失之际，往往也就是共同体分裂之时。

因此，为了共同体命运计，最好的办法不是把敌人赶尽杀绝，而是给它留一条生路。因为共同体的存在需要一个敌人。如果在你的团队之外，还有另外的团队在和你竞争，那么他们就是激发你的团队战斗力的最佳外在驱动力。如果没有这样一个既形象又明确的"敌人"存在，团队领导就要思考，如何给你的团队找到一个假设的"共同敌人"。团队领导要在不同的时期给团队找到不同的敌人，而且要去团队外部找敌人，而不是在团队内部找敌人。即使是两个存在利益冲突的竞争对手，也可以通过找到第三个共同的敌人而互相凝聚起来。可见，如果团队内部成员之间存在利益冲突，团队领导也可以通过这种方式将他们团结起来。如果团队领导能够将这种技巧善加利用，就可以解除团队成员之间的各种小冲突，将他们的精力引导到对团队发展有利的方向上来。

第二节　团队建设与团队领导

团队管理强调的是组织的整体效应，追求的是创新、高效和卓越。从企业的发展角度来说，团队的精神和力量是企业可持续发展的内在动力，是一个现代企业生存与发展必不可少的要素。拥有一个优秀的团队是每一位管理者的梦想，如何建立一个优秀的团队也是很多企业都在思考的问题。营建有效团队的窍门在于足够了解工作团队是怎样运作的，这样的团队才可能变成高绩效团队。

一、团队发展阶段

团队的形成和发展以组织目标为参照可以分为四个阶段。这四个阶段各有特点，相当于团队的生命周期，是客观存在的。任何一个团队，都要经历这四个发展阶段的磨合过程，磨合的结果使团队更加稳健地发展。每一个组织领导对此都要有清醒的认识，在具体工作中根据各个阶段的不同特点安排工作。每一个团队领导也要认识到各个不同阶段的侧重点，结合团队领袖有的放矢地对团队施加影响，帮助成员日清日省，日新日高。从而更好地实现既定的组织目标。

1. 成立阶段

团队成立初期，都会有雄心勃勃的发展目标和发展计划，但随着人员的逐渐丰满，目标和计划不可避免地要有相应的微调。这一方面是团队组织者的经验与实际运行的差异，另一方面是外部因素的变化也使得团队不得不努力适应这种变化的节奏。一般来说，处于组织内部的基层团队，来自外部的干扰相对较少。但在形成自己的核心阵容之前，仍然具备团队创建初期的特点。而对于创业型团队来说，团队创建期的不确定性，在相当程度上增加了团队领导驾驭团队的难度。创业型团队更需要充分了解团队创建初期的特征，最大限度地规避创业风险。

这一阶段具体表现：①新的合作、新的团队、新的目标令团队的每一个人都是既兴奋又激动，既定的目标可能是团队成员梦寐以求的期望。作为团队的一员，每个人对生活的价值都有了全新的理解，对新的工作也充满激情。②由于互相之间了解的不足，成员之间更容易高估其他人的能力，大家可能对新生的团队寄予了太高的希望。③每一个成员都在小心地试探其他人的一些相关行业情况，为自己在团队内的重新定位寻求支点。

2. 磨合阶段

磨合时期的动荡是每一个团队都要经历的特殊时期，能否进行有效的磨合，并顺利地度过这段敏感的时期，对团队领导以及团队领袖的综合能力是一个坚决的考验。必须区别对待新老队员的不同情况适时加以引导，使团队逐渐形成一种坦诚开放的积极气氛和紧张有序的工作状态，否则真正的核心团队根本无法实现。或者即使表面上相安无事，实际上为日后团队的进一步发展留下了更大的隐患。团队达到有效磨合的标志是团队成员坦诚相见、配合默契，每一个人都找到了自己在团队内的位置，在大家的心目中，团队的整体目标和成员的个体目标相辅相成，团队凝聚力初具雏形，生产力稳定提高。

这一阶段具体表现：①一系列潜在问题都逐渐暴露出来，期望与现实脱节；②持续的投入工作几乎看不到进展，大家就像掉入了一个无底的深渊，每一个人都发现面临的挑战比预期要困难得多，目标变得遥不可及；③人际关系变得紧张起来，个别新锐试图挑战领导者的权威，强大的工作压力使人焦虑不安，严重的时候甚至引发内部冲突；④团队前景更显扑朔迷离，士气陷入低潮，人们更多地把注意力和焦点放在人际关系上，无暇顾及工作目标，生产力在这个时候遭到持续性的打击。

3. 稳定阶段

度过了动荡不安的磨合期，团队也迈入了稳定阶段，团队将逐渐走向规范。团队成员彼此有了更深的了解与配合，团队的工作方式达成了共识，正常的工作秩序得以建立。

这一阶段具体表现：①人际关系开始解冻，由敌对走向合作，憎恶开始解除，成员之间坦诚相见，信任感加强，会公开发表不同意见，团队之间发展出了一些合作方式的规则，合作加强；②工作技能开始慢慢地提升，新的技术慢慢被掌握；③工作规范和流程也已经建立，这种规范和流程代表的是团队的特色，开始逐渐形成团队文化。

4. 高产阶段

"养兵千日，用兵一时。"团队经过成立、磨合和规范，开始变得成熟，懂得应付复杂的挑战，能执行其功能角色，并且可以根据需要自由交换，任务得以高效地完成。管理者考虑的是应该如何运用团队的问题了。

这一阶段具体表现：①团队成员的角色都很明确，掌握如何处理内部冲突的技巧，学会了团队决策和团队会议的各种方法，并能通过团队会议来集中大家的智慧做出高效决策；②成员之间以标准的流程投入工作，分配资源，团队内部无私地分享各种观点和各类信息，团队荣誉感很强；③团队成员分享领导权，团队的士气高涨，即使面对极富挑战性的工作，也会表现出很强的自信心，如果个人不足以独立完成工作，会自然地寻求合适的团队成员配合，甚至在特殊的情况下自我激发潜能。

二、团队领导方式

从某种意义上讲，员工的执行力等于管理者的领导力，一个好的领导人才能带出强大的执行团队。它来源于明确的目标与责任人、即时的激励、严格的考核、畅通的沟通、有效的辅导等方面，这些都属领导力的重要范畴。执行力的落实不在员工，而在管理者的身上。领导力越强，执行力就强，领导力成就企业的执行力。根据团队发展的不同阶段，可以采取不同的领导方式。

团队沟通的语言

最重要的一个字：您
最重要的两个字：我们
最重要的三个字：谢谢您
最重要的四个字：不妨试试
最重要的五个字：我们一起干
最重要的六个字：您的看法如何
最重要的七个字：您做了一件好事
最重要的八个字：我承认我犯过错误
最重要的九个字：每个人都为团队出力

运用二维分析法来看领导风格，指挥性行为和支持性行为的不同组合会得出四种不同的领导方式。任何一位领导者都不可能仅仅只有其中的一种行为，总是或多或少地存在着其他的行为，所以指挥性行为、支持性行为在每一个领导者的身上都或多或少地存在，只是程度上有所不同而已。有的人指挥性行为偏强，有的人支持性行为偏强。把指挥性行为作为一条横轴，支持性行为作为一条纵轴，通过这样两个轴就会得出四个部分的内容，也就是四种不同的领导风格和方法，即命令型风格、教练型风格、支持型风格和授权型风格。

第一种，命令型领导。指挥性行为偏强，而支持性行为偏弱，其领导风格特点：

（1）行为方面，指挥的多，支持的少。他总是告诉你做什么，怎么做。
（2）决策权方面，命令多半是由领导者自己做出。
（3）沟通方面，多半是单向的沟通方式，也就是领导者说下属听，自上而下。
（4）监督方面，因为团队的生产力不太高，所以监督的频率也比较密。
（5）解决问题方面，命令型的领导者通常帮助团队成员解决大量的问题。

命令型领导风格适合于团队发展的成立阶段，这时团队成员刚刚组合在一起，还不具备自己去判断和知道问题所在的能力，团队领导要协助团队成员发现问题，设定团队成员的角色，提供明确的职责和目标，指导团队产生行动计划。在多数情形下采取单向沟通的方式，自上而下解决问题，控制决策。要明确地告诉团队成员他所期望的工作标准，及时跟踪反馈。

第二种，教练型领导。指挥性行为偏高，支持性行为也偏高，其领导风格特点：

（1）行为方面，指挥和支持并重，给予大量的指示，也倾听下属的想法。

（2）决策权方面，决策权掌握在领导手中，决策前也积极听取建议。

（3）沟通方面，一种双向交流，并且提供反馈。

（4）监督方面，因为团队的冲突不断提高，监督的频率还要维持在一定的范围内。

（5）解决问题方面，当团队成员认为比较困难时，才帮他解决。

教练型领导风格适合于团队发展的磨合阶段，这时团队成员可能慢慢会知道问题在哪里，但是不确定，这就是主要问题所在。领导要帮助团队成员确认问题所在，帮助下属设定一些目标，说清楚决策的理由，同时也试图听一听下属的想法，促进一些新的意见和想法的提出。必要的时候要支持和赞美下属的任何意见和建议。但是在决策的过程中，领导者依然是最后的决策人。

第三种，支持型领导。指挥性行为偏低，支持性行为偏高，其领导风格特点：

（1）行为方面，多支持，少指导，就是尽量激励下属自己去做，而不是告诉他如何去做。

（2）决策权方面，决策权已经慢慢向团队成员过渡，让下属参与进来，创造一种宽松的气氛，鼓励下属提问，跟下属共同做决定。

（3）沟通方面，领导者是多问少说，并且经常反馈，多听大家的意见。

（4）监督方面，监督次数减少。

（5）解决问题方面，尽可能在下属无计可施的时候才出面，即便是复杂的问题也要让团队成员自己试试看。

支持型领导风格适合于团队发展的稳定阶段，这时团队成员特点是自觉性较高，不需要去指挥他，他已经相当明白该干什么，怎么去干，但是他的能力还不足，需要领导者对他提供一些支持，提供一些帮助和鼓励。如果有人配合他，与其协作起来行动，他就能够完成任务。

第四种，授权型领导。指挥性行为偏低，支持性行为也偏低，其领导风格特点：

（1）行为方面，支持少，指导少。

（2）决策权方面，决策的过程委托下属去完成，明确地告诉下属希望他们自己去发现问题，纠正工作中的错误。

（3）沟通方面，也是一种双向的交流，并及时提供反馈。

（4）监督方面，监督尽可能少。

（5）解决问题方面，允许下属去进行变革，鼓励团队成员自己解决。

授权型领导风格适合于团队发展的高产阶段，这时团队成员能力高，不需要你再指挥，成员的意愿足，也不需要你支持，团队真正实现了分担领导权，可以做到集思广益，达到真正的高绩效。

第三节　团队冲突

冲突是指人们由于某种抵触或对立状况而感知到的不一致的差异。没有人喜欢冲突，但有人的地方就有冲突。值得说明的是，冲突不全是坏事，它能暴露组织中存在的问题，促进问题的公开讨论，增强企业活力，刺激良性竞争。从某种意义上讲，冲突是企业创新的重要源泉。孔子曰："君子和而不同，小人同而不和。"孟子云："无敌国者，国恒亡也。"冲突只是发展、变化或创新带来的副产物。

一、冲突与绩效

冲突与组织绩效的关系是复杂而变动的（见图 4-1）。冲突过低（或没有冲突）的组织如同物理中没有摩擦的世界，缺少接触和碰撞，充满冷漠、迟钝、缺乏创新，死气沉沉。因为冲突体现了参与、承诺和关心，如果能够被理解或解决，冲突可以促进人际关系的变化和发展。在没有冲突的情况下，人们可能很少意识到问题的存在并解决他们，从而会使问题积累过多而造成组织失控。

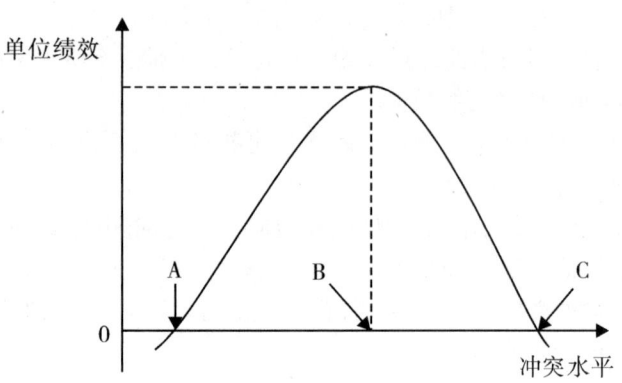

图 4-1　冲突与绩效

冲突水平过高无疑对群体或组织绩效的破坏性是严重的。不加控制的对立带来了不满，导致共同关系的解除，并最终会使群体灭亡。过高水平冲突是如何降低群体有效性的，比较明显的不良结果有沟通的不畅、群体凝聚力的降低、群体成员之间的明争暗斗成为首位而群体目标降到次位。在极端情况下，冲突会导致群体功能的停顿，并可能威胁到群体的生存。

组织行为学把冲突过高或过低,造成组织绩效低的冲突称为功能失调的冲突。而把支持群体的目标,并能够提高群体绩效,具有建设性的冲突称为功能正常的冲突。功能正常的冲突可以提高决策的质量,激发革新与创造,调动群体成员的兴趣与好奇,提供公开问题、消除紧张的渠道。

二、缓解冲突的方法

人际的两种行为方式:一是合作性行为,即一方力图满足对方愿望的行为,越努力满足对方的愿望和要求,合作性也就越强。合作性行为表现为:①每个人天生就有与人合作的倾向;②从人的角度和观点去看问题;③随时善于从别人的角度和反应来调整自己。二是武断性行为,即坚持自己的行为,和别人没有商量的余地。武断性行为表现为:①我绝不会去找别人,而是等着别人来找我;②我永远是对的,别人是错的,一旦发生什么事就怪别人;③不管什么情况下,不管对方怎么样,我绝对不会改变自己的观点。

按武断性程度和合作性程度可以画出一个矩阵,表示出来的模式就是"托马斯—基尔曼模型"(如图4-2)。从这个模型可以看出,团队冲突有五种处理方式。

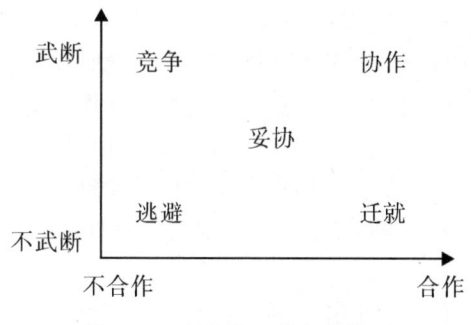

图4-2 托马斯-基尔曼模型

1. 竞争方式

团队冲突的双方都采取武断性行为的处理方式,双方都认为达到自己的目的比配合他人更重要,采用强硬行为没有不妥,结局只有两种,非此即彼。除非有高于他们的仲裁力量,否则双方都不会服从仲裁。优点:节省时间,决策迅速。缺点:冲突的起因无法真正解决,只靠权力压制,因而是暂时的解决方案。此外还要考虑输家可能的报复情绪。

竞争方式适用于紧急又重要的事情,它能够节省时间和决策的成本,尽快达成结论,以优先保证重要的紧急的工作。

2. 回避方式

双方不采取任何行为,期待冲突不了了之。优点:不发生冲突,回避矛盾,个人得益。缺点:只是暂时避免直接面对冲突,无法主动化解,公司利益受到损害,问题积压且更容易激化,而且总要解决。

在处理不重要也不紧急的工作的时候，回避的效果是最好的。有些没必要今天去解决的事情可以放到明天或更晚一点。因为人的精力是有限的，解决的问题总要有个先后顺序，先解决重要紧急的，其他不重要、不紧急的事情，可以采取回避的方式，先把它放一放，等有时间了再去处理。

3. 迁就方式

团队冲突的双方有一方高度合作，此方更多地关心"人"而不是工作任务，致力于平息和淡化冲突，因而愿意牺牲自己的要求和利益去满足对方；而另一方则是高度武断的，只考虑自己的利益。结局是以牺牲前者利益换来的和平。优点：可以小范围内尽快地处理事情，且有助于维护比较好的人际关系。缺点：问题依旧存在，岗位职责没有得到维护，会对公司的管理造成损害，冲突后者方可能形成行为惯性。迁就是公司比较忌讳的一种方式。

紧急而不重要的工作宜采取迁就的方式解决。不要以为迁就说明自己软弱，就是害怕对方。迁就往往是先退一步，为的是后进一步。一些职能部门就是给其他的部门提供服务的，很多情况下采取迁就的方式其实是一种变通，这不是对原则的违反，也许有些规定本身就不适用于所有的情况，采取迁就的方式很容易化解冲突。

4. 妥协方式

冲突双方既有合作性行为，又有武断性行为。此时双方认为，解决方案的质量高低并不重要，关键是被双方认可。最后通过双方互作让步而形成妥协。这是职业经理与其他部门打交道时常用的方式。虽然通过妥协可以降低成本，易于达成一致，但因为各方利益都有损失，所以不会形成最佳解决方案。优点：双方的利益都照顾到了，比较快或能够及时达成共识。缺点：遗留若干问题，不能形成最佳方案。

紧急而不重要的工作宜采取妥协的方式解决。妥协表面上看是双方都后退了一步，好像是双方都吃了亏，实际上是双方都达成了目标。

5. 协作方式

冲突双方高度合作且高度武断。双方既考虑和维护自己的要求和利益，又充分考虑和维护对方的要求和利益，并通过努力去开诚布公地沟通最终达成共识。这是一种理想的解决冲突之道，最后结果达到双赢，但难度也最大。优点：能够彻底地解决冲突双方的问题，并找出解决此类问题的办法，而且通过事先的约定，防止下一次类似问题的发生。缺点：沟通成本极高，若双方价值观或目标各异则无法达成共识。

不紧急而重要的工作宜采取协作的方式解决。协作是五种冲突处理策略中最好的一种。通过事先的沟通达成共识，既满足了自己的愿望，同时也站在对方的立场上为对方的利益考虑。对于很重要，但不是特别紧迫的，有时间进行沟通的问题，必须采取这种策略。协作需要成本，需要时间和精力，所以应该处理不紧急的工作。另外，协作的方式是用来解决原则性的重要的工作，事先要规定一些重要的内容,把协作的模式建立起来,以达到更好的管理和团队合作的目的。

三、激发冲突的方法

冲突管理的另一层含义是在必要的时候激发一定水平的冲突。企业团队也是如此。与一团糟的团队相比,优秀团队中不见得冲突更少。但优秀团队中的冲突更多的是良性冲突。所以,迪斯尼前CEO迈克尔·艾斯纳提醒我们:"如果没有任何冲突的话,情况一定有什么不对。"

团队领导在决定要有所作为之前,先问问自己以下几个问题:你是否过于偏重折中方案以至于忽略了价值观、长远目标或组织福利;你是否过于注重不伤害他人的感情;你是否认为在奖励方面,得众望比有能力和高绩效更重要;你是否过分注重获得决策意见的一致。除此之外,还要观察你的周围是否都是"点头称是的人";你的下属是否害怕向你承认自己的无知与疑问;你的员工是否对变革表现出异乎寻常的抵制。如果你对其中的一个或多个问题回答肯定时,便表明需要激发冲突。

1. 制度保障

激发冲突的关键是,管理者应确认冲突的合法地位,并在企业内应建立鼓励冲突的制度。要激发冲突,企业必须营造鼓励冲突的氛围,要形成一种"畅所欲言"的气氛,管理者需要率先示范,坦然接受冲突。对那些敢于向现状挑战、倡议新观念、提出不同看法和进行独创思考的个体给予大力奖励,如表扬、晋升、加薪等手段。摩托罗拉公司的全球执行副总裁兼人力资源总监Glenn Gienko认为,领导以身作则、公开的赞扬和讲故事是摩托罗拉激发建设性冲突的三大法宝。他津津乐道的一个故事是,在十几年前公司举办的一次同乐会上,一位经理突然拍案而起,当着众多中高层管理者及其家属的面,痛陈公司在质量管理方面的弊端。他的发言在公司引起了极大的震动,并促成了摩托罗拉如今广为人知的"六个西格玛"的质量管理活动。

2. 角色扮演

东方传统观念强调"和",凡事以"和"为先,以"和"为贵。因此,中国人注重人际关系,注重人情,尊重权威,忍让、退避等消极态度成为主要的冲突价值取向。在这样的文化背景下,要在企业中激发冲突,除了制度保障外,管理者还需要借助一些技术性的手段,比如在企业中设置"唱反调者"的角色,即指定一个或几个人,让其在讨论中专门提出反对意见。这种"唱反调者"更像是直言不讳的"刺儿头",在团队中发挥着"鲇鱼"作用。"鲇鱼型"员工,就是要在企业中有意识地加大竞争力度,制造"鲇鱼效应"。冲突的重要诱因就是竞争,一个没有内部竞争的企业要想诱发冲突特别是良性冲突是不可能的。如果一个企业长期听不到不同的声音、反对的意见,就有必要安排一些员工扮演"鲇鱼"的角色,引导其直接与原有企业员工产生良性冲突。

鲶鱼效应

挪威人喜欢吃沙丁鱼，尤其是活鱼。市场上活沙丁鱼的价格要比死鱼高许多。所以渔民总是千方百计地想办法让沙丁鱼活着回到渔港。可是虽然经过种种努力，绝大部分沙丁鱼还是在中途因窒息而死亡。但却有一条渔船总能让大部分沙丁鱼活着回到渔港。船长严格保守着秘密。直到船长去世，谜底才揭开。原来是船长在装满沙丁鱼的鱼槽里放进了一条以鱼为主要食物的鲶鱼。鲶鱼进入鱼槽后，由于环境陌生，便四处游动。沙丁鱼见了鲶鱼十分紧张，左冲右突，四处躲避，加速游动。这样沙丁鱼缺氧的问题就迎刃而解了，沙丁鱼也就不会死了。这样一来，一条条沙丁鱼欢蹦乱跳地回到了渔港。这就是著名的"鲶鱼效应"。

3. 适时干预

激发冲突的目的是把团队内的良性冲突维持在一定水平，所谓的良性冲突是认知性冲突。但在特定条件下，认知性冲突有可能转化为情感性冲突，即建设性冲突有可能转化为破坏性冲突。从认知性冲突演变为情感性冲突的过程与价值观差异、信任感不足有关。价值观不同的团队成员可能在信仰、结构、理解力和重点方面都十分迥异，哪怕是对于同一问题提出的不同解决方案，他们也不能很好加以理解，甚至不愿意去加以理解；互不信任的团队成员在面对不同意见时，会怀疑彼此动机，也不能很好地处理，在这种状况不断恶化的条件下，团队的凝聚力也开始骤降。

为了避免认知性冲突演变为情感性冲突，管理者需要在激发冲突后，适时进行干预。在企业中，当良性冲突被激发后，持不同观点的各方需要深入思考自己的方案，并收集更多的证据来说服对方。因此，良性冲突是创造力的源泉，让团队勤于自省，保持应有的活力，避免出现"万马齐喑"的状态。用"日本的爱迪生"盛田昭夫的话说："不同的意见越多越好，因为最后的结论必然更为高明，企业犯错的风险才会减少。"

第四节 会议沟通

会议的主要目的就是解决问题，但由于开会技巧不佳或过于频繁，不但无益于解决问题，反而使问题愈趋复杂。频繁的会议与主管层的随意决策，常常是员工的梦魇；员工花太多时间在无效率的会议上，不仅浪费公司成本，也造成工作效率低下。"如果我会死，我希望死在会议上。因为由生到死的转变，没有人会察觉到。"一句西方俗谚，道尽了现代人对于会议的无奈。如何能在会议中高效率且有效果地解决问题，是现今组织进行高效会议管理的中心议题。

一、会议的目的

开会很少是一对一的沟通,绝大多数情况下都是一种群体沟通。随着科技的迅猛发展,人们的沟通方式越来越多,现在人们可以通过 Email、多媒体等种种形式进行沟通,但是,群体沟通,即会议这种方式,是任何其他沟通方式都无法替代的。因为这种方式最直接、最直观,这种方式最符合人类原本的沟通习惯。会议沟通的时间一般比较长,常用于解决较重大、较复杂的问题。一般而言,会议的目的大致包括:

(1) 交流信息。会议是一种多项交流,可以集思广益。通过会议可以向员工通报一些决定及新决策,也就是说向员工传达来自上级或其他部门的相关资讯。利用开会汇集资源,实现资源共享,以期相互帮助,共同进步。

(2) 监督员工、协调矛盾。许多公司或部门的常规会议其主要目的是为了监督、检查员工对工作任务的执行情况,了解员工的工作进度;同时,借助会议这种"集合"的、"面对面"的形式,来有效协调上下级以及员工之间的矛盾。

(3) 开发创意。开发创意的会议目的突出反映在广告公司、媒体公司中。通过举行会议,形成新的构思,并且论证新构思,使其具有可行性。

(4) 解决问题、制定决策。在完成复杂任务或要求根据多种信息做高质量决策时,团队决策要优于个人决策,即便是最优秀的个人决策。

(5) 激励士气。年初或年底的会议通常具有这一目的性。这种会议是为了使公司上下团结一心,朝着一个方向共同努力。

高效会议的八大特征

- 只有必要时才召集
- 精心筹备过
- 拟定和分发议程表
- 严格遵守时间
- 一切都是按部就班
- 请了最有经验的人出席会议
- 结束时做出了评论和总结
- 记录了所有决定、建议和负责人

——张晓彤《高效会议管理技巧》

二、会议成效的影响因素

时下有一句流行的话——"开会比较烦"。开会之所以烦,就是会议常在毫无章法的状况下进行,甚至毫无意义地延长时间,即使有决议,质量也很低。简而言之,会议成效不高。什么样的会议才算富于成效?严格来说,符合以下三种要求的会议才算富于成效：

第一，目标能被实现。会议既然是一种用以发挥特定功能，或更确切地说，用以实现特定目标的手段，因此评测会议是否具实效，其首要的标准便是审视开会之前为会议所设定的目标有无实现的价值。

第二，目标能在最短时间内被实现。这个要求本身颇具争论性。有些人认为开会过程中的讨论甚至争议，是一种必然的事情，因此对这些人来说，尽管是冗长的讨论或争辩，也不可能被视为违背"在最短时间内实现目标"的要求。但是另一些人则认为，会议中的讨论或争辩并无实质的意义可言，因此对这些人来说，就算短暂的讨论或争辩，也可能被认为浪费时间。但不管怎样，绝大多数人都同意：越能在短时间内实现会议目标越好。

第三，与会者对会议感到满意。所谓满意，并不意味与会者对会议的主题或决议感到高兴。例如当会议的主题在于探讨裁员，与会者对这样的会议一定不会感到高兴。但若能设法令与会者了解裁员的理由，并令他们有机会发表意见或提出实施办法，这种做法多少会使他们感到满意。所以，想使与会者对会议感到满意，则应提供机会让他们尽量吐露心声，并参与讨论。

以上三个要求中，第二点和第三点在相当大的范围内是相互冲突的。这是因为若想使与会者感到满意，就不能不花时间讨论，但是若想在短时间内实现目标，就必须剥夺与会者自由讨论的机会。总之，真正富于成效的会议所应具备的条件是：在与会者均感满意的情况下，以最短时间实现会议目标。当然，要使会议全部符合这些要求实在不容易，但这些要求至少应成为会议主持人及与会者共同努力的方向。

导致会议失效的因素极多，有的存在于开会之前，有的发生于会议进行中，有的则出现于开完会之后。现将诸因素罗列如下。

1. **会议前**

（1）欠缺目标或目标不明确。

（2）欠缺议程。

（3）与会人选不当（与会者太多或太少）。

（4）会议时间不当。

（5）开会通知时间不当（太早或太晚通知开会）。

（6）会议通知内容欠周详。

（7）会议地点不当。

（8）会议场地设备欠佳。

（9）与会者无准备而来。

（10）没有明确会议终止时间或每一议案时间分配不当。

（11）会议不能准时开始。

（12）会议太多，致使与会者一听说要开会，无不感觉厌烦。

2. 会议中

(1) 从事交谊活动。
(2) 外界干扰。
(3) 与会者发言离题。
(4) 主席出难题。
(5) 让没有必要留在会场的人员留在会场。
(6) 犹豫不决。
(7) 资料不充足,却贸然决策。
(8) 少数人垄断会议。
(9) 与会者之间交头接耳。
(10) 与会者不表明真正感受或意见。
(11) 与会者之间争论。
(12) 与会者与主席争论。
(13) 视听器材发生故障。
(14) 与会者欠缺热心。
(15) 会议超出预定时间
(16) 主席未能总结会议成果。

3. 会议后

(1) 欠缺会议记录。
(2) 不能对决议事项进行追踪。
(3) 不能对会议成败得失进行检讨。
(4) 不能及时解散已实现任务的临时性委员会或工作小组。
(5) 与会者对会议感到不满。

三、会议的通则

没有会议,任何企业都难以运作,而无效率的会议,往往大量浪费企业的成本,甚至无法得到开会所预期的效果。由于会议是管理者日常工作中一项非常广泛的活动,因此,做一个高效的会议管理者具有非常现实的意义。

1. 明确会议目标

对于每一个会议的召开,会议的组织者都应该明白"既然要召开这次会议,肯定是有其必要性的"。良好的会议目标应符合四项要求:

第一,会议目标必须用书面列明。用书面方式写下会议目标,可以产生三种好处:①有助于目标的内涵澄清;②书面目标较不容易被遗忘;③当目标种类繁多时,以书面写下比较容易调和它们之间的潜在矛盾。

第二,会议目标必须切合实际。所谓切合实际,即指具有实现的可能。但是"会议目标必须切合实际"这句话,并不意味会议目标应该是容易实现的。事实上,一种不是轻易能够实现的目标,对目标的追求者才具有真正的挑战性。这即是说,会议目标不但应具有相当的挑战性,而且也应该有被实现的可能。

第三,会议目标必须具体而且可以衡量。含糊笼统的目标极难充作行动的指南。例如某单位主管因为感到该单位产品不良率过高,而决定开会研讨降低产品不良率方案。倘若他将会议目标定为"探讨如何降低产品的不良率",则该目标肯定难以充作与会者提供意见的指南,因为他没有具体地指出产品的不良率应降低多少,以及应在多长的时间内达到这个结果。但若他将会议目标改定为"探讨如何在十月底之前将产品不良率由目前的5%降低至3%",则上述缺点将不复存在。

第四,会议目标所表明的必须是"应实现什么",而非"应做什么"。"应做什么"是以主席为本位,而"应实现什么"则是以成果为本位。以主席为本位的目标,远不如以成果为本位的目标那样具有实效。例如当会议目标被定为"向员工宣传新的告假程序"时,主席可能只会照本宣科一番而草草了事,但若会议目标被定为"让员工了解新的告假程序",则主席将不能不关心员工对新的告假程序是否已真正了解。

2. 选择与会人员

会议目标设定之后,紧接着便决定与会的人选。主席原则上只应考虑邀请下列两类人士与会:①对实现会议目标有潜在贡献的人。会议既然是以目标的实现为导向,因此主席在决定与会者人选之际应优先考虑的,便是邀请对实现会议目标有潜在贡献的人参与。但这并不意味这些人非出席会议不可,因为主席有时可以在会议之前约见他们,并征求他们的意见。这样做,将可免除他们出席会议。②能够因参与会议而获得好处的人。让这些人参与会议,固然有助于会议功能的发挥,但主席也可故意不邀请他们参与,而只在会议之后,将开会的结果通知他们。主席对于难以分辨是否应该邀请的人士,最好能采取"宁可邀请,而不排斥"的原则,邀请他们参加,以免遗漏。

需要特别留意的是,与会者人数不宜太多。理由有:①会议的成本非常昂贵,因此没有必要出席或列席的人士,尽量不要让他们参加;②在定好的会议时间内,与会者人数一多,则每一位与会者的平均参与机会将随之减少;③与会者人数一多,沟通将趋于困难。

3. 选定会议时间

主席在选择会议时间时,首先应该考虑的便是自己的时间,这样能使自己准备充分以及方便自己的作息时间。这种做法并不表示主席是一位以自我为中心的人,因为主席既然是会议成败的关键性人物,在选择会议时间时,自然应以适合自己的时间为优先考虑。这是一种实事求是的做法。其次也应该考虑方便与会者出席的时间,以及为与会者所喜爱的时间。倘若与会者对会议时间有所不满,则会议目标的实现,势必遭受不利的影响。

会议时间必须包括起止时间。经验显示,绝大多数的会议都只列明开始的时间,而无结束的时间。这样的做法有两种严重的缺陷:①与会者无法对会后的工作预作规划；②会议的效率势必降低，因为既然没有终止的时间，本来一个小时可以结束的会议，则可能被拖到三个小时才结束，这不幸应验了帕金森定律——工作将被延伸，以便填满可供完成工作的时间。为了避免上述两种缺陷，每一场会议都必须列明结束时间，而且都必须按照这个时间准备结束。就算有些会议——譬如说解决问题的会议——难以确切地把握结束时间，但主席至少应指明会议大约会在哪一个时间结束。为了避免会议过分冗长，有些管理者故意将会议安排在距午餐、某种活动或是下班之前不久举行。这是一种可以考虑采取的方法。

至于一场会议到底应为时多久，虽无一致的看法，但多数的管理者均同意，以不超过一个半小时为限，因为一般人能保持注意力集中的时间，最长大概不超过一个半小时（这大概也可以说明何以大多数电影的放映时间，都在一个半小时左右）。但若会议中所探讨的是极其严肃的或是极其困难的主题，则一场会议的时间以不超过一小时为宜。但这并不是说一场会议不能长到两小时以上，因为一旦议案多，则会议时间将不能不相应延长。但须注意的是：一场会议的时间超过一个半小时，则中途应腾出若干时间作休息之用。

最后，我们还想提醒：例如主席不坚守原定时间主持会议，则宁可另择时间开会，而不应轻易找人代为主持。重要的会议，更特别要遵守这个原则。

4．确定会议场地

许多人在从事会议规划时，都以"方便"——主席的方便以及与会者的方便，作为选择开会地点的依据。"方便"只是选择开会地点的诸种考虑之一。会议地点选择，至少应顾及下列七个条件：

（1）场地必须有空档且可供使用。

（2）场地必须够大以便容纳与会者及视听器材。有人认为平均每一位与会者若能拥有 1.5 平方米的空间，才算理想。

（3）必须拥有包括桌椅在内的适当家具。会议时间愈长，所使用的桌椅愈应让与会者感到舒服。不过，却不应该让与会者舒服到无心开会的地步。

（4）必须拥有充足的照明及通风设备。

（5）必须能免于声音、电话、访客等干扰，以防与会者分心。

（6）必须令主席及与会者大致方便。

（7）成本必须低廉。

以上七个条件之中，前四个可视为任何会议地点的必备条件，缺一不可，但后三个条件则往往因相互冲突而无法同时具备。许多管理者对会议地点的选择都有这样的共识：一般性的会议或是为时较短的会议，原则上应在与会者办公室附近召开，但是特别重要的会议或是为时较长的会议，则应选择远离与会者办公室的地方召开。在其他条件相同的情况下，如果会期短，最佳会址是大多数参加者旅途最短的地方。如果会期较长，那么，旅途远近就不如主要商业中心或人们常去的地方重要。

5. 拟定会议议程

顾名思义，议程即会议的程序表。议程所涵盖的除了足以实现会议目标的各种议案之外，还包括与会者姓名、会议时间以及会议地点等项目。主席在编排议程的时候，最好能遵守以下两个原则：

第一，按照议案的轻重缓急编排处理的先后次序，这就是说越紧要的事项越应排在议程的前端处理，越不紧要的事项则越应排在议程的后端处理。这样做的一个好处便是：就算在预定的会议时间内无法将全部议案处理完毕，但起码较紧要的议案已被处理过。那些较不紧要的议案，则可另择时间处理，或是并入下次会议中再予处理。

第二，每一个议案应预估所需的处理时间并明白地标示出来。假如能这样做，则主席可让某些人只参与与他们有关的某些特定议案的讨论。这即是说，假如议程中明示几点几分到几点几分被分配于探讨某一议案，则主席可以故意让某些人迟到（即令某些人在涉及他们的议案被讨论之前几分钟才进入会场），也可以故意让某些人早退（即令某些人在涉及他们的议案被讨论过之后离开会场）。这样做，显然可以节省与会者的时间。不过，会场的秩序将不免受到干扰。因此，主席只能有限度地容许迟到或早退。

为让与会者对会议及早做准备——包括心理准备及实质准备——议程应随会议通知事先发给与会者。虽然并非所有会议都需要正式的议程，但是与会者至少应当事前有所了解，以便做好准备。议事日程是受到尊重还是被忽视，这与管理部门对它的利用程度是成正比的。

书面的议程有另一个重要好处：会议领导者将集会的目标写成书面的议程，有助于会议目的的具体化。这样，议程就能使会议按照既定轨道进行，让主持人能集中精力去处理参加会议人员彼此之间的相互影响。

6. 派发会议通知

很多会议召集人常常为送发适当的会议通知而头痛。这可能是因为他们的疏懒所造成，也可能是因为他们太过匆促地决定召开会议，以致欠缺足够时间作妥善的斟酌所造成。一份良好的会议通知，在内容上至少应包括下列五项：

（1）开会的时间（包括日期及起止时间）。

（2）开会地点。倘若开会地点并非与会者所熟悉，则应附上确切的位置图及交通路线图。

（3）会议的目标。

（4）与会者须事先准备的事项。

（5）其他与会者的姓名。

一般的会议通知最好是在开会前一个星期寄到与会者手中，因为现代人在安排各种活动时，多半提早一个星期做规划，而且一个星期的时间大概足以做好开会前的各种准备工作。超过一个星期的会议通知比较容易被遗忘，因此当你有必要发出超过一星期的会议通知时,你最好能在开会前两三天设法再向与会者提醒开会时间。除非是紧急会议,否则不要发出短于一星期的会议通知,因为太匆促的通知,不但令与会者来不及做好会前的准备工作,而且也很容易令他们觉得会议召集人把他们当作"呼之即来"的人物看待!

7. 布置会议场所

布置会议场所,应考虑会议的性质及与会人数的多少。例如在提供信息的会议里,倘若人数众多,则以不设桌子的戏院式安排或是设桌子的教室式安排较为理想。在解决问题的会议里,假如人数不多,则最理想的安排是让每一位与会者均环绕桌子而坐,这样可方便每一个人跟其他的人进行多项沟通。再如在培训会议里,如人数不多,则可让与会者坐在马蹄型的桌子的外圈,这样不但便于与会者与主席之间的沟通,而且也便于与会者跟与会者之间的交流。但若人数众多,则最好是将与会者分成若干小组,每一小组各聚在同一桌子周围。这种安排的好处在于方便分组讨论及综合讨论。座位编排与会议成效的高低具有密切的关系。除了座位的安排之外,在布置场地时,须注意以下几项:

(1) 应先决定准不准在会场吸烟。倘若准于吸烟,则应准备烟灰缸。倘若不准吸烟,则不能让烟灰缸在会场中出现。此外,最好能在会场中张贴不准吸烟的标志或文字。当与会人数众多时,也可以按实际需要,将座位区分为吸烟区及非吸烟区。

(2) 如与会者之间彼此并不熟悉,则应考虑是否事先准备姓名卡片。

(3) 准备视听器材。黑板(白板)、白报纸甚至幻灯机、投影机与放映机等应该被视为一般会议可借用的基本工具。但要特别注意的是:幻灯机、投影机与放映机所投射出来的文字或图形,应让全部与会者都能看清楚,而且它们应准备就绪以便随时启用。

(4) 除非是较长的会议(超过一个半小时的会议),否则尽量不要提供茶点,以防与会者分心。

(5) 当议程甚短且无需作记录时,可考虑采取站立的方式开会。

总结

团队就是由两个或者两个以上的相互作用、相互依赖的个体,为了特定目标而按照一定规则结合在一起的组织。团队和群体在领导方面、目标认同、协作方面、责任方面、技能方面、结果方面存在根本性的区别。

高效团队一般具备六大特征:清晰的目标、相关的技能、相互的信任、良好的沟通、恰当的领导、有效的制度。

团队的陷阱包括群体思维、群体迷失、团队规模、共同的敌人。

团队的形成和发展以组织目标为参照可以分为四个阶段:成立阶段、磨合阶段、稳定阶段和高产阶段。这四个阶段各有特点，不同阶段，可以采取不同的领导方式。成立阶段适合命令型风格，磨合阶段适合教练型风格，稳定阶段适合支持型风格，高产阶段适合授权型风格。

按武断性程度和合作性程度，团队冲突有五种处理方式。竞争方式适用于紧急又重要的事情。回避方式适用于不重要也不紧急的事情。紧急而不重要的工作宜采取迁就或者妥协的方式解决。不紧急而重要的工作宜采取合作的方式解决。

企业团队在必要的时候需激发一定水平的冲突。在激发冲突时，要有制度保障，采用角色扮演制造"鲶鱼效应"，还要在激发冲突后，适时进行干预。

会议沟通常用于解决较重大、较复杂的问题。一般而言，会议的目的大致包括：交流信息、监督员工，协调矛盾、开发创意、解决问题，制定决策、激励士气。

富于成效的会议所应具备的条件是：在与会者均感满意的情况下，以最短时间实现会议目标。

会议的通则包括七个方面：明确会议目标、选择与会人员、选定会议时间、确定会议场地、拟定会议议程、派发会议通知、布置会议场所。

问题讨论

（1）具备什么样特征的团队才是一个好的团队？
（2）"一个和尚挑水喝，两个和尚抬水喝，三个和尚没水喝"与"一个人开铺子，两个人开银行，三个人开殖民地"的区别是什么？
（3）留心身边的领导，通过他们的言行判断他们喜欢什么样的领导方式。
（4）你一周之中与多少部门或员工发生过冲突，你是怎么解决的？
（5）举办一个会议需要进行哪些方面的准备？

小故事

群龟是如何脱险的

在一条小河里，一群乌龟在水里自由自在地游着，它们快乐地捕捉着小鱼。正当它们无忧无虑地嬉戏时，灾难突然降临，一只巨大的渔网将它们全都装了进去。

群龟本能地缩起它们的脑袋和手脚，不敢睁眼向外张望，只好听天由命。

四周是那样的安静，没有一点声响，年龄最大的乌龟开始小心翼翼地伸出它的脑袋，想观察一下周围的情况。等它睁开眼睛的时候，发现它们全部被关到一个瓦罐当中。

这个瓦罐不是很大，也不是很高。老乌龟经过判断，发现周围的确没有任何危险，才用手推了推其他的小龟们。这时它们也陆续地睁开了自己的眼睛，发现所有的同伴都成了"瓮中之鳖"，全都不顾一切将各自的身体竖立起来，手和脚不停地扒着瓦罐的壁，试图爬上去。

可是瓦罐又光又滑，它们所有的努力都无济于事，最后全都累得双脚支撑不住自己的身体，摔倒在罐底起不来，有的还仰面朝天，样子看起来十分狼狈。

只有那只老乌龟没有任何举动，因为根据多年的阅历，它心里十分清楚，这样做全都是徒劳的，要想脱险，没有一个好办法是不行的。经过苦思冥想，它终于想出了一个好主意。

小龟们的精力开始恢复过来，又开始纷纷跃跃欲试，准备继续向上爬。此时，老乌龟大喊一声："如果你们想从这个鬼地方出去的话，就不要再蛮干，全部听我指挥。"

这句话还真管用，大伙全都一动不动，想听听老乌龟有什么好办法。老乌龟清了一下嗓子，继续说道："凭我多年的经验看，关住我们的是一个瓦罐，如果单靠我们每个龟的力量，是绝对出不去的，我们只有团结起来，才有可能出去。你们看过人类盖房子吗？我们不妨也学一学，一个爬上另一个的背上，直到离罐口不远时，这样我们的高度才能达到爬出去的条件。"

大伙一听，觉得有道理，可是，每只乌龟都想最先出去，没有一个愿意趴在最底下，所以，大家全都迟迟没有行动。

老乌龟把身体向下一蹲，对大伙说："来吧，踩着我上去！"

老乌龟这一带头，大伙纷纷地拥了上来，按照刚才制订的计划，有条不紊地进行着，最后陆续有小乌龟爬了出去，只剩下了老乌龟和另外两只小乌龟，无论如何也爬不出去。

无论是已经爬出瓦罐的乌龟还是仍然留在罐中的乌龟都很焦急，不知道下一步该怎么办。这时老乌龟对外面的乌龟喊道："把这个鬼东西推倒！"爬出罐外的小龟们立刻行动起来，不一会儿就推倒了这个瓦罐。

所有的乌龟都脱险了。

启示：

俗话说："众人拾柴火焰高。"一个企业的成功离不开每个员工的努力，更离不开员工之间的相互协作，这就是至高无上的团队力量。团队的力量是无穷的，可以完成个体无法完成的任务，还能创造无法想象的奇迹。作为企业的领导者，平时就要多注重培养员工的团队意识。如何才能做到这一点呢？

首先，领导要以身作则，领导是整个团队的一个成员，也是一个不可缺少的角色，其行为就是整个团队的旗帜，领导的一言一行会直接影响团队中每个成员的思维。其次，要对员工加强团队意识方面的培训，每个人或多或少都会有自己的私心，这是讲求团队奉献的最大障碍。最后，要求领导在评功论过时不要过分强调某个员工的个人成绩，这么做，只会打击团队士气，助长个人英雄主义。

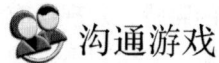 沟通游戏

解 手 扣

规则：

（1）10人一组为最佳。

（2）培训师让学员手拉手围成一个圈，然后松开手。

（3）培训师说：举起你的左右手交叉放在胸前，握住身边那个人的右左手。

（4）现在你们面对一个错综复杂的问题，在不松开的情况下，想办法把这张乱网解开，成为一个只见组员手拉手的圆。

（5）请每组学员共同想办法把圆理顺，使学员之间的手拉手形式变成正常情况下不交叉的方式，并且必须在不松手的情况下做到这一点。

相关讨论：

（1）你在开始的感觉怎样，是否思路很混乱？

（2）当解开了一点以后，你的想法是否发生了变化？

（3）最后问题得到了解决，你是不是很开心？

（4）在这个过程中，你学到了什么？

游戏说明的道理：

合作中的冲突在所难免，关键是我们要正确认识冲突与竞争合作的关系。其实很像我们的工作，我们有自己的部门、自己的分工、自己的职责、自己的业务流程，但是随着情况的发展，为了达成进一步的目标，一定会需要大家每个人都做出一些改变，否则目标就永远不可能达成。那在这个改变过程中，就有相互适应和妥协。在游戏中我们看到有的同伴把手反过来，前俯后仰的去适应团队，很显然，如果刚才大家都坚持自己的位置不变，都站得笔直的，让别人改变来适应自己，那这个游戏就没得玩了。只有大家都从自己原来的位置走出来，做出各种变化去适应你身边的同伴，我们这个团队才可能最终达成圆满的结果。

第五章 自我沟通

> 📎 **学习目标**
> （1）理解情绪与情绪商数。
> （2）掌握情绪的治标与治本管理之道。
> （3）明确 ABC 理论与自我修炼。
> （4）识别压力的双重性与来源。
> （5）灵活运用自我压力管理的方法。

💬 引例

英国圣公会主教的墓碑文

在英国威斯敏斯特教堂的地下室，
圣公会主教的墓碑上写着这样的一段话：
当我年轻的时候，我的想象力没有受到任何限制，我梦想改变整个世界。
当我渐渐成熟明智的时候，我发现这个世界是不可能改变的。
于是我将眼光放得短浅了一些，那就只改变我的国家吧！
但是似乎我的国家也是我无法改变的。
当我到了迟暮之年，抱着最后一丝希望，我决定只改变我的家庭、我亲近的人。
但是，唉！他们根本不接受改变。
现在我临终之际，我才突然意识到：
如果起初我只改变自己，接着我就可以改变我的家人。然后，在他们的激发和鼓励下，我也许就能改变我的国家。再接下来，谁知道呢，或许我连整个世界都可以改变。

第一节 情绪商数

情绪商数，英文 emotional quotient，简称 EQ。它代表的是一个人的情绪智力 emotional intelligence，主要指人在情绪、情感、性格、意志、交际等几个方面与个人素质有关的品质，它反映了一个人控制自己情绪、承受外界压力、把握心理平衡的能力。简单而言，EQ 是一个人自我情绪管理以及管理他人情绪的能力指数。以往认为，一个人能否在一生中取得成就，智力水平是第一重要的，即智商越高，取得成就的可能性就越大。但现在心理学家们普遍认为，情商水平的高低对一个人能否取得成功也有着重大的影响作用，有时其作用甚至要超过智力水平。情商的水平不像智力水平那样可用测验分数较准确地表示出来，它只能根据个人的综合表现进行判断。

一、情绪认知

关于情绪的定义，历史一直存在众多的争论。人们通常以愤怒、悲伤、恐惧、快乐、爱、惊讶、厌恶、羞耻等反应来说明情绪。中国人常说的喜、怒、哀、惧、爱、恶、欲七情，也可以被称作情绪。情绪总是同人的需要和动机有着密切的关系，如人的某种需要得到满足或目的没有达到时，他将会产生愉快或者难过等等感受。因此，一般意义上讲，情绪，是指人们在内心活动过程中所产生的心理体验，或者说，是人们在心理活动中，对客观事物的态度体验，是人脑对客观事物与人的需要之间的关系的反映。情绪是一个复杂的整体过程，它的构成包括三个层面：在认知层面上的主观体验，在生理层面上的生理唤醒，在表达层面上的外部行为。

1. **情绪的生理变化**

在不同的情绪状态下，人生理上的心律、血压、呼吸乃至人的内分泌、消化系统等，都会发生相应的变化。例如，人在焦虑状态下，会感到呼吸急促、心跳加快；人在恐惧状态下，则会出现身体颤栗、瞳孔放大；而在愤怒状态下，则会出现汗腺的分泌增加、面红耳赤等生理特征。这些变化都是受人的自主神经支配的，是不由人的意识所控制的。因此，情绪状态下的这些变化，具有极大的不随意性和不可控制性。例如，当我们遇到考试失利、情感挫折、工作上的压力时，不可避免地会出现一些情绪上的反应，即使你再不愿意，甚至去控制，情绪也会出现。

2. **情绪的内心体验**

人的不同情绪生理状态必然会反映在人的知觉上，反映到人的意识中来，从而形成人不同的内心感受和体验。美国心理学家卡洛尔·伊扎德提出的情绪四维理论认为，人对情绪状态的自我感受，是在强度、紧张度、激动度和确信度四个维度上产生的心理感受。愉快度表示主观体验的享乐色调；紧张度表示情绪的心理激活水平，包括肌肉紧张和动作抑制等成分的激活水平；激动度表示个体对情绪、情境出现的突然性，即个体缺乏预料和缺乏准备的程度；确信度表示个体胜任、承受感情的程度。内省的情绪体验是人脑对客观环境和客观现实的重要反映形式之一，这种反映形式不同于认知活动，它不是对客观事物本身的反映，而是带有主观色彩的反映。例如，人在受到伤害时，会感到痛苦；在朋友聚会时，会感到由衷的快乐；当面临极度危险境地，会让人产生毛骨悚然的恐惧感；当自己的某些需要得到充分的满足时，会感到幸福愉快；在被欺辱时，会感到愤怒；在失去亲人时，会感到悲伤。

3. 情绪的外在表现

情绪不仅体现为生理上的反应和内心的体验，而且还以面部表情、声音表情和动作表情等外在形式表现出来。面部表情最直接反映着人的情绪状态，人们可通过一个人的面部表情变化，了解一个人的情绪状态。例如，当自己所希望的球队获胜时，人们会不由自主地喜笑颜开；当自己遇到困难和挫折时，人们会愁容满面。体态表情同样反映着一个人的情绪状态。例如，在期末考试过后，我们可通过考生们的坐立不安、手舞足蹈和垂头丧气看得出他们此时此刻的情绪状态和面临的境地。声态表情则是指人们在与人交流时的声下的声调、音色和声音节奏的快慢等方面的变化。例如，一个人悲伤时，语调低沉、言语缓慢、语言断断续续；而当人兴奋时则会语调高昂、语速加快，声音抑扬顿挫、清晰有力。

二、情绪解密

情绪其实是脑子里的各种生化反应，而这种反应可以瞬间改变。外界刺激作用于人体时，可引起中枢神经系统本身和由该系统所支配的躯体各系统、各器官广泛的生理反应以及相应的神经递质和神经分泌等生物化学反应。到达大脑皮层的一部分神经冲动被个体意识到后，便引起复杂的心理反应。这些心理反应常以某些特殊色彩的体验形式表现出来，如喜悦、愤怒、悲伤、恐惧等，也即情绪。如果我们希望能够掌握住自己的情绪，那么就必须下意识地控制脑子的反应，而不是任随这些反应胡乱起舞。

情绪是一种能量和动力源，能够产生能量。这种能量可以转化，甚至可以利用。当你感觉生气时，不喜欢、不舒服，希望做出新的决定，你有了做出决定的动力，是那种能量的作用。当你感觉羞耻时，你发奋图强，立志改造自己，你有了改变的动力，是那种能量的作用。很多人不知道怎么利用这种能量，会"忍"——"和为贵"、"能忍则忍"、"一忍再忍"直到"忍无可忍"。当我们生气时强"忍"着，会感觉到一股能量在自己体内乱蹿，能感觉到它的存在和力量，感觉像要炸开。"忍"得久了，遇到一丁点不如意的东西，就很容易被刺激到，那点不如意和不舒服很容易把内在的那股能量勾出来，就会因此而开始发作，并且那种发作不会就事论事，就是发作而已。情绪在体内产生的能量，能利用最好利用，不能利用的话，也不要压抑。

情绪具有传染性。你身边真正的好朋友多了，受朋友人格魅力的影响，你也就会和朋友们一样，知道关心、爱护、理解、支持你的朋友，你也一样会自然而然的成为一个知书达理的朋友。这就是朋友为人之道。换句话说，是朋友的做法影响了你，往往他的情绪也会传染给你。这就应了一句话："近朱者赤，近墨者黑。"为什么远离骚客，其原因就是还不想成为骚客。当你遇到烦恼的事时，要习惯于控制自己的情绪，而不应把这些不愉快的情绪渲染、转嫁到他人身上；要习惯于面带微笑，因为微笑就像阳光一样能给周围的人带来快乐。如果我们每个人都能及时消除自己的"情绪垃圾"，就能防止情绪"污染"。

踢 猫 效 应

某公司董事长为了重整公司一切事务，许诺自己将早到晚回。事出突然，有一次，他看报看得太入迷以致忘了时间，为了不迟到，他在公路上超速驾驶，结果被警察开了罚单，最后还是误了时间。这位老董愤怒至极，回到办公室时，为了转移别人的主意，他将销售经理叫到办公室训斥一番。销售经理挨训之后，气急败坏地走出老董办公室，将秘书叫到自己的办公室并对他挑剔一番。秘书无缘无故被人挑剔，自然是一肚子气，就故意找接线员的茬。接线员无可奈何垂头丧气地回到家，对着自己的儿子大发雷霆。儿子莫名其妙地被父亲痛斥之后，也很恼火，便将自己家里的猫狠狠地踢了一脚。

三、EQ 的历史

早在 1902 年，美国哥伦比亚大学教授 Edward Thorndike（1874—1949）就首先提出了社会智力（social intelligence）的概念，认为拥有高社会智力的人"具有了解及管理他人的能力，而能在人际关系上采取明智的行动"。1926 年推出了第一份社会智力测验（George Washington Social Intelligence Test），问卷的题目包括了指认图片中人物的情绪状态，以及判断人际关系中的问题等等。然而接下来的几十年，心理学界在这方面的努力停顿了下来，主要因为大家都忙着发展及研究 IQ（Intelligence Quotient）测验，当时认为 IQ（亦即一个人的数学、逻辑、语文以及空间能力）会决定每个人的学习及受教的能力，因而会影响将来的工作发展及表现。

直到 1983 年，美国心理学家 Howard Gardner 教授提出了影响现今教育体系甚巨的"多元智力"理论。他认为原先只重数理语文能力等的传统定义"智力"的方式（亦即 IQ）需要大幅修改，因为一个人的 IQ 除了对学校学习的成绩有很高的正相关（IQ 愈高，功课愈好），对于其他方面，例如工作表现、感情及生活满意度等并无太大的关系。他在多元智力理论中，多加了几项智力，包括了音乐、体育以及了解自我和了解他人之能力。而这后两项，让 Thorndike 教授"社会智力"的概念再一次地受到教育界及心理学界的重视。

第一个使用"EQ"这个名词的人是心理学家 Reuven Bar-On，他在 1988 年编制了一份专门测验 EQ 的问卷。根据他的定义，EQ 包括了那些能影响我们去适应环境的情绪及社交能力。其中有五大项，即自我 EQ、人际 EQ、适应力、压力管理能力、一般情绪状态（乐观度、快乐感）。随后心理学家 Peter Salovey 和 John Mayer 在 1990 年提出情绪智力的定义。他们认为情绪智力应和乐观等人格特质区分开来，EQ 的内涵大致可分为 5 个元素：清楚知道自己的情绪、合理表达自己的感受、自我控制欲望冲动的能力、知道别人的感受、和谐的人际关系。所以他们对 EQ 的定义强调在了解并运用情绪之方面。目前，在各国受到广泛使用的 EQ 测验（MSCEIT），即为他们的最新研究成果。

真正让"EQ"一词走出心理学的学术圈，而成为人人朗朗上口的日常生活用语的心理学家是哈佛大学的 Daniel Goleman 教授。他在 1995 年出版的 *Emotional Intelligence* 一书，登上了世界各国的畅销书排行榜，在全世界掀起了一股 EQ 热潮。Goleman 发现一个人的 EQ 对他在职场的表现有着非常重要的影响。举例而言，一个针对全美国前 500 大企业员工所做的调查发现，不论产业别为何，一个人的 IQ 和 EQ 对他在工作上成功的贡献比例为 IQ：EQ = 1：2，也就是说，对于工作成就而言，EQ 的影响是 IQ 的两倍，而且职位愈高，EQ 对工作表现的影响就愈大。此外对于某些工作类别，例如营销、业务以及客户服务等，EQ 的影响就更为明显。

四、EQ 的内容

从 EQ 的研究发现，与生活各层面息息相关的"情绪智力"，指的是我们个人在情绪方面的整体管理能力。Daniel Goleman 认为，情商包含以下五个方面的内容。

1. 认识自己的情绪

认识情绪的本质是情感智商的基石，当人们出现了某种情绪时，应该承认并认识这些情绪而不是躲避或推脱。只有对自己的情绪有更大的把握性才能成为生活的主宰，良好地引导自己和他们，并能准确地决策某些重要的事情；反之，不了解自身真实情绪的人，必然沦为情绪的奴隶。

2. 妥善管理情绪

情绪管理是指能够自我安慰，能够调控与安抚自己的情绪，使之适时、适地、适度。这种能力具体表现在通过自我安慰和运动放松等途径，有效地摆脱焦虑、沮丧、激怒、烦恼等因失败而产生的消极情绪的侵袭，不使自己陷于情绪低潮中。这方面能力较匮乏的人，常需与低落的情绪交战；而这方面能力高的人能够控制刺激情绪的根源，可以从人生挫折和失败中迅速跳出，重整旗鼓，迎头赶上。

3. 自我激励

能够整顿情绪，让自己朝一定的目标努力，增加注意力与创造力。任何方面的成功都必须有情绪的自我控制——延迟满足、控制冲动、统揽全局。拥有这种能力的人能够集中注意力、自我把握、发挥创造力、积极热情地投入工作，并能取得杰出的成就；缺乏这种能力的人，则易半途而废。

糖 果 实 验

1960年，著名的美国心理学家瓦特·米歇尔做了一个软糖实验。在斯坦福大学的幼儿园召集了一群四岁的小孩，在一个大厅里面，每个人面前放了一个软糖，对他们说，小朋友们，老师要出去一会儿，你们面前的软糖不要吃它，如果谁吃了它，我们就不能增加你一个软糖。如果你控制住自己不吃这个软糖，老师回来会再奖励你一个软糖。老师走了以后，大家看软糖，诱惑，甜啊。有的小孩过一段时间手伸出去了，缩回来，又伸出去了，又缩回来，一会儿过后，有的小孩开始吃了。但是，有相当多的小孩坚持下来了，他们有的闭上双眼，把头枕在双手里；有的在喃喃自语，或者哼哼叽叽地唱歌；还有几个小朋友做起了游戏；剩下几个干脆睡着了。20分钟以后，老师回来了，就给坚持住的；没有吃软糖的再奖励一个。实验之后，研究者进行了长达14年的追踪。他们发现，到中学时，这些孩子表现了明显的差异：那些坚持到最后的孩子在学校里表现出很强的适应能力和进取精神，而没有坚持到最后的孩子则比较固执、孤僻，很难承受挫折与压力。这个实验表明了这样一个事实：那些更善于调控自己情绪和行为的孩子，拥有更好的心理健康水平和更大的未来成功的希望。

4. 认知他人的情绪

即移情的能力，是在自我认知的基础上，发展起来的最基本的人际技巧。具有这种能力的人，能通过细微的社会信号，敏锐感受到他人的需要与欲望，能分享他人的情感，对他人处境感同身受，又能客观理解、分析他人情感。此种能力强者，特别适合从事监督、教学、销售与管理的工作。了解别人真正的感受，察觉别人的真正需要，也就是具有同理心。

5. 人际关系的管理

能够理解并因应别人的情绪，维持良好的关系。这也是建立领导力的基础。大体而言，人际关系的管理就是调控与他人的情绪反应的技巧。这种能力包括展示情感、富于表现力与情绪感染力，以及社交能力（组织能力、谈判能力、冲突能力等）。人际关系管理可以强化一个人的受欢迎程度、领导权威、人际互动的效能等。能充分掌握这项能力的人，常是社交上的佼佼者；反之则易于攻击别人、不易与人协调合作。因此，一个人的人缘、领导能力及人际和谐程度，都与这项能力有关。

Daniel Goleman 所提及的这五个方面，虽然扩大了情绪智力的内涵与外延，但却说明情绪智力在人生成长道路上的重要。上述五个方面是一种由内而外的自我要求和省察功夫，先洞悉自己的情绪，知其产生的原因，以掌控自我生活，然后摆脱焦虑、悲观、愤怒、嫉妒等负面心情，安抚自己，做情绪的主人而不受基因控制。进一步激励自己，发挥潜能，心存光明正面的思想，并了解他人的感受和需要，开发利他精神的同理心，由此，圆融的人际关系自然水到渠成。拥有以上的情绪特质，不但有助于解决我们生活中面临的各种顺逆的情况，对个人的心境、健康和感情生活更有莫大助益。

第二节 情绪管理

Daniel Goleman 在 *Emotional Intelligence* 一书中提出，透过控制情绪，管理人可以成为卓越的领导人。情绪管理就是善于掌握自我，善于调制合体调节情绪，对生活中矛盾和事件引起的反应能适可而止地地排解，能以乐观的态度、幽默的情趣及时地缓解紧张的心理状态。自我沟通的过程就是对自身情绪进行管理的过程。有句话这样说：生命的长度是上帝所给予的，但生命的宽度却掌握在我们自己的手中。的确，我们虽然不能控制生命的长度，但我们可以控制生命的宽度。我们都可以在工作和生活中，掌控自己的情绪和心态，掌控自己的命运，学习做更好地沟通，使人际关系更圆满，也使生命过得更漂亮、更有意义。

一、情绪的功能

这是一个真实的故事，美国全国铁路客运公司的一辆列车在路易斯安那州贝奥县失控撞击铁路桥后冲进河里，昌西一家三口正好在列车上。昌西夫妇的女儿安德烈亚由于脑瘫常年坐在轮椅上，夫妇俩把全部精力都用来照顾11岁的女儿。我们想象一下昌西夫妇生命的最后一刻。当河水不断涌进正在下沉的车厢，他们首先想到的是他们的女儿。为了让安德烈亚获救，他们竭尽全力把她推出了车窗。安德烈亚被救援人员救了上来，昌西夫妇却随着车厢沉入了水底。

昌西夫妇在最后一刻竭力挽救女儿的生命，这种伟大的举动体现了人类不可思议的勇气。毫无疑问，亲代为子代牺牲的现象在史前时期以及人类有历史记载以来一再出现，如果放眼更加漫长的人类进化过程，这种现象更是数不胜数。从进化生物学的角度来看，亲代的自我牺牲是为了"成功繁殖"，即把自身的基因传递给未来的世代。不过对于危急关头奋不顾身的父母来说，这一切都是出于爱。

从情绪的功能和潜能角度分析，舍己为女的故事表明了无私奉献的爱以及各种情绪在人类生活中的作用。这说明我们最深层的感受、我们的激情和渴望是最根本的向导，人类得以生存和延续很大程度上要归功于情绪对人类行为的影响力。情绪的力量非常强大，只有强烈的爱——挽救爱女的迫切感，才能让父母克服自身的求生欲望。从理性角度看，他们的自我牺牲是非理性的，但从感性角度看，牺牲是他们的唯一选择。

情绪的力量是巨大的，人的行为由情绪驱动。情绪在本质上都是某种行动的驱动力，即进化过程赋予人类处理各种状况的即时计划。情绪（emotion）的词源来自拉丁语"motere"，意为"行动、移动"，加上前缀"e"含有"移动起来"的意思,这说明每一种情绪都隐含着某种行动的倾向。强烈的感性会战胜理性,为朋友两肋插刀,为亲情忍受痛苦。情绪为什么在人类心理中发挥了核心作用呢?社会生物学家对此提出了感性压倒理性的观点。他们认为,情绪指导我们迎接困境或重任的挑战,这些挑战和任务往往过于重大,无法交由理智单独处理,比如危险、痛苦的损失、百折不挠坚持目标、建立人际关系、组建家庭等。每一种情绪相当于一种独特的行动准备,指导我们按照过去被证明行之有效的方法,去处理人类生活中反复出现的挑战。情绪对行动的指导作用在人类进化历史上不断重复出现,情绪就像一个根植于人类神经系统的指令体系,成为人类心灵固有、自动的反应倾向,对人类生存具有重大的意义。

当人被情绪控制的时候,可能会失去理智。因此,管理情绪至关重要。人与动物的区别在于理性,人如果失去理性就是动物。人的欲望无限,而资源有限,因此必须学会管理欲望。情绪无限,而自由的空间有限,因此必须学会控制情绪,不能让情绪泛滥。因为激情会压倒理性,正如苏格兰哲学家大卫·休谟(1711—1776)说:"理性是激情的奴隶。"所以开玩笑必须受控,不能开过度的玩笑。

克雷布特里一家的悲剧

14岁的玛蒂尔达·克雷布特里本来想和她父亲玩一个恶作剧。她的父母外出拜访朋友,凌晨一点才回家。玛蒂尔达计划在那时突然从壁橱中跳出来,大叫一声。

可是鲍比·克雷布特里和他太太以为玛蒂尔达当晚不在家里,而是和朋友们待在一起。鲍比进屋时听到一些声响,于是他抄起一把小口径手枪,走进玛蒂尔达的卧室一探究竟。这时玛蒂尔达突然从壁橱中跳出来,鲍比朝女儿的脖子开了枪,她在12个小时之后死亡。

恐惧是人类进化的情绪遗产,恐惧促使我们保护家人免遭危险,也正是这种冲动促使鲍比·克雷布特里拿起手枪,在屋里搜索潜伏的入侵者。恐惧使鲍比在没有看清对象之前,甚至在听出他女儿的声音之前就开了枪。正是恐惧的本能反应酿成了克雷布特里一家的悲剧。

二、治标与治本管理

一个人要随时保持心平气和、欢喜感恩的情绪并不是那么容易,随着社会的加速变化、工作环境的创新以及自我要求的提升,每个人都可能面临低落、沮丧、愤怒或泄气等情绪挑战。一个组织若充斥很多具有负面情绪的员工,不但会削弱团队互动中的协调力,日积月累也可能削减工作绩效,造成组织运转中的沉疴。所以,员工需要进行情绪管理,将正面情绪回馈给公司、客户以及消费者,创造组织绩效的最大值,提升企业组织的竞争力。情绪管理分为治标和治本两部分,不论是"治标"或是"治本",每个人都可以学到让情绪海阔天空的成长管道,让自己乐在工作,乐在成长,乐在参与企业组织的创新挑战。

1. 情绪治标管理

当一个人在生活或工作中受到挫折或打击后，由于种种原因，当时又无法将受到的委屈或不满表现出来，只好把这种负性情绪压抑下去。但由于人的心理承受力是有限的，不良情绪长期积郁在心中，人的心理就会出现严重的失衡，也很容易导致疾病。为了维持自身的心理平衡，人们就需要去寻找一个恰当的对象将个人的消极情绪予以宣泄，使心中积压的负性情绪得以稀释，从而摆脱这种负性情绪的干扰，保持心理的平衡。

当情绪出现低潮时，大多数人会通过一些行为方式来应对，找一个目标让自己把愤怒和不安的情绪通通发泄出来。比如，可以通过"找人倾诉"，一吐为快，想哭就哭；不习惯哭泣的，可以通过"逛街买东西"、"唱歌"、"运动"、"开车出去兜风"、"睡觉"、"写信给自己"等方式，将体内因不快聚结起来的能量向外界发泄。而且，我们也往往有这样的体验，一旦这种负性情绪得以发泄后，内心便会产生一种如释重负的感觉，心情就会舒畅。

以上这些方法都是"治标"的情绪管理，也就是"用极短的时间，做一些转移注意力的事"或"在极短的时间内，改变自己的肢体动作"，不让自己一直沉浸在负面的情绪里。这种治标的情绪管理技巧，每个人都需要具备两三项，这样，当有压力出现时能让自己快速调整回来。

形形色色的情绪宣泄

苏联曾开设了"吵架"俱乐部，这个俱乐部的任务是通过训练使人减少冲突，"若想不与别人吵架，就得多吵几次"。有的国家开设了"骂人"俱乐部，心里有了闷气无处发泄，可以到"骂人"俱乐部去骂工作人员，出了气，就释放了过激情绪，骂完交费就走。日本一些大公司用橡皮制作经理人的模型，职员们可以对它拳打脚踢，发泄心头怒火。有的国家采取交费打电话，接通后可以随便骂接话员。这些机构就是企图通过这些手段让人宣泄情绪，把不良情绪释放出去，好恢复情绪。

---

2. 情绪治本管理

治本的情绪管理需要从内在价值观出发做弹性改变。许多人受狭隘价值观的影响而不自知，从认知心理学的角度来看，有些人的不快乐往往是因为看法不够全面，经常钻牛角尖，不但让领导、同事受不了，自己也不好过。常言道："心态决定一切。"调整心态是调整情绪的唯一可行的方法，心态是自己可以调整和控制的。一个人只要改变心态，就会改变整个情绪。幸福或坎坷，快乐或悲伤，是由人的心态决定的。我们之所以感到生活枯燥无味，是因为我们的心态是枯燥乏味的。正所谓一个人的心态是什么样的，那么他眼中的世界也就是什么样的。

长久以来人们都认为自己是被事情所困扰，其实不然，人类是被自己看待这个事情的观点所困扰，是自己在困扰自己，而不是外界的环境在困扰自己，而看待事情的这种观点，是自己可以控制的。比如一个出租车司机整天抱怨工作十几个小时，也赚不到什么钱，怨路上的车太多，路况太差等等。结果，他每天都会很不愉快。但是如果他换个角度想一下：出来开车，其实是客人付钱请我出来玩。平时，自己很少有时间去这些地方玩，这样，既可以顺道看看景色，呼吸呼吸新鲜空气，还有人付钱呢。结果，他每天心情都很好。把自己的心态调整好，人就能够有效地稳定自己的情绪。

第一，学会接受生活的真相。很多时候，我们都喜欢假设，假设自己非常漂亮身材又好，假设当初能再坚持一下，假设第一次创业没有失败等。遗憾的是，人生不过是一张单程车票，所有走过的、经历过的都成为不可更改的事实和历史。如果这些事实是幸运的，带着祝福，带着快乐，我们自然愿意欢欢喜喜地接受。如果是不幸的，带着伤害，带着眼泪，我们的心就会排斥，不愿接受，就会掉进各种假设的陷阱，悔恨、懊恼、失望、自责，直至身心俱疲。无论你愿意接受还是不愿意接受，这就是生活的真相，且无法更改一丝一毫。遭遇不幸，更多的人会拿假设来慰藉自己，这本无可厚非，但若是沉溺其中，这些假设就会成为你心灵的枷锁，束缚你追求成功的力量。所有发生的事情，都是注定无法改变的真相。你若想否认这些事实，其实就是在否定自己。我们要学会接受真相，不和过去的任何事情较劲，才有精力去"改造"自己不尽如人意的命运。有人说过：人生因为遗憾而美丽！如果我们不能把不幸看作上天给我们的另一种恩宠，那么不妨就试着让自己接受。一味地抱怨生活，天空永远布满阴霾，学会接受，天空才会是一片艳阳天。

第二，让别人适应你不如你去适应别人。每个人都有支配别人的欲望，因为每个人在潜意识里都希望自己扮演的角色是有影响力的。人际关系的不和谐多半是因为我们试图让别人适应我们而不成功造成的。所以，当你觉得自己的人际关系不尽如人意的时候，不要把责任归咎于别人，而多从自己身上找找原因。当一个人不再对别人要求苛刻，不再要求别人适应自己，而是会通过他人的镜子、现实的镜子或者是历史的镜子来剖析自己、调整自己，通过改变自己去适应别人的时候，才是走向成熟和理智的标志。卡耐基曾说："想要别人怎样对你，你就要先对别人怎样。"人与人之间相处的艺术，就是一种妥协的艺术。试图改造别人，让别人适应你，只会引起别人的反感。聪明的人，则会顾全大局，比如为了更好地合作，为了减少冲突，为了共同的幸福，就会在一些非原则的问题上，选择妥协，改变自己去适应别人。没有人会像泥人一样，任我们随便捏，我们能掌控的只有自己。如果改变不了别人，那就改变自己。

第三，改变不了环境，就改变自己。人无法改变外界，但完全可以控制自己。人生之事，不如意者十有八九。我们永远无法控制每一件事情，比如生老病死、挫折失败、股市涨跌、海啸地震，以及各种不幸的降临等等，但是我们永远可以选择自己的心情。当我们没有能力去改变环境的时候，尤其是环境不利于我们的时候，就改变自己,这是一种智慧,一种策略。伊索寓言中有一个故事:一阵狂风,把一棵大树连根拔起。大树看到旁边池塘里的芦苇就问:"为什么这么粗壮的我都被风刮断了,而这么纤细的你却什么事也没有呢?"芦苇回答说:"我知道自己软弱无力,就低下头给风让路,避免了狂风的冲击;而你却拼命抵抗,结果被狂风刮断了。"我们就应该像芦苇,尽管软弱,但有智慧。不能改变环境,那就改变自己,就像你不能让外面的雨停止,那就带上伞出门,或者发现前面的路因为某种原因不通行了,那就绕道走,有什么关系呢?

皮鞋的由来

很久以前,人类都是赤脚行走的。有一位国王到某个偏远的乡间旅行,因为路面有很多碎石头,刺得他的脚板又痛又麻。回到王宫后,他下了一道命令,要将国内的所有道路都铺上一层牛皮。他认为这样做,不只是为自己,还可造福他的人民,让大家走路时不再受刺痛之苦。但即使杀尽国内所有的牛,也筹措不到足够的皮革,而所花费的金钱、动用的人力,更不知多少了。虽然根本做不到,甚至还相当愚蠢,但因为是国王的命令,大家也只能摇头叹息。

一位聪明的仆人大胆向国王提出建言:"国王啊!为什么您要劳师动众,牺牲那么多头牛,花费那么多金钱呢?您何不只用两小片牛皮包住您的脚呢?"国王听了很惊讶,但也当下领悟,于是立刻收回成命,改用这位仆人的建议。据说,这就是"皮鞋"的由来。

第四,改变心情,改变事情的结果。我们的行为总是受心情的牵引,同样一件事,用不同的心情去对待,就会有截然不同的结果。我们经常会有这样的经验,如果我们走进办公室时的心情轻松愉悦,就会很快进入工作角色,不仅工作效率高,而且质量好;反之,心情低落,则工作效率低,质量差。有这么一个故事,有个人买了一张2美元的彩票,结果中了头奖,他拿所有的奖金买了一栋豪宅。在一次外出中,他的豪宅却被大火付之一炬。当记者问他有什么感受时,他说:"没什么,我只不过是烧掉了一张2美元的彩票而已。"工作也是一样,如果你习惯于抱怨自己的工作多么枯燥,老板多么苛刻,每天唉声叹气、愁眉苦脸地做事,那样你永远也得不到老板的赏识。为什么不把工作想象成一件愉快的事?你不仅借助这个舞台学到了更多的知识和技能,还领到了一份薪水,这难道不像是带薪学习的美差吗?如此一想,你的心情变好,干劲倍增,做出了成绩,老板不青睐你青睐谁呢?要想改变事情的结果,首先要改变自己的心情。心情变了,别人对你的态度就会变,你做事的效率就会变,事情的结果当然也会变。

三、ABC 理论

ABC 理论是由美国心理学家阿尔伯特·埃利斯(1931—)创建的。该理论认为激发事件 A(activating event)只是引发情绪和行为后果 C(consequence)的间接原因,而引起 C 的直接原因则是个体对激发事件 A 的认知和评价而产生的信念 B(belief),即人的消极情绪和行为障碍结果(C),不是由于某一激发事件(A)直接引发的,而是由于经受这一事件的个体对它不正确的认知和评价所产生的错误信念(B)所直接引起的。

图 5-1 中,A(antecedent)指事情的前因,C(consequence)指事情的后果,有前因必有后果,但是有同样的前因 A,产生了不一样的后果 C1 和 C2。这是因为从前因到结果之间,一定会透过一座桥梁 B(Belief),这座桥梁就是信念和我们对情境的评价与解释。又因为,同一情境之下(A),不同的人的理念以及评价与解释不同(B1 和 B2),所以会得到不同结果(C1 和 C2)。因此,事情发生的一切根源缘于我们的信念、评价与解释。

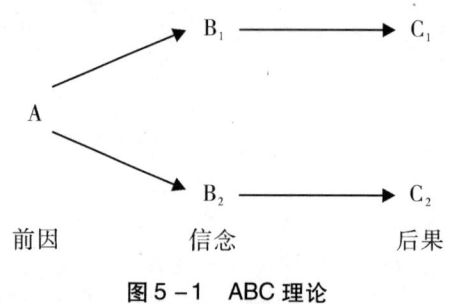

图 5-1　ABC 理论

情绪 ABC 理论是建立在埃利斯对人的基本看法之上。埃利斯对人的本性的看法可归纳为以下几点:

(1) 人既可以是有理性的、合理的,也可以是无理性的、不合理的。当人们按照理性去思维、去行动时,他们就会很愉快、富有竞争精神及行动有成效。

(2) 情绪是伴随人们的思维而产生的,情绪上或心理上的困扰是由于不合理的、不合逻辑思维所造成的。

(3) 人具有一种生物学和社会学的倾向性,倾向于其在有理性的合理思维和无理性的不合理思维。即任何人都不可避免地具有或多或少的不合理思维与信念。

(4) 人是有语言的动物,思维借助于语言而进行,不断地用内化语言重复某种不合理的信念,这将导致无法排解的情绪困扰。

为此,埃利斯宣称:人的情绪不是由某一诱发性事件的本身所引起,而是由经历了这一事件的人对这一事件的解释和评价所引起的。这就成了 ABC 理论的基本观点。通常人们会认为,人的情绪的行为反应是直接由诱发性事件 A 引起的,即 A 引起了 C。ABC 理论则指出,诱发性事件 A 只是引起情绪及行为反应的间接原因,而人们对诱发性事件所持的信念、看法、解释 B 才是引起人的情绪及行为反应的更直接的原因。

例如,两个人一起在街上闲逛,迎面碰到他们的领导,但对方没有与他们招呼，径直走过去了。这两个人中的一个对此是这样想的："他可能正在想别的事情，没有注意到我们。即使是看到我们而没理睬，也可能有什么特殊的原因。"而另一个人却可能有不同的想法："是不是上次顶撞了他一句，他就故意不理我了，下一步可能就要故意找我的岔子了。"两种不同的想法就会导致两种不同的情绪和行为反应。前者可能觉得无所谓，该干什么仍继续干自己的；而后者可能忧心忡忡，以至无法冷静下来干好自己的工作。从这个简单的例子中可以看出，人的情绪及行为反应与人们对事物的想法、看法有直接关系。在这些想法和看法背后，有着人们对一类事物的共同看法，这就是信念。这两个人的信念，前者在合理情绪疗法中称之为合理的信念，而后者则被称之为不合理的信念。合理的信念会引起人们对事物适当、适度的情绪和行为反应；而不合理的信念则相反，往往会导致不适当的情绪和行为反应。当人们坚持某些不合理的信念，长期处于不良的情绪状态之中时，最终将导致情绪障碍的产生。

四、自我修炼

时下盛行的社会观点认为，环境与条件对我们起着决定性的作用。由此而绘制的社会地图一共可分为三种，也可以说是已经被广泛接受的用来解释人性的三种"决定论"。这三种决定论有时单独使用，有时交叉混合使用。

（1）基因决定论：认为人的本性是祖先遗传下来的，认为一个人的基因信息内容决定了其自身的行为方式与心理内容。比如一个人的脾气不好，是因为他祖先的 DNA 中就有坏脾气的因素，又借着基因被继承下来。既然生来如此，也就只好如此。

（2）心理决定论：强调一个人的本性是由父母的言行决定的。比如你总是不敢在人前出头，每次犯错都内疚不已，那是与父母的教育方式和你的童年经历分不开的，因为你忘不了自己尚且稚嫩、柔弱和依赖他人时受到的心灵伤害，忘不了小时候因为表现欠佳而遭遇的惩罚、排斥和与人比较的感受。

（3）环境决定论：主张环境决定人的本性。你的学习成绩不好，是因为家庭环境太差。你的事业没有进展，是因为没有人支持你。你过得不快乐，是因为没找到一个理想的伴侣。你之所以失态，是因为别人把你激怒了。周遭的人与事，例如老板、配偶、叛逆期子女，或者经济状况乃至国家政策，都可能是影响因素。

这三种决定论都以"刺激—反应"理论为基础，很容易让人联想到巴普洛夫所做的关于狗的实验。其基本观点就是认为我们会受条件左右，以某一特定方式回应某一特定刺激。然而，人与动物的最根本的区别在于：在刺激与反应之间，人有选择的自由。这种自由来自人类特有的四种天赋：自我意识；想象力，即超出现实而在头脑中进行创造的能力；良知，即明辨是非，坚持行为原则，判断思想言行正确与否的能力；独立意志，即能够不受外力影响而自行其是的能力。其他动物智慧再高，也不具有上述的天赋。

选择的自由

维克多·弗兰克尔（1905—1997）是一位受过弗洛伊德心理学派洗礼的决定论者。这个学派认为一个人的本性在幼年时期即已定型，而且会左右一生，日后改变的可能性微乎其微。弗兰克尔由于身为犹太裔心理学家，二次大战期间被关进纳粹死亡营，遭遇极其悲惨。父母、妻子与兄弟都死于纳粹魔掌，只剩下一个妹妹。他本人则受到严刑拷打，过着朝不保夕的生活。

有一天，他赤身独处于囚室，忽然之间意识到一种全新的感受。日后他将此感受命名为"人类终极的自由"，当时他只知晓这种自由是纳粹军人永远无法剥夺的。在客观环境上，他完全受制于人，但自我意识却是独立的，超脱于肉体束缚之外。面对纳粹的折磨，他发现自己可以选择沉默，也可以选择伪装，也可以安慰自己："一顿毒打算不了什么！"他为活着的每一天感到欣慰，也为腐烂皮肉之中的新生感到高兴。他甚至在设想，有一天获释后他将站在讲台上，把自己的发现和研究成果传授给年轻的学生们。他可以自行决定外界的刺激对自身的影响程度。换句话说，在刺激与回应之间，他发现自己还有选择如何回应的自由与能力。

弗兰克尔不断地锻炼自己的意志，直到心灵的自由和操之在我的能力终于超越了纳粹的禁锢。他变得安详，脸上重新有了宁静的微笑。他协助狱友们在苦难中找到了人生的意义。他甚至赢得了狱卒的尊敬和爱戴。弗兰克尔是极少数从死亡集中营活下来的囚犯之一，后来成了卓有成就的心理学大师。

因此，人据此分成两种：一种受制于人，另一种操之在我。受制于人者易为环境所左右，在秋高气爽的时节，就兴高采烈；在晦暗阴霾的日子，就无精打采。如果你能做到操之在我，心中就会自有一片天地，很难受到外界的干扰。如果你认定工作品质第一，即使天气再坏，依然不改敬业精神。受制于人者，也会受制于"社会天气"的阴晴圆缺。受到别人夸奖或尊重时，就心情愉悦。受到怠慢或指责时，就生气或心情压抑。这样，你的心情被别人的态度所牵动，使得你像一只无舵的小舟，随着风波摇摆。

操之在我与受制于人，这两种不同的人生态度，有如南辕北辙，如果再加上聪明才智上的差距和作用，两者之间简直是云泥之隔。如果说前者之中半是英雄半是狂夫的话，那么后者则是清一色的平庸之辈。其实，这两者之间的差距仅仅在于思维方式的不同，例如表5-1：

表5-1 受制于人与操之在我

受制于人	操之在我
我已经无能为力	让我再试试看有没有别的可能
我就是这样一个人	我可以让自己做出一些改变

(续表5-1)

受制于人	操之在我
他使我怒不可遏	我应该学会控制自己的情绪
他们不会接受的	我可以找到一种有效的表达方式
我不能这样做	我应该怎样做
有怎样的条件，我将会怎样去做	我将会怎样去做，因为有怎样的条件

的确，每个人的性格都会受到父母的基因和过往经历的影响。可是，如果你能够充分意识到自己的责任，你就应该知道，有些弱点是必须被克服的，因为，一个受制于人的懦夫永远不可能造就成功的人生。一件事情，想通了是天堂，想不通是地狱。一头驴掉进了一个深坑里，村民们想把它救上来，但是想尽办法也救不上来，村民们想既然救不上来，那就干脆把它埋上吧，就不断往坑里倒土、倒垃圾，驴就踩着垃圾不断上升，最后终于升到地面了，驴把身上的土、垃圾抖了抖，走了。当一个人背时、暂时处于低潮的时候，不妨向这头驴学习，把别人倒在你身上的垃圾当成你上升的阶梯。

我们虽然没有弗兰克尔在死亡集中营的苦难经历，但在日常生活中的种种琐事和困难，已足以需要我们培养那种操之在我的精神，来应付人生不断扑面而来的压力。不论是同事的刁难，或者顾客的无理要求，或者亲人的误会，都需要用这种精神来解决。它表现在我们的心智与态度以及如何遣词用句上。别人如何待我并不重要，重要的是我如何待人，我如何通过每一次的努力和改善去赢得人生的进步。一个人的自我修炼就是，不断由受制于人向操之在我转变，像获胜者那样生活，而不是像受害者那样生活，努力做一名责任者，遇到问题，问问自己："我该如何改善这种情况？"

第三节　压力管理

日趋激烈的竞争为人们带来了前所未有的压力，每一个人都感到压力无处不在。在职场中，我们都要承受因与人共事或位居人下而造成的持续压力：我们或许会就工作中什么最重要、怎样才能更好地完成工作而产生分歧，或许会在信念、取向、价值观、期望值、接受能力和工作方式等方面存在差异。诸如此类的日常压力可能会逐渐累积，最终给我们造成破坏性的后果。除此之外，全球范围的快节奏变化正在影响我们每一天的正常生活。这一切加在一起，就组成了一份超级压力大餐。当压力逐渐累积的时候，许多人会表现出与过度紧张有关的行为反应和生理症状。他们比平时更易于焦躁不安、感到绝望、容易被问题困住、记忆力衰退、睡眠质量下降、身体上出现各种各样的疼痛、不能合格或者不能按时完成任务。时间一久，压力症候群就可能发展为因长期劳损而造成的疾病，例如动脉硬化、高血压或者癌症。美国《时代》杂志1983年6月提出，在80年代职业压力已经成为一个流行病了。现在研究发现，有50%～80%的疾病都是和心理疾病、压力有关的疾病。面对压力引发的种种问题，压力管理浮出水面。在管理领域，许多专家学者指出，人力资源管理的职能之一就是"压力管理"。

一、AQ 与 EQ、IQ

AQ（逆境商数）是指面对逆境时的处理能力，即面对挫折、摆脱困境和超越困难的能力。1997年，加拿大学者保罗·斯托茨博士出版《挫折商：将障碍变成机会》一书，第一次正式提出 AQ 的概念，用以测试人们将不利局面转化为有利条件的能力。心理学家认为，一个人事业成功必须具备高智商、高情商和高逆商这三个因素。在智商和情商都跟别人相差不大的情况下，逆境商对一个人的事业成功起着决定性的作用。斯托茨博士通过多年来对个人和公司的测试证明，高 AQ 可以帮助产生一流的成绩、生产力、创造力，可以帮助人们保持健康、活力和愉快的心情。有研究显示，AQ 高的人手术后康复快，销售业绩也远远超过 AQ 低的人，在公司中升迁的速度也快得多。SBC 电信公司提供的销售数据表明，AQ 高的员工比 AQ 低的员工销售额平均高出141%。另有研究指出，AQ 跟创业者的收入还有显著关系，AQ 高的人可以获取更多报酬。

有的人 IQ 很好，但是 EQ 很低，表示他不能很好地领导团队；有的人 IQ、EQ 都很好，但 AQ 不好，说明他不能很好地面对逆境。IQ、EQ 与 AQ 的关系可以用登山来形容。登山的人有三种：第一种人在山底下一看到山很高，就停下来，这种看情况不好就不愿意去拼斗的人在人群中占70%；另外有部分人站在山腰上，爬到一半就再也没有力气了，就在那里搭个帐篷，这样的人占25%；可以攀越巅峰，到达山顶上的人只占5%。所以，整个人群中75%的人是好逸恶劳、安于现实的；25%的人具备斗志，但是不能够完全达到目标，只做到一半；只有那5%的人可以真正地爬到山顶，明白逆境帮助生存和成长。

二、压力的双重性

压力是身体"战备状态"的反应，这是当意识到某种情形，或者某个人，或者某件事情具有潜在的威胁性和紧张状态的时候做出的反应。在日常生活中，压力是无形的，但会以各种方式"写"在你的脸上，"写"在你的一言一行中，而且人们能够感觉到其存在。实际上压力的主观性非常强，可能面对同样一个事件不同的人表现出的压力程度、强度会不一样。随着当代科学技术的飞速发展，信息量的快速增加，人们的工作节奏相应加快，市场竞争机制的建立也使人们的心理压力加重，随之而来的时间观念、工作效率和生活内容也在发生变化。这些都容易使人产生紧迫感、压力感和焦虑感，引起一系列的心理应激反应。这种心理应激反应具有两重特性：一是能使人学会通过多种因素的调节，产生较好的适应能力，有利于事业的成功；二是对应激不能适应，精神上长期处于紧张状态，易导致心身疾病，危害身心健康。所以说，压力是把双刃剑，它既有积极的一面，也有消极的一面。所谓"适度的压力，给人成长与希望；过度的压力，给人挫折与打击"。

1. 压力的积极性

美国一位科学家曾用两只小老鼠做了一次实验，他把两只小老鼠放在一个仿真的自然环境中，并把其中一只小白鼠的压力基因全部抽取出来。那只被抽走了压力基因的小白鼠从一开始就生活在兴奋之中，它的好奇心远远大于那只小灰鼠，它只用一天的时间把500平方米的全部空间都大摇大摆地观察了一遍。那只未被抽取压力基因的小灰鼠走路或觅食时总是小心翼翼，用了近四天时间才把整个仿真空间全部熟悉。小灰鼠最高只爬上了盛有食物的那个仅高2米的吊篮。而小白鼠在仿真空间的第三天，因为没有任何压力而爬上了那个高达13米的假山，在试验能不能通过一个小石块时一下子摔了下来，死了。小灰鼠因为有一定的压力，处处谨慎小心，没有出现任何意外。它甚至开始为自己积蓄过冬的粮食。在试验十几天后，它鲜活地出来了。

我们常因为自己的慵懒而埋怨周围的竞争太过激烈，或因自己某方面能力不够而强调自己的压力太大。事实上没有了压力，我们也会像那只小白鼠一样，从我们实际上能够平衡度过的高处摔下来，牺牲。因为人如果在没有一点压力的状态下，很容易分心、大意，直至失去斗志、变得懒惰，灾难也随之而来。所以，保持斗志与韧性的最佳方法就是让自己时刻处于一种适当的压力当中。压力不论来自何方，它都对热爱生活的人们起着激励和鼓舞的作用，可以帮助生存和成长，增强斗志，同时，身处困境能够刺激思维。

老船长的"压力效应"

有一位经验丰富的老船长，当他的货轮卸货后在浩瀚的大海上返航时，突然遭遇到了可怕的风暴。水手们惊慌失措，老船长果断地命令水手们立刻打开货舱，往里面灌水。"船长是不是疯了，往船舱里灌水只会增加船的压力，使船下沉，这不是自寻死路吗？"一个年轻的水手嘟囔。

看着船长严厉的脸色，水手们还是照做了。随着货舱里的水位越升越高，随着船一寸一寸地下沉，依旧猛烈的狂风巨浪对船的威胁却一点一点地减少，货轮渐渐平稳了。

船长望着松了一口气的水手们说："百万吨的巨轮很少有被打翻的，被打翻的常常是根基轻的小船。船在负重的时候，是最安全的；空船时，则是最危险的。当然这种负重是要根据船的承载能力界定的，适当的压力可以抵挡暴风骤雨的侵袭，但如果是船不能承受之重，它就会如你们担心的那样，消失在海面。"

---

2. 压力的消极面

长期过重的不良压力，会损伤人的身体健康和心理健康，给人带来无穷无尽的烦恼，严重影响日常的学习、工作、生活。压力的危害表现为：

（1）生理疾病。有一位心理医生说："压力是身体应变危险状态而产生的一种反应。"在面对各种转变或遭遇的时候，我们的身体就自然做出反应。在这期间，我们的血压会上升，肾机能大量分泌肾上腺素，肌肉开始抽紧、消化减慢。压力对我们有很大的影响，它会导致人体出现多方面的不适症状：肠胃病、头痛、颈痛和背痛、心脏血管闭塞；当女性面对压力而又不懂如何处理时，便会影响经期。而男性，也会有疲惫的现象产生，会没精打采，想睡觉；体质虚弱的人，在压力下会出现哮喘的症状。

（2）情绪危害。在长期的压力重压下，如果不能及时减压，会使人产生忧郁、恐惧、焦虑、不安、无助、沮丧、烦乱或自责等不良情绪。高度压力下，人们多数会变得浮躁不安、暴躁易怒。长期承受不良压力的人，忧郁症、强迫症、惊恐症等心理症状的罹患率也比较高。

（3）性格偏离。在压力的刺激之下，性格也会发生很大变化，主要表现在：①压抑。压抑是指自我阻止能够引起焦虑的思想进入意识领域的一种心理反应。这种压抑机制能够使焦虑的思想不能顺畅地进入意识。②执拗。执拗是一种逆反心理，人在遭受重大挫折之后，失去理智而表现出顽固思想行为，顽强地坚持所认定的思想行为。③否定。当人对实际存在的、引起忧虑的环境或事件无法接受或有意逃避时，就会对事件或环境进行否定，以此达到心理平衡，并想以此来消除忧虑，得以解脱。④冷漠。冷漠就是对任何事情无动于衷，漠不关心，其内心却又十分难过和痛苦。这种状况主要是由于曾经受到巨大的挫折和伤害，害怕再度受伤，而拒绝一切可能造成痛苦的因素而采取的心理措施。⑤挫折。在追求既定目标而受到阻碍，从而引发失望、懊恼等不愉快情绪，即挫折感。挫折可以是一种阻力，也可以是一种动力。这取决于受挫者会做出怎样的反应行为：是悲观失望，放弃拼搏；还是吸取教训，激发斗志，重新再来。如果挫折心理不能及时调整，恢复正常，那么则会让人对自己失去信心，一味地逃避，变得懦弱消极、一蹶不振。

（4）团体受害。个人总是离不开集体的，无论生活、学习、工作都是以大的环境为基础的。尤其是工作，个人处在一个具有较强管理秩序的团队或组织中，组织内部的许多因素极易给员工造成各种压力，如组织变革、工作环境、企业文化等等。员工个人压力的消极反应对组织整体的影响也是十分明显的，员工如果承受压力，厌倦工作，情绪低落，那么团体的工作效率、产品质量、经济（社会）效益就会大打折扣。更有甚者，负面情绪往往会像瘟疫一样蔓延开来，严重影响团体的协作氛围。

过劳死：生命中不能承受之重

2005年4月6日，正在外景地忙于拍摄新片《理发师》的陈逸飞突然病倒。被送到医院不几日，就出乎所有人的意料，撒手人寰！

2004年，企业资产总规模达到25亿元的均瑶集团原董事长、著名民营企业家王均瑶突患直肠癌英年早逝。38岁的他，在去世前不久，还雄心勃勃地准备创办自己的航空公司。熟悉他的人都说，他是累死的！

还有彭作义、杨迈、汤君年……这一长串名单上的每一位，都是非常成功的企业家，拥有无可限量的美好前景，但都因为劳累，绷断了生命之弦，在人生的黄金年华便早早逝去，不由人不扼腕长叹。

事实上，过劳死在我们身边也越来越多。据统计，在30岁至50岁英年早逝的人群中，95.7%的人死于因过度疲劳引起的致命疾病。

体力、精力的持续高强度付出，严重破坏了人体的生理规律和节奏，体内能量、资源出现严重的"财政赤字"，入不敷出。疲劳像蛀虫般淤积在体内，慢慢侵蚀着身体的大厦，血压升高、动脉硬化等等逐步从量变转化为质变，进而濒临致命的边缘。也许，有些人外表看来似乎还可以，实际上已经是外强中干。过度劳累的人就如同一盏燃油即将耗尽却又没有灯罩的油灯，若明若暗，一旦遇到一股较强的风，就会骤然熄灭。

工作，并不总是一件美妙的事！它在带给你金钱、地位和成就感的同时，也消耗着你的时间，吞噬着你的生活。

曾有一位企业家如是说：成功创业一次，寿命减去十年！几年前，曾有机构对我国3539位企业家进行了调查，发现有90%的企业家表示工作压力大；有76%的企业家认为工作状态紧张；平均每4个企业家中就有一位患有与工作紧张相关的慢性疾病，如神经衰弱、高血压、慢性胃炎等；有不少企业家觉得内心孤独，甚至产生厌世心理。

勤勉工作是一种美德，但不应以生命作为代价。如何在工作和生活之间找到平衡的支点，是一门艺术！我们能否拥有一双慧眼，透过生命的迷雾，找准健康的源泉，从而迈向健康幸福的人生？

——韩白衣《最爱我的人是我：职业人士的健康智商》

三、压力的来源

高节奏的现代化生活，给人们带来的压力越来越大。学习压力、工作压力、生活压力充斥着我们生活的每一天。为了有效地进行压力管理，这就要求首先准确查明压力由何而来，从而相应采取积极有针对性的措施。压力有时来自外界，有时来自自身，严格地说，压力并不是由任何单一的原因诱发的，任何刺激都可能引发压力。环境的改变、社会的改变、价值观的改变、工作的改变和生活方式的改变都会给人带来无形的压力。

1. 个体差异

每个人由于体质不同，所以对疾病抵抗力也不一样。同样人对心理、感情上的压力来源也有不同的反应。事实证明，无法适应挑战的人，通常较容易生病，个别差异的因素有：生化、体质、心理感情特性、价值观、态度、习惯、社会环境及其他不同。心理问题如沮丧、焦虑的情绪也同样会造成压力。压力问题是恶性循环的，过度的压力会引起身心衰弱，而身心衰弱使人不能应付挑战，这样就又造成了压力。

曾有两位科学家花了许多时间收集电话公司工作人员的健康资料。发现常生病和常保健康的接线员有个极大的不同点。常生病的接线员都有良好的家庭环境和教育背景，对自己的期望也高，她们认为接线员的工作非常枯燥、无聊，自己屈尊降贵才来做这份工作，而健康的接线员则通常来自中下阶层，她们知道自己的条件有限，而愿意接受命运的安排，对目前的状况感到很满意。

大多数的事情，好坏都在于我个人怎么看待。升迁就是个好例子，如果我们期望升迁而被忽视，会感到极沮丧，但如我们对升迁丝毫没有兴趣，也就不会因为得不到升迁而难过了。反而，也许人会产生压力而焦虑不安，所以同一件事，对有些人而言是快乐，而对有些人却是一种痛苦。

2．工作环境

组织内有许多因素能引起压力感。首先，工作量多与工作要求高常是造成工作压力的主要因素，尤其当得到的报酬与个人的付出不成比例时，个人更容易觉得不公平，压力感也相对增加。其次，人际关系不良也是导致工作压力的另一要素。由于许多工作讲求团队合作，若与团队中的其他成员无法愉快相处，会直接影响工作无法顺利进行，情绪受影响之后，压力也随之而来。再次，工作上的角色冲突与混淆也会造成压力。当不同主管对某职位的角色要求不同时，在此职位者即面临角色上的冲突，该听命于谁？该依何准则行事？抉择间，压力也因此产生。最后，若工作定位不明确或职务分配不清，容易产生角色混淆，在这种不知何事该做、何事不该做的情况下，压力也就难免。此外，工作场所的环境（如噪音、温度、污染等）、个人才能无法发挥、主管要求完美的性格等，也都是容易引发个人压力感的因素。

3．生活因素

生活环境中偶尔会发生一些重大的事故（变动），例如配偶死亡、离婚、换工作、结婚、怀孕等都是构成压力的因素。日常生活中也经常会面临一些小小的困扰，例如车子抛锚、赶时间却一路塞车，单一事件对个体并不会造成压力威胁，但如果这些困扰都在同一天发生，对个体而言可能就是不小的压力。

4．社会因素

还有一些压力来自社会方面。包括社会宏观环境（如经济环境、行业情况、就业市场等）和个人身边微观环境的影响。如IT业职场要求掌握的专业技术日新月异，职场竞争压力大，专业人员淘汰率高，此时就对IT从业人员造成很大社会压力。所处社会阶层的地位高低、收入状况同样会构成社会压力。如当自身收入状况与其他社会阶层相比，或者与其他同行业相比较低时，也可能产生压力。

四、自我压力管理的方法

压力管理是针对由于压力导致的个人身心不适应的症状进行处理。这些压力有些来自内心深处，而有些则来自外部环境。压力管理一般由两部分组成：一是针对造成问题的外部压力源本身去处理，减少或消除不适当的环境因素，如改善工作环境、任务重组、分配优化；二是预防和改变个体对压力源的反应，如压力管理训练，改善沟通技巧。第一部分的压力管理通常是组织层面所要解决的问题，第二部分的压力管理是个体层面所面对的问题。个体层面的压力管理更多依靠自我调适，管理压力始于自己。压力管理不仅是减压，更多是提高自己的抗压能力。

像鲨鱼一样面对压力

上帝在创造鱼类的时候，将鱼的种类设计得多种多样，大小各异。而且，为了让它们更适于水中生存，上帝把它们的身体设计成流线型，身体表面十分光滑，这样鱼儿在游动的时候就可以大大减少水的阻力。

当上帝把鱼类放到大海中的时候，忽然想起一个问题：鱼们的身体比重大于水，这样，鱼一旦停止游动就会下沉，沉到一定深度就会被水的压力压死。于是，上帝赶紧找到这些鱼，又给它们一个法宝，那就是鱼鳔。鱼鳔是一个安置在鱼儿体内可大可小的气囊，鱼类可以用增大或者缩小气囊的办法来调节身体内外的压力平衡，就不必担心被海水压扁了。

但是，当所有的鱼类都装备上了鱼鳔之后，上帝发现唯独没有找到鲨鱼。鲨鱼是个调皮的家伙，它一入海便消失得无影无踪，上帝费了好大的劲也没有找到它。上帝想，这也许是天意吧，既然找不到那就只好由它去了。不过这对鲨鱼来讲实在是太不公平了，它们可能会因为缺少鳔而沦为海洋中的弱者，最后被淘汰。上帝长叹一声离开了海边。

亿万年过去了，上帝想看看当年那些鱼现在到底怎么样了，他尤其想知道没有鱼鳔的鲨鱼如今是不是还存在，是否已经被别的鱼灭绝了。

当他将海里的鱼类家族都找来的时候，发现经过亿万年的变化，所有的鱼都变了模样，当初的影子一点都找不到了。面对千姿百态、大大小小的鱼，上帝问："谁是当初的鲨鱼？"这时，一群威猛强壮、神气飞扬的鱼游上前来应声报道，它们就是海中的霸王——鲨鱼。上帝十分惊讶，心想，这怎么可能呢？当初鲨鱼没有鱼鳔，要比别的鱼多承担多少压力和风险啊，可现在看来，鲨鱼无疑是鱼类中的佼佼者。这到底是怎么回事呢？

鲨鱼说："没有鱼鳔，我们就无时无刻不面对压力，一刻也不能停止游动，否则就会沉入海底，死无葬身之地。所以，亿万年来，我们就一直不停地游动，游动成了我们的生存方式。也因此练就了我们最强壮的躯体。使我们成了海中的霸王。"

听完这番话，上帝恍然大悟。

自我压力管理的方法主要有以下几种：

1. 使用压力事件表

压力管理应针对压力源造成的问题本身去处理，处理压力所造成的反应，即情绪、行为及生理等。因为，问题不是问题，如何应对才是问题。近期压力事件表是确定压力源的一项非常有效的技术，它可以帮助你认识到你可能正在承受的长期压力水平。压力事件表的原则是考察你在过去一年里经历过的重要事件，并对每个事件进行评分。然后把这些分数相加，其总分就显示了你在过去一年里的主要压力值。总分越高，就越表明你可能会经历职业枯竭，以及与压力相关的问题和疾病。

该事件表由 Thomas Holmes 博士等人在研究了患者的健康状况与他们近期经历的生活事件之间关系后提出。在该研究中，得分低于 150 的人在未来一段时间得病的可能性较低（30%），而得分高于 300 的人得病的可能性很高（80%）。其他研究者进行的许多后续研究也支持了这一方法。但这一方法仍在不断的改善中，并得到越来越多的临床专家的使用。

压力事件表是一个包括日常生活中 43 个最重要压力事件的列表（见表 5-2）。你可以使用该表来找出过去的一年以来你所承受的压力。在你填表的时候，请在"次数"一栏里填入一年来某个事件发生的次数。如果超过四次，就给 4 分。例如，如果你在去年很幸运地度过五次假，就在第 37 行填入"4"。在填入次数以后，把该次数与"平均值"一栏中的数值相乘，就得到这类事件的分数。把所有事件的分数相加，就得到总分。在上例中，如果你一年里度假 4 次，你就会得到 52 分。

不同的人有不同的压力应对风格，对同样的压力源感受到的压力水平也不尽相同。但如果你的得分超过 200，就表明你正承受着较高水平的长期压力。你可能面临职业枯竭的危险，长期的压力还可能影响你的健康。如果你的得分超过 300，你就应该特别关注你的压力问题了。

关于"压力事件"，有的是不可抗拒的遭遇，那么可以问自己："如果我已经尽力，是否还要自责？"有的是志向太高，或能力有限，或际遇不佳，那么可以问自己："我可以如何调整会更好？"有的可能是对方不合理的对待，那么可以问自己："什么才是合情合理的回应？"

表 5-2 压力事件

事件	次数	压力评价	事件	次数	压力评价
配偶死亡		100	工作责任变化		29
离婚		73	孩子离开家		29
分居		65	与姻亲发生摩擦		29
入狱		63	杰出的工作成绩		28
亲人去世		63	配偶开始或停止工作		26
受伤或患病		53	开始或停止学业		26
结婚		50	生活条件变化		25

(续表 5-2)

事件	次数	压力评价	事件	次数	压力评价
失业		47	改变个体习惯		24
复婚		45	与老板发生摩擦		23
退休		45	工作时间或条件变化		20
亲人的健康变化		44	搬家		20
怀孕		40	转学		20
性困难		39	娱乐活动变化		19
业务调整		39	教会活动变化		19
经济状态变化		38	社会活动变化		18
好友去世		37	少量负债		17
工作变化		36	睡眠习惯变化		16
与配偶争论次数的变化		35	家庭聚会次数变化		15
中等负债		31	饮食习惯变化		15
取消抵押或贷款		30	度假		13
增添新家庭成员		30	轻度违法		11

2. 在疲劳之前休息

短短的一点儿休息时间，就能使你有很强的恢复能力，即使只打5分钟的瞌睡，也有助于防止疲劳。爱迪生认为他无穷的精力和耐力，都来自于能随时入睡的习惯。石油大王约翰·洛克菲勒（1839—1937）创造了两项惊人的纪录。他的财产在当时世界首屈一指，而寿命也达到了98岁。怎样做到这两点的呢？主要原因当然是遗传，他家族的人都很长寿。另一个原因就是，他每天中午在办公室睡半小时午觉，这时哪怕是美国总统打来的电话他也不接经常休息，照你心脏工作的方法去做：在疲劳之前先休息。

在我们的生活中，常常有"竭泽而渔"或是"杀鸡取卵"的愚蠢行为，以牺牲产能为代价来提高产出。我们往往更关心的是效率而不是效能，为了提高效率而忽视效能，这就削弱了我们取得成果的能力。而唯有产出与产能取得平衡，才能达到卓越的效能。很多人因为想多做点事而彻夜不眠，结果弄得精疲力竭，身体不适。而倘若好好睡一觉，效果则会截然相反，第二天可以精力充沛地做更多的事。产出与产能平衡是提高效率的精髓，放之四海而皆准，也是成功者养成良好习惯的基础。

工作本身并不能给人带来经济上的安全感，而具备良好的思考、学习、创造与适应等能力，才能使自己立于不败之地；拥有财富，并不代表有永远的经济保障，拥有创造财富的能力才真正可靠。健康的身心和坚定的意志是我们达成目标的基础，所以有规律地锻炼身心，将使我们能够接受更大的挑战。静思内省，会使人的直觉变得越来越敏锐。当我们在这两方面做到平衡时，所有习惯的效能就会增强。

这样，我们将成长、变化，并最终走向成功。

3. 学会说"不"

正如喜剧大师卓别林（1889—1977）所说的："学会说'不'吧，那你的生活将会美好得多……"。避免压力过大的方式之一就是要懂得对"压力人物"说不。"压力人物"有的来自工作环境，有的来自家庭，有的来自团体。还有一位"压力人物"更不可忽略，那就是"自己"。何谓压力人物？第一，对他感到愧疚，达不到对方的期望。比如爸爸妈妈，或者是师长、或者是你的爱人；第二，对他感到责任未了。比如子女、员工；第三，对他感到有话也说不清楚。你想给他好建议，他就是不能接受；第四，对他敢怒不敢言；第五，对他的言行举止感到反感、不喜欢，可是又不敢去讲。

在与压力人物互动的过程中难免会被"情绪勒索"。什么是情绪勒索。在日常生活中常常会发生过相似的情景：和爱侣一吵架，在情绪不可控制之下，就开始翻过去的旧帐，把芝麻绿豆的陈年旧事都挖出来数落一番，或者威胁要闹分手闹离婚……像某些人一吵架就把分手的杀手锏抛出来，这种情感上的需索我们称之为情绪勒索。情绪勒索有三种类型：第一种"他罚型"，当工作发生问题时，你被对方指责，责备你做错了，责备你的疏忽；第二种"自罚型"，你会觉得都是自己的问题，忽略了那个小细节，内心充满了内疚感；第三种"无罚型"，你遇到了一种不好对付的人，这种人表里不一，口是心非，工作发生状况，他可能不会当面指责你，却告诉其他的同事，都是因为你的失误而造成那么大的损失。出现上述三种"情绪勒索"时，你的情绪会有所起伏，工作品质也会深受影响。

面对这样的情况，要学会适当地、婉转地向对方的"情绪勒索"说"No"。比如说今天你的同事请你帮忙做一件事，可是你很忙，无法抽身前去，这时候你要对他说："我知道你很辛苦，可是我现在也很忙，我相信你可以自己做的。"每个人都有自我意识，也会受到他人意识的影响，一个人的自我意识必须要坚定、具体和清晰。自我意识不是自我防卫、以自我为中心，而是一个人内在的对整个生命的自我认知的部分。你认识到自己，对自己了解、接受的程度，叫"自我意识"，如果"他人意识"是肯定的、鼓励的、支持的，要接受；如果是不好的、否定的，你要有很清楚的意识，而不能受别人的影响，要学会拒绝。

4. 主动疏泄，建立减压通道

每个人都会有不同的压力，一旦有压力就会有股无名的愤怒，如果一直压抑着不放就会影响身心健康。如愤怒的心理会引起血压的升高，只要把这股愤怒的情绪发泄出来，血压就会跟着降下来。疏泄是一种通俗易懂有行之有效的心理疗法，疏泄即疏导，宣泄。疏泄能使人从苦恼、郁结的消极心理中得以解脱，尽快地恢复心理平衡。疏泄的途径有很多，两性处理压力的方式不同。

男性心情不好，会把想法憋在心里，很少向人倾诉。他宁可大包大揽，独立解决问题。除非大有必要，他才求助于人。通常说来，男性一声不响，迅速进入"洞穴"。所谓"洞穴"，就是男性的自我天地。它是精神世界的"隐蔽所"，是他退避与休憩的心灵圣殿。在那里，没有任何事情打扰他。在那里，他将问题反复斟酌与权衡，以尽早获得解决。"功夫不负有心人"，男人往往在"洞穴"里看到光明，找到出路，他由此如释重负，就像换了一个人。

从另一方面说，男性陷入思考，难以解脱，就去做其它事情，以求转移注意力。他会阅读新闻，从事娱乐活动，以便获得释放。要是压力过大，他的方式可能更富挑战性。他外出游玩，参加球类活动，或到郊外爬山。

女性心情不好（比如，她因白天的工作而心烦），为了轻松和解脱，她和她信任的人呆在一起，将苦恼娓娓道来，以摆脱消极情感的控制。女性喜欢将感受和盘托出，与人分享，这使她感觉良好。这是女性特有的宣泄方式。为了感觉更好，女性会聚在一切，开诚布公地谈论彼此的问题。在女性看来，对别人讲述心里话，意味着爱和信任。

与强调个人能力相比，女性情感的核心，与"爱"、"交流"的关系更密切。她喜欢倾诉，抒发沮丧、失望、懊恼和疲惫，让身心更加松弛。同钟爱的朋友一道，谈论感受或问题，女性自我感觉舒适。而男性则不然，他喜欢退守到私人空间——他的"洞穴"，潜心修炼。

5. 重塑积极观念

一个人要想成就一生的事业，就必须以积极的心态面对世界，以积极的心态做人做事，以积极的心态指导自己的人生走向。在人的一生中，积极的心态是一种有效的心理工具，是你能够看透自己的必备素质。有人对享有盛誉、成就卓著的林肯、爱因斯坦、罗斯福等人的性格特征进行过研究，发现如下特征是他们的共性：讲实际，有创见，结知交，重客观，崇新颖，求善执著，爱生命，重荣誉，能包容，富幽默。这些良好的性格特征和心态特征对他们确立造福于人类的信仰，始终如一地为实现信仰而奋斗，起到了重大作用。

死囚实验

美国心理学家霍华德·加德纳以一个死囚为样本，对他说："我们执行死刑的方式是使你被放血而死，这是你死前对人内做的一点有益的事情。"这位犯人表示愿意这样做。实验在手术室里进行，犯人在一个小间里躺在床上，一只手伸到隔壁的一个大间。他听到隔壁的护士与医生在忙碌着，准备给他放血。护士问医生："放血瓶准备五个够吗？"医生回答："不够，这个人块头大，要准备七个。"护士在他的手臂上用刀尖点了一下，算是开始放血，并在他手臂上方用一根细管子放热水，水顺着手臂一滴一滴地滴进瓶子里。犯人只觉得自己的血在一滴一滴地流出。第二天早上打开房门，死囚死了，脸色惨白，一副血滴尽的模样，其实他的血一滴也没有滴出来，他被吓死了。他为什么会死呢？这是一种心理的作用，也是犯人自己给自己输入一个程序：血没了，我就死了。因此，当他认为血放完了，所以，就应该死了。

在美国，有一位叫塞尔玛的女士。她随丈夫从军，没想到，部队驻扎在沙漠地带，住的是铁皮房，与周围的印第安人、墨西哥人语言不通；当地气温很高，酷热难耐；更糟的是，后来她丈夫奉命远征，只留下她孤身一人。因此，她整天愁眉不展，度日如年。无奈中，她只得写信给父母，希望能够回家。

回信终于到了，但拆开一看，令她大失所望。父母信中既没有安慰自己，也没有说叫她赶快回去。那信封里只是一张薄薄的信纸，上面也只有短短几句话："两个人从监狱的铁窗往外看，一个看到的是地上的泥土，另一个看到的却是天上的星星。"

她起初非常失望，但尽管如此，这几句话还是引起了她的兴趣，因为那毕竟是远在故乡的父母对女儿的一份关爱。她反复看，反复琢磨，终于有一天，一道闪光从她脑海里掠过，仿佛把眼前的黑暗完全照亮了。她惊喜异常，紧皱的眉头一下子舒展了开来。原来从这短短几句话里，她终于发现了自己的问题所在：她过去习惯性地低头看，结果只看到地上的泥土。而生活中一定不只有泥土，一定会有星星！自己为什么不抬头去寻找星星，去欣赏星星，去享受美好世界呢？

她开始主动和印第安人、墨西哥人交朋友，并惊喜地发现他们都十分好客、热情。印第安人、墨西哥人还送给她许多珍贵的陶器和纺织品作礼物；她研究沙漠的仙人掌，一边研究，一边做笔记，没想到仙人掌是那样的千姿百态，那样的使人着迷；她欣赏沙漠中的日落日出，她感受沙漠中的海市蜃楼，她享受着新生活给她带来的一切。她发现生活完全变了，变得使她每天都仿佛沐浴在春光之中，每天都仿佛置身于欢笑之间。塞尔玛回美国后，根据自己这一段真实的内心历程写了一本书，叫《快乐的城堡》，引起了很大的轰动。

塞尔玛在沙漠从军的生活经历，前后简直判若两人，前期是无限的痛苦，后期是不尽的欢乐；前期是阴雨连绵，后期是阳光灿烂。沙漠没有变；铁皮房没有变；仙人掌阴影下华氏125度的高温没有变；印第安人、墨西哥人没有变。这一切都没有变，那变的是什么呢？显然，变的是她的内心，是她内心习惯性的思维方式。过去他习惯性地选择看泥土，选择事物的消极一面；后来她习惯性地选择找星星，选择事物的积极一面。其他什么也没有变，变的就那么一点点。但就这么一点小小变化，带来的结果却大相径庭：一个痛苦，一个快乐；一个失败，一个成功。

● 总结

情绪商数代表的是一个人的情绪智力，主要指人在情绪、情感、性格、意志、交际等几个方面与个人素质有关的品质，它反映了一个人控制自己情绪、承受外界压力、把握心理平衡的能力。情绪商数包含五个方面的内容：认识自己的情绪、妥善管理情绪、自我激励、自我激励、人际关系的管理。

情绪是指人们在内心活动过程中所产生的心理体验，或者说，是人们在心理活动中，对客观事物的态度体验，是人脑对客观事物与人的需要之间的关系的反映。情绪是脑子里的各种生化反应，可以瞬间改变。情绪是一种能量和动力源、能够产生能量。情绪具有传染性。

自我沟通的过程就是对自身情绪进行管理的过程。情绪管理分为治标和治本两部分。治标的情绪管理是"用极短的时间，做一些转移注意力的事"或"在极短的时间内，改变自己的肢体动作"，不让自己一直沉浸在负面的情绪里。治本的情绪管理需要从内在价值观出发做弹性改变：第一，学会接受生活的真相；第二，让别人适应你不如你去适应别人；第三，改变不了环境，就改变自己；第四，改变心情，改变事情的结果。

ABC 理论认为激发事件 A 只是引发情绪和行为后果 C 的间接原因，而引起 C 的直接原因则是个体对激发事件 A 的认知和评价而产生的信念 B，即人的消极情绪和行为障碍结果（C），不是由于某一激发事件（A）直接引发的，而是由于经受这一事件的个体对它不正确的认知和评价所产生的错误信念（B）所直接引起。

在刺激与反应之间，人有选择的自由。这种自由来自人类特有的四种天赋：自我意识、想象力、良知、独立意志。据此人分成两种：一种受制于人，另一种操之在我。一个人的自我修炼就是，不断由受制于人向操之在我转变。

逆境商数是指面对逆境时的处理能力，即面对挫折、摆脱困境和超越困难的能力。在智商和情商都跟别人相差不大的情况下，逆境商对一个人的事业成功起着决定性的作用。

压力是身体"战备状态"的反应，这是当意识到某种情形，或者某个人，或者某件事情具有潜在的威胁性和紧张状态的时候做出的反应。压力是把双刃剑，它既有积极的一面，也有消极的一面。压力对热爱生活的人们起着激励和鼓舞的作用，可以帮助生存和成长，增强斗志，同时，身处困境能够刺激思维。长期过重的不良压力，会造成生理疾病、情绪危害、性格偏离、团体受害。

压力并不是由任何单一的原因诱发的，任何刺激都可能引发压力。压力的来源主要包括个体差异、工作环境、生活因素、社会因素。

压力管理更多依靠自我调适，管理压力始于自己。压力管理不仅是减压，更多是提高自己的抗压能力。自我压力管理的方法主要有：使用压力事件表、在疲劳之前休息、学会说"不"、主动疏泄、建立减压通道、重塑积极观念。

问题讨论

（1）如何看待 IQ、EQ 与 AQ 的关系？
（2）如何转变思维以修改下面的表达方式？
a."我解决不了"
b."我很痛苦"

c. "奇迹发生了，真幸运"
d. "我千万不要撞上这棵树"

（3）从自我沟通的角度解释"三国的周瑜"是被谁气死的？
（4）如何理解"思维的态度决定人生的高度"？
（5）遇到压力时，你一般如何处理？效果如何？

 小故事

高僧与妇人

古时候，有一个妇人，特别喜欢为一些琐碎的小事生气。她也知道自己这样不好，便去求一位高僧为自己谈禅说道，开阔心胸。

待高僧听了她的一番讲述后，一言不发地把她领到一座禅房中，落锁而去。

妇人气得跳脚大骂。骂了许久高僧也不理会。妇人又开始哀求，高僧仍置若罔闻。妇人终于沉默了。

高僧来到门外，问她："你还生气吗？"

妇人说："我只为我自己生气，我怎么会到这地方来受这份罪。"

"连自己都不原谅的人怎么能心如止水？"高僧拂袖而去。

过了一会儿，高僧又问她："还生气吗？"

"不生气了。"妇人说。

"为什么？"高僧问。

"气也没有办法呀。"

"你的气并未消逝，还压在心里，爆发后将会更加剧烈。"高僧又离开了。

高僧第三次来到门前，妇人告诉他："我不生气了，因为不值得气。"

"还知道值不值得，可见心中还有衡量，还是有气根。"高僧笑道。

当高僧的身影迎着夕阳立在门外时，妇人问高僧："大师，什么是气？"

高僧将手中的茶水倾洒于地。妇人视之良久，顿悟。叩谢而去。

启示：

在工作生活中，难免会碰到许多不如意的事情，也会遭遇挫折。这时我们需要做自我沟通，自我心情的调节，或者自我不断地激励。中国人造字很有意思，想想"我"这个字，是哪两个字的组合呢？是"手"和"戈"。"我"字，竟然就是"每个人手上都拿着刀剑、武器"。所以每个人都经常做自我防卫，来保护自己。但是，在沟通时，人除了防卫自己之外，也要站在别人的立场来想。善用同理心，因此我们必须学习情绪忍受力和挫折容忍力，因为，脾气来了，福气就没有了。在我们碰到棘手的问题时，必须先静下来、切忌冲动行事，要学习先处理心情、再处理事情，免得事情越弄越糟糕。所以，何苦生气呢？气便是别人吐出而你却接到口

里的那种东西,你吞下便会反胃,你不看他时,他便会消散了。生气是用别人的过错来惩罚自己的愚蠢行为。

 沟通游戏

动物疯狂叫

情绪有正性与负性之分。有些正性情绪,如兴奋、好玩、幽默可以激发人的创造力,而许多负性情绪,如痛苦、焦虑、恐惧则会阻碍人的创造力发挥。我们每个人都可能因成功或失败而导致情绪波动的经历。下面这个游戏可以让你体验情绪在问题解决中的强大作用。更可以训练你的幽默和乐观的情绪。

规则:

(1) 要求你和一些朋友一同做,而且要求你偏离你一贯的社会行为。游戏的内容是要你学动物园里动物的叫声。决定你要学的动物是什么见表 5-3。

表 5-3 姓氏首字母所对应的动物名称

你姓氏汉语拼音的第一个字母	动物名称
A 至 F	老虎
G 至 L	狼
M 至 R	猪
S 至 Z	鸭子

(2) 现在选择一个伙伴(最好在这些朋友中挑一位不太熟悉的人作为伙伴)。彼此盯着看,目光不能转移,同时用嘴大声学动物叫,至少 10 秒钟。

相关讨论:

(1) 在这个简单的游戏中,你的感觉如何?你是否感到既幽默有趣又有些尴尬?

(2) 你是否注意到好玩和幽默的情绪会有助于你在这个游戏中创造性的发挥,可能会使你灵机一动,模仿出种种出人意外的叫声,获得满堂喝彩,或者逗得大家捧腹大笑?

(3) 在游戏中,感到尴尬的心理却会使你羞于开口?

游戏说明的道理:

这个游戏尽管开始时会感到不舒服,很可能结束时已是笑声满堂。也许不管你模仿的动物是什么,最后你的表现都是"傻驴"一头。正性乐观的情绪是创造力的催化剂。因此,在最困难的时候,不要忘记幽默可以使你保持乐观。

第六章 有效倾听

学习目标
(1) 区分听与倾听的差异。
(2) 认识倾听的重要性。
(3) 理解倾听的五种层次。
(4) 识别倾听者障碍并克服这些障碍。
(5) 全面掌握有效倾听的建议。

引例

用倾听赢回顾客

乔·吉拉德花了近一个小时才让他的顾客下定决心买车，然后，他所要做的仅仅是让顾客走进自己的办公室，然后把合约签好。

当他们向乔·吉拉德的办公室走去时，那位顾客开始向乔提起了他的儿子。"乔"，顾客十分自豪地说，"我儿子考进了普林斯顿大学，我儿子要当医生了。"

"那真是太棒了。"乔回答。

俩人继续向前走时，乔却看着其他顾客。

"乔，我的孩子很聪明吧，当他还是婴儿的时候，我就发现他非常的聪明了。"

"成绩肯定很不错吧？"乔应付着，眼睛在四处看着。

"是的，在他们班，他是最棒的。"

"那他高中毕业后打算做什么呢？"乔心不在焉。

"乔，我刚才告诉过你的呀，他要到大学去学医，将来做一名医生。"

"噢，那太好了。"乔说。

那位顾客看了看乔，感觉到乔太不重视自己所说的话了，于是，他说了一句"我该走了"，便走出了车行。乔·吉拉德呆呆地站在那里。

下班后，乔回到家回想今天一整天的工作，分析自己做成的交易和失去的交易，并开始分析失去客户的原因。

次日上午，乔一到办公室，就给昨天那位顾客打了一个电话，诚恳地询问道：

"我是乔·吉拉德,我希望您能来一趟,我想我有一辆好车可以推荐给您。"

"哦,世界上最伟大的推销员先生,"顾客说,"我想让你知道的是,我已经从别人那里买到了车啦。"

"是吗?"

"是的,我从那个欣赏我的推销员那里买到的。乔,当我提到我对我儿子是多么的骄傲时,他是多么认真地听。"顾客沉默了一会儿,接着说,"你知道吗?乔,你并没有听我说话,对你来说我儿子当不当得成医生并不重要。你真是个笨蛋!当别人跟你讲他的喜恶时,你应该听着,而且必须聚精会神地听。"

刹那间,乔·吉拉德明白当初为什么会失去这名顾客了。原来,自己犯了如此大的错误。

乔连忙对顾客说:"先生,如果这就是您没有从我这里买车的原因,那么确实是我的错。要是换了我,我也不会从那些不认真听我说话的人那儿买东西。真的很对不起,请您原谅我。那么,我能希望您知道我现在是怎么想的吗?"

"你怎么想?"顾客问道。

"我认为您非常伟大。而您送您儿子上大学也是一个非常明智之举。我敢确信您儿子一定会成为世界上最出色的医生之一。我很抱歉,让您觉得我是一个很没用的家伙。但是,您能给我一个赎罪的机会吗?"

"什么机会,乔?"

"当有一天,若您能再来,我一定会向您证明,我是一个很忠实的听众,事实上,我一直就很乐意这样做的。当然,经过昨天的事,您不再来也是无可厚非的。"

2年后,乔卖给了他一辆车,而且还通过他的介绍,获得了他的许多同事的购买车子的合约。后来,乔·吉拉德还卖了一辆车给他的儿子,一位年轻的医生。

从此以后,乔·吉拉德再也没有在顾客讲话时分心。而每一位进到店里的顾客,乔都会问问他们,问他们家里人怎么样了,做什么的,有什么兴趣爱好等等。然后,乔便开始认真地倾听他们讲的每一句话。

大家都很喜欢这样,那给了他们一种受重视的感觉,他们认为,乔是最会关心他们的人。

第一节 倾听概述

听说读写是最基本的沟通方式,也是最基本的生活技能。从小到大,我们接受教育多偏向读写的训练,说也占其中一部分,可是从来没有人教导我们如何去听。然而听懂别人说话,尤其是从对方的立场去聆听,实在不是一件容易的事。沟通是双向的,我们并不是单纯地向别人灌输自己的思想,我们还应该学会积极的倾听。

一、倾听的含义

倾听与听是两个互相联系而又有区别的概念。听是人体听觉器官对声音的接受和捕捉，听是人对声音的生理反应，是人的本能，带有被动的特征。只要你的听觉器官是完善的，你就能听，你就不得不听——有时被噪音干扰得心烦意乱，想不听还不行，你得关窗户，堵住耳朵。倾听必须以听为基础，但是，是一种特殊形态的听。国际倾听协会提出，倾听是接收口头及非语言信息，确定其含义并对此做出反应的过程。一个"倾"字包含了"主动"和"专心"的含义。第一，它是人主动参与的听。人必须对声音有所反应，或者详细地说，在这过程中人必须思考、接收、理解，并做出必要的反馈。第二，它是一种全身心的活动，是一种心、身、眼、耳的统整活动。因此，倾听包括了"听"，以及敏锐地寻找声音中的隐含线索，观察当事人肢体的动作与评估当事人说话内容的前后关联性。在倾听的过程中，必须理解别人在语言之外的手势、面部表情，特别是眼神和感情表达方式。听与倾听的差异见表6-1。

表6-1 听与倾听的差异

听	倾听
纯粹是身体本能的反应	心智与情绪上的感受
与生俱来的简易的活动	具备分析解释能力的复杂的活动
自然，不必借助外力	需要专心、长时间的能力
本能	通过学习才能掌握
同时间可以听见很多声音	只选择特定的意义与概念声音
人人都有听见声音的能力	优秀的听众只占少数

依据这种理解，倾听是一个接受语言和非语言信息，进而通过思维活动达到认知、理解，并做出必要的反馈的过程，这个过程包括五个方面的活动：预言、感知、解码、评价、行动。因此，倾听不同于听，它不是人的本能，只有通过后天的学习才能获得。

预言：根据对将要与之沟通的人以往的认知和了解，我们可以预测其对沟通可能做出的反应。准确的预言可以让我们提前做好准备，引导沟通向自己期望的方向进展。

感知：当听到声音并留意的时候，感知便开始了。但是，环境干扰或者注意力不集中等会影响我们的感知。通常，人们会将注意力集中在某些特定的内容上，这被称之为"选择性注意"。总的说来，人们只能对20秒钟以内的信息完全集中注意力。因此，倾听者必须在集中注意力方面做出特别努力。

第六章 有效倾听

选择性注意

有这样一个心理实验：给墨西哥人和美国人看两组图片，一组是美国人熟悉的打棒球的场面，一组是墨西哥人所熟悉的斗牛场面。这些照片快速地交叉出现。结果是84%的美国人只看到打棒球的场面，74%的墨西哥人只看到了斗牛的场面。

解码：当你将注意力集中到一个声音上时，解码就开始了，你要对这些信息进行解释。解码的过程会受到诸如文化、教育和社会等背景的影响。你所理解的信息是经过你的价值观和人生经验过滤后得出的，因此，你的理解很可能和信息本身的含义出现很大分歧。在解码的过程中，除了对语言信息进行解释，还要对说话者表情、姿态等非语言信息做出解释。例如，听见你的女友向你说"讨厌"，如果她的神色娇羞，你应当欣喜若狂，切不可像傻瓜一样低头走开；如果她横眉冷目，你应当当真，切不可像白痴一样没有反应，赖着不走。

评价：当你对信息进行解码以后，你就开始评价，分析其价值与结论，哪些信息可以相信，哪些信息可以有用。当我们评价信息的时候，往往采取的是一种主观印象。主观印象有时候会使我们产生偏见以阻碍自己敞开心扉接纳别人的观点。

行动：倾听的最后一个环节是行动，即倾听者的反馈和回应。反馈很重要，因为它有助于澄清信息的理解。倾听者是全身运动，他不只是听，而且还要做出适当的回应。在回应过程中能够达成共识。

二、倾听的重要性

倾听在人的生活工作中占有很重要的位置，根据美国一些学者的研究，人们大约用80%的觉醒时间来进行交流，而其中45%的时间用于倾听，30%用于交谈，16%用于阅读，只有9%用于写作。事实上，在日常生活中，倾听是我们自幼学会的与别人沟通能力的一个组成部分。它能让我们与周围的人保持接触。失去倾听能力也就意味着失去与他人共同工作、生活、休闲的可能。说话是一门艺术，倾听更是一种本领，话说得好，别人会觉得你很有才，从而喜欢你的幽默风趣；认真听别人说话是对他的一种尊重，别人会觉得终于找到了知音，在日常生活中，尤其是在人多的公众场合，我们要善于做一个聆听者。"有你的耳朵，才有我的舌头。"没有人愿意倾听的言语，便失去了意义。有愿意倾听的耳朵，连动物都能口吐人言，就像巴别塔之犬。

1. 倾听可以使说话者感到被尊重

倾听是一种礼貌，是一种尊敬讲话者的表现，是对讲话者的一种高度的赞美。每个人都希望获得别人的尊重，受到别人的重视。当我们专心致志地听对方讲，努力地听，甚至是全神贯注地听时，对方一定会有一种被尊重和重视的感觉，双方之间的距离必然会拉近。不管对象是谁，上司、下属、亲人或者朋友，倾听都有同样的功效。

经朋友介绍,重型汽车推销员乔治去拜访一位曾经买过他们公司汽车的商人。见面时,乔治照例先递上自己的名片:"您好,我是重型汽车公司的推销员,我叫……"才说了不到几个字,该顾客就以十分严厉的口气打断了乔治的话,并开始抱怨当初买车时的种种不快,例如服务态度不好、报价不实、内装及配备不对、交接车的时间等待得过久……顾客在喋喋不休地数落着乔治的公司及当初提供汽车的推销员,乔治只好静静地站在一旁,认真地听着,一句话也不敢说。终于,那位顾客把以前所有的怨气都一股脑地吐光了。当他稍微喘息了一下时,方才发现,眼前的这个推销员好像很陌生。于是,他便有点不好意思地对乔治说:"小伙子,你贵姓呀,现在有没有一些好一点的车种,拿一份目录来给我看看,给我介绍介绍吧。"

当乔治离开时,已经兴奋得几乎想跳起来,因为他的手上拿着两台重型汽车的订单。从乔治拿出产品目录到那位顾客决定购买,整个过程中,乔治说的话加起来都不超过10句。重型汽车交易拍板的关键,由那位顾客道出来了,他说:"我是看到你非常实在、有诚意又很尊重我,所以我才向你买车的。"

因此,在适当的时候,让我们的嘴巴休息一下吧,多听听顾客的话。当我们满足了对方被尊重的感觉时,我们也会因此而获益。众所周知,汽车推销员乔·吉拉德被世人称为"世界上最伟大的推销员"。他曾说过:"世界上有两种力量非常伟大,其一是倾听,其二是微笑。倾听,你倾听对方越久,对方就越愿意接近你。据我观察,有些推销员喋喋不休,因此,他们的业绩总是平平。上帝为什么给了我们两个耳朵一张嘴呢?我想,就是要让我们多听少说吧!"

2. 倾听可以改善人际关系

倾听可以改善人们之间的关系,解决冲突,增加沟通,还可以增进人与人之间的相互理解,避免一些不必要的纠纷。倾听能给说话者提供说出事实、想法和感情等心里话的机会。倾听的时候,你将更好地理解他们,而你对他们的讲话感兴趣会使他们感到愉快。这样,你们的关系会改善。仔细听他人讲话会给你一个线索,了解他们是如何想的,他们认为什么重要,他们为什么说他们现在正在说的话。你并不一定喜欢他们,更不一定会赞成他们,但理解会使你们相处更好。关键就在于认真倾听是给人留下良好印象的有效方式之一。

一个男人的自杀

一个在飞机上遇险大难不死的美国男人回家却自杀了,为什么?

那是一个圣诞节,一个美国男人为了和家人团聚,兴冲冲从异地乘飞机往家赶,一路幻想着家人团聚喜悦的情景。恰恰老天变了脸,这架飞机在空中遭到猛烈的暴雨。飞机脱离航线,上下左右颠簸,随时有坠毁的可能。空姐也脸色煞白,惊恐万状地吩咐乘客写好遗嘱放进一个特制的口袋。这时,机上所有的人都在祈祷。也就在这万分危急的时刻,飞机在驾驶员的冷静驾驶下终于平安着陆。

这个美国男人回到家后异常兴奋，不停地向妻子描述在飞机上遇到的险情，并且满屋子转着、叫着、喊着。然而，他的妻子正和孩子兴致勃勃地分享着节日的愉快，对他经历的惊险没有丝毫兴趣。男人叫了一阵子，却发现没有人听他倾诉，他死里逃生的巨大喜悦与被冷落的心情形成强烈的反差。在妻子去准备蛋糕的时候，这个美国男人却爬到阁楼，用上吊的古老方式结束了从险情中捡回的宝贵生命。

---

3. 倾听可以使我们成为智者

古希腊有一句民谚说："聪明的人，借助经验说话；而更聪明的人，根据经验不说话。"倾听可以让我们学到更多的东西，更好地了解人和事，使自己变得聪明，成为一名智者。虽然报刊、文献资料等媒体是人们了解信息的重要途径，但会受到时效的限制。而倾听却可以迅速地得到最新信息。人们在交谈中有很多有价值的消息，虽然有时常常是说话人一时的灵感，对听者来说却有启发。实际上就某事的评论、玩笑、交换的意见、交流的信息，以及需求消息，都有可能是最快的消息，这些消息不积极倾听是不可能抓住的。所以说，一个随时都在认真倾听他人讲话的人，在与别人的闲谈中就可能成为"信息的富翁"。医者的高明在于倾听，使听诊器的作用发挥得淋漓尽致，才能结合平生所学开出治病良方、济世良药，不然，误诊和事故就会在曲解中发生。管理者的高明，是他倾听了之后，采取措施，发挥合力，直至将自己的智慧传递给他人。

美国科学家本杰明·富兰克林（1706—1790）是绝顶聪明的，早先，他有好为人师的习惯，总喜欢义正词严地教导别人，指出别人的错误。因此，大家尊重他，又远离他。后来幸好一位朋友给他指明了这点。过了半个世纪，79岁的他在那本著名的自传里写下了这样的话："总而言之，在言谈中，用耳朵比嘴巴强，我坚信沉默是一种美德。"倾听，本身就是一种智慧，是管理的一门艺术，也是做人的一门艺术，更是一种人格和风度。

4. 倾听可以锻炼自身能力和掩盖自身的弱点

通过仔细倾听，减少对方防卫意识，增加认同，产生同伴乃至知音感觉的沟通过程，倾听者可以训练以己推人的心态，提高思考力、想象力、客观分析能力。俗话说："沉默是金"，"言多必失"。沉默可以帮助我们掩盖若干弱点。例如，如果你对别人所谈问题一无所知，或未曾考虑，或考虑不成熟，沉入倾听就可以掩盖你的无知，掩盖你准备不充分，你就获得了一个喘气的概念。沉默并不等于无言，它是一种积蓄、酝酿，以等猝发的过程。就如同拉弓蓄力，为的是箭发时能铮铮有力，直冲云霄。沉默并不是教人缄口不语，而是希望人们能深思熟虑，三思而后说。

战国时，楚庄王继位三年，没有发布一条法令。左司马问他："一只大鸟落在山丘上，三年来不飞不叫，沉默无声，为何？"楚庄王答曰："三年不展翅，是要使翅膀长大；沉默无声，是要观察、思考与准备。虽不飞，飞必冲天；虽不鸣，鸣必惊人!"果然,第二年,楚庄王听政,发布了九条法令,废除了十项措施,处死了五个贪官,选拔了六个进士。于是,国家昌盛,天下归服。楚庄王不做没有把握的事,不过早暴露自己的意图,所以能成就大功绩。

三、倾听的层次

倾听,一方面是单纯用耳朵听,只是听别人说话或听音乐。另一方面,是深层次的,是用心去感悟,感悟事物的真理、它真正的本质和带给你的一些启发,这种倾听更有深度。斯蒂芬·柯维博士认为倾听主要有五种连续的层次,一个人从层次一成为层次五倾听者的过程,就是其倾听能力、交流效率不断提高的过程。

第一个层次,是听而不闻的听。这是最低层次的倾听,可以用忽视对方来形容,心不在焉,只沉迷在自己的世界,对方的话如同耳边风,完全没听进去。比如,两个人吵架,吵了半天,一个主持人过来说:"你们两个先不要吵了,请问A你听到刚才B讲什么内容了吗?"这时A说:"我不管他讲什么内容。"两个人吵架经常是这样的,吵完之后,都不知道对方说的是什么,只知道自己说的是什么,这叫听而不闻的听。

第二个层次,是假装的听。可能会用身体语言假装在听,嘴里还敷衍着,"嗯……喔……好……哎……",甚至重复别人的语句当作回应,其实是心不在焉。比如,主持人:"你们两个先不要吵了,A讲完B再讲。"A讲的时候B就不说话,A讲完B说:"该我讲了吧。"刚才A讲完了,B听到A讲什么了吗?B没有听A刚才讲什么,这叫做假装的听,我之所以听是为了我能说,而不是真正地听对方说什么。再比如,在课堂里面老师在上面讲课,学生好像在听,但实际上心里面却在想着什么时候下课。

第三个层次,是选择的听。确实在倾听,也能够了解对方,但会过分沉迷于自己所喜欢的话题,只留心倾听自己有兴趣的部分,与自己意思相左的一概过滤掉。

第四个层次,是专注的听。能够全心全意地凝神倾听,要专心聆听确实要花费不少精力,可惜始终从自己的角度出发,即使每句话或许都进入大脑,但是否都能听出说者的本意、真意,仍值得怀疑。

第五个层次,是同理心的听。就是能够设身处地倾听,撇下自己的观点,进入他人的角度和心灵。一般人聆听的目的是为了做出最贴切的反应,根本不是想了解对方。因此,同理心的听,出发点是为了"了解"而非为了"反应",也就是透过交流去了解别人的观念、感受。这叫感同身受,我能和你站在一起,我们两个一起把问题解决了。当我们能用同理心去倾听别人说话时,自然可以提供对方心理上的极大满足与温馨,这时你才能集中心力去解决问题或发挥影响力、领导力。沟通仅有7%是经由文字来进行,38%取决于语调及声音,大部分的55%是人类变化丰富的肢体语言,同理心的倾听要做到"五到",不仅要"耳到",更要"口到"(声调)、"眼到"(观察肢体)、"手到"(用肢体表达)、"心到"(用心灵体会)。

第二节　倾听的障碍

在倾听的过程中，如果人们不能集中自己的注意力，真实地接收信息，主动地进行理解，就会产生倾听障碍，在沟通中造成信息失真。沟通的障碍来自环境、信息发出者和信息接收者三个方面。作为沟通的一个重要环节，倾听障碍则主要存在于环境、倾听者两个方面。当然，本书第一章提到的沟通障碍也会对倾听带来同样的问题。

一、倾听者障碍

在沟通的过程中，造成沟通效率低下的最大原因就在于倾听者本身。倾听者理解信息的能力和态度都直接影响倾听的效果。所以，在尽量创造适宜沟通的环境条件之后，管理者要以最好的态度和精神状态面对发言者。来自倾听者本身的障碍主要可归纳为以下两类：

第一类是倾听者的理解能力。交谈时要注意与对方进行有效的沟通，听讲人的知识水平、文化素质、职业特征及生活阅历往往与他本身的理解能力和接受能力紧密联系在一起，具有不同理解能力的倾听者必然会有不同的倾听效果。正因为如此，倾听者的理解能力也构成倾听中的障碍。"对牛弹琴"便是如此。

第二类是倾听者的态度，除了倾听者的理解能力之外，倾听者的态度也构成倾听中的障碍。这些态度主要有：

（1）个人偏见。即使是思想最无偏见的人也不免心存偏见。在一次国际会议上，以色列代表团的成员们在阐述其观点时，用了非常激烈的方式，他们抱怨泰国代表对会议不表示任何兴趣或热情，因为他们"只是坐在那里"，而泰国代表则认为以色列教授非常愤怒，因为他们"用了那么大的嗓门"。所以，在团队中成员的背景多样化时，倾听者的最大障碍就在于自己对信息传播者有偏见，而无法获得准确的信息。

（2）先入为主。在行为学中被称为"首因效应"，它是指在进行社会知觉的过程中，对象最先给人留下的印象，对以后的社会知觉发生重大影响。也就是我们常说的，第一印象往往决定了将来。人们在倾听过程中，对对方最先提出的观点印象最深刻，如果对方最先提出的观点与倾听者的观点大相径庭，倾听者可能会产生抵触的情绪，而不愿意继续认真倾听下去。

（3）自我中心。人们习惯于关注自我，总认为自己才是对的。在倾听过程中，过于注意自己的观点，喜欢听与自己观点一致的意见，对不同的意见往往是置若罔闻，这样往往错过了聆听他人观点的机会。

除此之外，人的生理规律也是形成倾听者障碍的原因。依据统计数据，一般认为存在这样的关于记忆的统计规律：一般人在 10 分钟的倾听中只能记住 50% 的信息，而到 2 个月后，则只能保留 25% 的信息量了；在紧急情况下获取的信息，在 3 天之后则只能保留 10% 的信息量了。依据大量观察，一般认为存在这样的关于注意的规律：人的注意力关于时间的函数关系呈一条自然曲线，开始高，在过程中下降，在结束阶段又会上升。

二、克服倾听者障碍

倾听中的环境障碍比较容易克服，且需双方和双方的各个层次共同创造和努力。这里不作讨论。倾听中的倾听者障碍的克服需要一个较长时间的努力，且主要依靠个人努力去完成。仔细分析倾听者障碍，可以发现，障碍的形成分别出现在发现和吸收信息及解码和理解信息两个过程中。在前一过程中主要是不够专心或粗心大意的障碍，在后一过程中主要是误解的障碍。为避免粗心大意导致的沟通失误，可以从以下几方面进行：

（1）尽早先列出你要解决的问题。如项目何时到期？我们有什么资源可供调遣？从对方的角度看，该项目最重要的是哪方面？在谈话过程中，你应该注意听取对这些问题的回答。

（2）在会谈接近尾声时，与对方核实一下你的理解是否正确，尤其是关于下一步该怎么做的安排。

（3）对话结束后，记下关键要点，尤其是与最后期限或工作评价有关的内容。

造成解码过程错误的主要障碍是"误解"。1977 年两架波音 747 飞机在特拉维夫机场地面相撞，两名飞行员其实都接收到了调度指示。KLM 的飞行员接到的指令是："滑行至跑道末端，掉转机头，然后等待起飞准许命令。"但飞行员并没把指令中"等待"一事当作必须执行的部分。另一架飞机 Pan Am 的飞行员被命令转到第三交叉口暂避，但他将"第三交叉口"理解为"第三畅通交叉口"，因而没将第一个被阻塞的交叉口计算在内，就在他停在主跑道上的时候，KLM 飞机以 186 英里的速度与之相撞。飞机爆炸了，576 人遇难。这起不幸的事故就是由飞行员对信息的误解造成的。要克服误解障碍，可从以下几点着手：

（1）不要自作主张地将认为不重要的信息忽略，最好与信息发出者核对一下，看看指令有无道理。

（2）消除成见，克服思维定势的影响，客观地理解信息。

（3）考虑对方的背景和经历，想想他为什么要这么说，有没有什么特定的含义。

（4）简要复述一下他的内容，让对方有机会更正你理解错误之处。

第三节　有效倾听的建议

被人真心地倾听是一份特殊的礼物，在讲求效率的现代社会里，耐心地倾听别人确实不是一件容易的事情。尼克尔斯把倾听一门"失去的艺术"，他认为这要部分归因于现在时间的压力，它分散了我们的注意力，减弱了我们在生活中进行倾听的质量。据国际倾听协会的统计，世界500强企业中，有70%的公司开始设立倾听的训练课程。这份调查也指出，70%的经理人都只是"勉强合格"的倾听者。《哈佛商业评论》因此下了批注：听，其实是我们"未使用的潜能"，亟待开发。

一、有效倾听的准则

"是草就有根，是话就有因。"聪明说话是一门学问，善于听话也是一种艺术。为人处世、说话、听话都要有讲究，否则会处处树敌、事事碰壁。有效倾听需要遵循以下八项准则。

1. 不要随意打断对方的话

打断对方的讲话是交谈中的一个普遍存在的问题。如果你要这么做，你一定要看看对方的反应，通常这都是很不利的做法。每个人都喜欢听到自己的声音。所以一定要有耐心倾听对方关心的问题，就算他的意见不符合实际情况，甚至听到你不能接受的观点，也要听下去。打断对方的讲话意味着你对人家观点的轻视，或者表明你没有耐心听人家讲话。你不一定要同意对方的观点，但可表示理解。一定要想办法让说话人把话说完，否则你无法达到倾听的目的。只有当需要对方就某一点进行澄清时，你才可以打断对方。例如，当你听到对方讲的某些内容，你一时无法确切理解它的含义，这时你可以询问以清楚理解。或者当对方讲的内容跑题，你可以打断对方以拉回正题。为了减少你打断人家的讲话可能造成的负面影响，你最好用"请原谅"来开始。

2. 不要让自己的思绪偏离

影响有效倾听的另一个普遍性问题是思绪发生偏离。因为大多数人听话的接收速度通常是讲话速度的四倍，正如常有的一种现象那样，一个人一句话还未说完，但听者已经明白他讲话的内容是什么。所以，这样就容易导致听者在别人讲话时思绪产生偏离。相反，你应该利用这些剩余的能力去组织你获取的信息，并力求正确地理解对方讲话的主旨。在这方面，你可以做这样两件事。第一件事是专注于对方的非言语表达行为，以求增强对其所讲内容的了解，力求领会对方的所有预想传达的信息。另一件事情是要克制自己，避免精神涣散。比如，环境干扰因素都不应成为使你分散倾听注意力的原因。即使对方讲话的腔调、举止的癖性和习惯有可能转移你的注意力，你也应该努力抵制这些因素的干扰，尽力不去关注他是用什么腔调讲，或是举止上有何癖好，而应专注其中的内容。从这个意义上讲，听人讲话是一项不简单的工作，它需要很强的自我约束能力。最后，如果你过于情绪化也会导致你思绪涣散。

3. 不要假装注意

常常有这种情况，当你并未真正注意听时，为迎合对方你假装附和，口头上讲一些表示积极应和的话，比如"我明白"、"真有趣"、"是的，是的"。这些回答如果是真正发自内心的，它们可以表明你的确是在认真地听潜在顾客讲话；不过如果你拿它们作为演戏的道具，那么等于告诉对方你没注意听他们的讲话，这样，对方很快就会对你失去信任。

4. 听话要听音

俗话说："锣鼓听声，说话听音。"这"音"既有重音之意，也有弦外之音、言外之意。也就是听说的话不是语言文字的直接意思，而是另有所指、意思含蓄的话。一些人听话很认真，甚至做记录，但他们往往只注意表面现象，而忽略了大量内在的东西。事实上人际交往活动中，几乎所有的沟通都是建立在非言语表达的基础之上，那种忙于做记录的人因此会失去许多重要的信息。将一些关键的话或技术性信息写下来是对的，但你的注意力应集中在对方的各种语气、语调表现和话语中的内涵上，而不应集中在孤立的语句上。

言 外 之 意

国外某城市开设了租车自驾旅游项目，驾车人发动汽车时，车内自动放音装置就会放一段录音："阁下，驾驶汽车时速不超过 30 英里，你就可以饱览本地的美丽景色；超过 60 英里，请到法庭做客；超过 80 英里，欢迎光顾本地设备最新的急救医院；上了 100 英里，请君安息吧！"

---

5. 要表现出感兴趣

一些人只对他们自己要讲的话感兴趣，只专心致志于他们自己的推销展示，而不能很好地倾听别人是如何讲的。我们在听对方谈话的时候，不仅要有良好的辨听能力，而且，还要表现出感兴趣的神态，表示尊重对方，从而增强说话者的信心，达到有利于交谈的目的，提高交谈效果。

6. 要表明你在认真地听

对方谈话时，如果东张西望，或低头只顾做自己的事情，或面露不耐烦的表情，或用不适宜的声音附和，这些都是不礼貌的，都会使对方产生反感，导致谈话的中断，从而损害你们之间的友善关系。你要向对方表明你在认真地听他讲话，你希望他就有关问题进一步澄清，或是希望得到更多的有关信息，这很重要。可以不时地用"嗯、哦"来表明你的共鸣，这些做法虽然简单，但确实可以表明你对潜在顾客的讲话是感兴趣的，从而能鼓舞潜在顾客继续讲下去。

7. 了解回应反馈

有效倾听意味着向发言者表明自己在听他发言，同时，也需要在发言者和倾听者之间创造一种共同的认知体系。为了理解对方的讲话，倾听者应该将这些讲话做出概括总结，这是回应反馈的一个重要方面。它不仅表明你的确在认真地听对方说话，也为对方提供了一个帮助你澄清可能的误解的机会。对于一些不能肯定的地方，你也可以通过直接提问的方式，来寻求得到顾客的澄清。此外，你的问题还有获取信息和引导谈话进入你感兴趣的领域的作用。

8. 努力理解讲话的真正内涵

很多情况下，我们并不能真正理解对方讲话的含义。因此，有以下几条途径供你在这方面有所改进：

（1）用你自己的话重新表述一下你理解的含义，让对方检查正误。

（2）当你不同意对方的观点但又必须接受其决定时，你需要格外认真地听他讲话。经常这样做才会知道自己应该在何时表示质疑为宜。

（3）如果你发现被告知的某些事情会令你感到兴奋不已，这时，你要提醒自己是否由于自己在理解上出现问题而夸大其辞，而事实却并非如此。

（4）如果你对对方的某些讲话内容感到厌烦，这时你要尤其注意。一些很重要的事实可能会被错过，也许你只得到部分信息，因此你可能并不完全懂得对方究竟讲了什么。

（5）即使是你以前已听过的信息，仍然要继续认真地听下去，"温故而知新"，不会有错的。

二、有效倾听的技巧

在现实生活中，"理解他人"说起来不难，如果要做到却并非易事。真正的倾听，是要用心、用眼睛、用耳朵去听，倾听需要做到耳到、眼到、心到。如何做到有效倾听，除了遵循上述八项准则外，还需要掌握以下五项倾听的技巧。

1. 保持良好的精神状态

良好的精神状态是倾听质量的重要前提，如果沟通的一方萎靡不振，是不会取得良好的倾听效果的，它只能使沟通质量大打折扣。良好的精神状态要求倾听者集中精力，随时提醒自己交谈到底要解决什么问题。听话时应保持与谈话者的眼神接触，但对时间长短应适当把握。如果没有语言上的呼应，只是长时间盯着对方，那会使双方都感到局促不安。另外，要努力维持大脑的警觉，而保持身体警觉则有助于使大脑处于兴奋状态。所以说，专心地倾听不仅要求有健康的体质，而且要使躯干、四肢和头部处于适当的位置。

2. 使用开放性动作

人的身体姿势会暗示出他对谈话的态度。开放性动作是一种信息传递方式，代表着接受、容纳、兴趣与信任。根据达尔文的观察，交叉双臂是日常生活中普遍的姿势之一，一般表现出优雅、富于感染力，使人自信十足。但这常常自然地转变为防卫姿势，当倾听意见的人采取此势，大多是持保留的态度。既然开放式姿态可以传达出接纳、信任与尊重的信息，而"倾听"的本意是"向前倾着听"，也就是说，向前倾的姿势是集中注意力、愿意听倾诉的表现。所以二者是相容的。开放式态度还意味着控制自身偏见和情绪，克服心理定势，在开始谈话前培养自己对对方的感受和意见感兴趣，做好准备积极适应对方的思路，去理解对方的话，并给予及时的回应。

3. 及时给予回应

作为一种信息反馈，沟通者可以使用各种对方能理解的方式，表示自己的理解，传达自己的感情以及对于谈话的兴趣，给讲话人提供相关的反馈信息，以利于其及时调整。回应能鼓励讲话者继续说下去。我们可以使用非常简洁的语言，比如："我听见了"，"我知道了"，"继续说下去"，"我正听着呢"，"好的"，"没错"，"啊"，"有意思"以及"啊哈"，等等。同时，我们也可以用动作和表情等非语言性的方式表示，比如面部表情、肢体语言，或者手势。它们包括如下几种（在后面非语言沟通一章中会具体详细地介绍）：

（1）扬起眉毛（表示你不太确定，或没听明白，需要对方告诉你更多的信息）。
（2）微笑（表示你同意对方的观点）。
（3）与对方靠得更近一点儿（表示你对对方正在说的内容非常感兴趣）。
（4）点头（表示认可）。
（5）保持目光接触（让发言者知道你正在听着）。
（6）把手举起来，掌心朝向发言者（让对方停下来，告诉发言者你没跟上他所说的话）。

4. 适时适度的提问

沟通的目的是为获得信息，是为了知道彼此在想什么，要做什么，通过提问可获得信息，同时也从对方回答的内容、方式、态度、情绪等其他方面获得信息。因此，适时适度地提出问题是一种倾听的方法，向对方说明自己哪些方面没有听清或听懂，要求对方重复或解释一下，也表明你在认真地倾听他的诉说。它能够给讲话者以鼓励，有助于双方的相互沟通。

5. 必要的沉默

沉默是人际交往中的一种手段，它看似一种状态，实际丰富的信息，它就像乐谱上的休止符，运用得当，则含义无穷，真正可以达到"无声胜有声"的效果。只要保持沉默就能学会很多事，如果你很沉默别人会以为你比较聪明。靠听的能够比靠说的学到更多东西。但沉默一定要运用得体，不可不分场合，故作高深而滥用沉默。而且，沉默一定要与语言相辅相成，才能获得最佳的效果。

第六章　有效倾听

爱迪生的交易

美国大发明家爱迪生发明了自动发报机之后，他想卖掉这项发明以及制造技术，以便用卖掉的钱来建造一个实验室。因为不熟悉市场行情，因为不知道这项技术能卖多少钱，爱迪生便与夫人米娜商量。米娜也不知道这项技术究竟能值多少钱，她一咬牙，发狠心地说："要2万美元吧，你想想看，一个实验室建造下来，至少要2万美元。"爱迪生笑着说："2万美元，太多了吧？"米娜见爱迪生一副犹豫不决的样子，说："我看能行，要不然，你卖时先套套商人的口气，让他先开价，然后你再说价。"

当时，爱迪生已经是一位小有名气的发明家了，纽约的一位商人听说这件事情后愿意买爱迪生的自动发报机发明制造技术。在商谈时，这位商人问到价钱。因为爱迪生一直认为要2万美元太高了，不好意思开口，于是只好沉默不语。

这位商人几次追问，爱迪生始终不好意思说出口，正好他的爱人米娜上班没有回来，爱迪生甚至想等到米娜回来以后再说价钱吧。最后商人终于耐不住了，说："那我先开个价吧，10万美元，怎么样？"

这个价格非常出乎爱迪生的意料，爱迪生大喜过望，不假思索地当场就和商人拍板成交。后来，爱迪生对他妻子米娜开玩笑说，没想到晚说了一会儿就赚了8万美元。

总之，如果你希望成为一个善于与人沟通的高手，那你就得先做一个善于倾听的人。要使别人对你感兴趣，那就先对别人感兴趣。问别人喜欢回答的问题，鼓励他人谈论自己及其所取得的成就。不要忘记与你谈话的人，他对他自己的一切，比对你的问题要感兴趣得多。倾听是我们对别人最好的一种恭维，很少会有人去拒绝接受专心倾听所包含的赞许。聪明的人，是一个会倾听的人，善于倾听，就会让你处处受到欢迎。

总结

倾听是一个接受语言和非语言信息，进而通过思维活动达到认知、理解，并做出必要反馈的过程，这个过程包括五个方面的活动，即预言、感知、解码、评价、行动。因此，倾听不同于听，它不是人的本能，只有通过后天的学习才能获得。

倾听在人的生活工作中占有很重要的位置：倾听可以使说话者感到被尊重，倾听可以改善人际关系，倾听可以使我们成为智者，倾听可以锻炼自身能力和掩盖自身的弱点。

倾听主要有五种连续的层次：听而不闻的听、假装的听、选择的听、专注的听、同理心的听。一个人从层次一成为层次五倾听者的过程，就是其倾听能力、交流效率不断提高的过程。

倾听障碍主要存在于环境、倾听者两个方面。来自倾听者本身的障碍主要有两类：第一类是倾听者的理解能力。第二类是倾听者的态度，包括个人偏见、先入为主、自我中心。倾听者障碍的克服包括克服不够专心或粗心大意和克服误解。

有效倾听的八项准则：不要随意打断对方的话，不要让自己的思绪偏离，不要假装注意，听话要听音，要表现出感兴趣，要表明你在认真地听，了解回应反馈，努力理解讲话的真正内涵。

有效倾听的技巧包括：保持良好的精神状态，使用开放性动作，及时给予回应，适时适度的提问，必要的沉默。

问题讨论

（1）森林中一棵树倒了下来，那儿不会有人听到，那么能说它发出声响了吗？
（2）如何理解倾听是一种全身心的运动？
（3）举例说明倾听的五个层次。
（4）举出两个例子说明倾听者障碍是如何影响倾听效果的。
（5）结合自身的经历，说明你是否是一个良好的倾听者。

小故事

三个小金人

传说古代曾经有个小国的使者到中国来，进贡了三个一模一样的小金人，个个金光灿灿，这让皇帝非常高兴。可是这小国的人不厚道，同时出一道题目，让大家颇感为难："这三个小金人哪个最有价值？"

大臣们左看右看，看了很长时间，也没能看出个所以然来。于是，皇帝和大臣们又想出许多办法，他们请珠宝工匠来检查，结果是称重量、看做工，都是一模一样的。

怎么办？使者还等着回去汇报呢。泱泱大国，不会连这个小事都不懂吧？最后，有一位退位的老大臣说他有办法。皇帝将使者请到大殿，老臣胸有成竹地拿来了三根稻草，插入第一个金人的耳朵里，这稻草从另一边耳朵出来了。插入第二个金人的耳朵，稻草从嘴巴里直接掉了出来，而把稻草插入第三个金人的耳朵，稻草进去后掉进了肚子，什么响动也没有。

老臣对皇帝说："第三个金人最有价值！"皇帝赞许地点了点头，使者也默默无语，答案正确。

启示：
第一个小金人，把稻草插入他的耳朵里，稻草就立刻从另一边耳朵出来了，说明忽视信息,让信息左耳进、右耳出的人,根本不去关注别人的话。这样的人,在组织中常常表现出心不在焉的样子,沉迷于自我的世界,不关注外界的事情。

第二个小金人,把稻草插入他的耳朵里,稻草从他的嘴巴里直接掉了出来,说明第二个小金人是那种对信息不加判断的人,长了个大嘴巴,把听来的事情,不加判断就进行传播。任何组织中,都会有这样的人员,而且还可能比第二个小金人更加麻烦,在传播过程中添油加醋,四处散布。对于企业来说,这样的成员,有时候会引来很多是非。

第三个小金人,稻草从耳朵进去后掉进了肚子,什么响动也没有。他是那种能够做到"善于倾听,分辨是非,消化在心"的人。因此,这就是最有价值的人。

可见,最有价值的人,不一定是最能说的人。善于倾听,才是成熟者最有价值的品质。

 沟通游戏

秘 密 传 话

规则:

(1) 分组,每组人数相等,站成一队。

(2) 老师将口令传给第一个人,再由第一个人传给第二个人……依次传下去。

(3) 传口令时,声音要小,不能让别人听见,每人只许说一遍口令。

(4) 不能隔着人传,不能干扰别人传口令。

(5) 由每组最后一个同学大声说出自己听到的口令,再由第一个人说出正确口令。

(6) 哪组传得又快又准,哪组获胜。

相关讨论:

(1) 为什么原话在传播过程中会受到篡改?到底是哪些"杂音"在作怪?

(2) 通常你听别人说话时只听你喜欢听的一部分,还是听对话的全部?

(3) 是否与你"气味相投"的话你才听进去了?

(4) 在听的时候你是带着一个自己的看法去听,还是完全开放、不预设答案地听?

(5) 你是听到事实的原汁原味的一面,还是听到你对这个事实已进行了多次加工演绎后的判断呢?

游戏说明的道理:

我们在听的时候,通常不仅听到别人的话,还"听到"很多自己经验与偏见的声音。当我们把"听"的这种特性从更为广义的角度延伸为人们所见所闻所思的话,我们平日对于人生社会和大自然,正是因为经验习惯所迷,而不能见到其本

身的真相或其他的可能性。正是这些经验、好恶与偏见的杂音扰乱了我们接受真相的视线，掩盖了事物的本来面目，使原貌的东西在我们的演绎过程中不断走样、变形，逐渐甚或完全偏离"起点"。

第七章 职业沟通

> **学习目标**
> (1) 制作对雇主有吸引力的简历。
> (2) 撰写能引起雇主注意的求职信。
> (3) 掌握面试前的准备工作。
> (4) 掌握常见面试问题的回答。
> (5) 完成面试后的沟通工作。

引例

你被谁干掉

世上没有完美的食物,没有完美的职业,就像人无完人。

考验真爱的标准是爱它的缺点。

爱一个人,在你决定娶她时,在她幸福地说"I do"的时候,你就要接受她的全部,包括她的缺点,爱她的坏脾气、她的情绪化、她没化妆时惊人的样子、她没完没了的唠叨……

爱美食,就别犹豫,享受它的卡路里,享受它不干不净,享受它有时油腻,享受消化不良,享受胆固醇过高……

爱工作,就义无反顾……

不要设想能斩获多少大奖,不要幻想与一群俊男美女为伍,不要奢望老板很仁慈,不要指望腰包多鼓,不要设想几年内能到 CD(创意总监)的位置稳拿高薪。

现实远没想象美好,你要以加班为乐,你要与性格很臭的搭档臭味相投,你要把上厕所的时间都用来想 idea,你要用 N+1 的奇思妙想来对付客户 N 种反复无常,你要花尽心思和老板的脑袋对路,你要不断更新自己的头脑库,以免被年轻当道的小生们新想法、被日渐挑剔的客户、被喜新厌旧的老板淘汰……

准备好了吗?

假如有一天你在追梦的路上气喘吁吁,中途落跑,

记住,

你是被贪恋美好的爱无能干掉，
绝非 office！

——崔晶《别被 office 干掉》

第一节 个 人 简 历

做事情讲究方法，同样实力，方法正确，事半功倍；方法错误，事倍功半。很多时候，我们"知其然而不知其所以然"。真正的成功者，不一定是最聪明的人，但一定是掌握了正确方法和良好习惯的人。在求职的过程中，你呈现给用人单位的第一个面孔就是你的简历。如果你空怀满腹经纶却无人赏识，只因为你的简历不如你优秀。很少有人单纯因为简历写得好就被录用，但确实有很多人因为简历写得不好而失去被录用的机会。一般情况下，求职者被录用是基于他们在一次或多次面试时的表现。因此，简历的目的是让你获得面试的机会，而面试的目的才是让你得到一份工作。但是，简历以及与简历一起发出的求职信决定了你是否能够从众多求职者中脱颖而出，并获得面试的机会。

一、简历的内涵

简历是个人历史和资格的简单记录，是求职者给招聘单位发的一份简要介绍。简历的重点应该着眼于未来而非过去：你必须表明你受的教育和工作经历使你有资格接受未来的工作——特别是你目前正在申请的这份工作。简历要简明扼要地说服对方你是他们所需要找的人。简历不是简单的工作经历和教育背景的罗列，而是在成千上万个和你一样的优秀者中，能够让你从千军万马中脱颖而出的一次个人展示，它是一封让你的目标雇主动心的情书，它是目标公司求贤若渴时候你送上的一杯甘露。简历不是目的，它是一个手段，它是你的工具和武器，让你战胜对手，拿到面试。

成功的简历无非说明了两个问题："Why you"和"Why me"。用人单位永远不是在找最优秀的人，也不是找最聪明的人，他们在找最适合的人。所以好的简历首先要有一个正确的策略，正所谓"上兵伐谋"。扬长避短，知己知彼，百战不殆。

简历是一种市场推广的手段，就是要向你的目标群体说明你是他们最需要的，你不仅仅是要证明自己是他们需要的，而且要证明自己是必要的才可以。引用一个数学的概念，叫做"映射"。即目标公司所需要的技能在你的简历中需要体现出来，而且要用他们所容易接受的方式表现出来。下面的问题可以用来考察你的简历制作水平：

（1）你所做过的一个事情可能包含很多个方面，而你的目标雇主可能只关心其中的几个，那么你是否进行了裁减？

（2）你的简历是否是针对公司特点量身定制的（而不是同一份简历投递所有公司）？

（3）你的简历是否对你的背景进行了扬长避短？

（4）你的简历也许列举了你的工作职责，即你做了什么，但是你是否写清楚了你的工作的结果和成就？是否量化了你的工作成果和对所在公司/集体的贡献？

（5）你的简历是否写了你的求职目标和应聘岗位？

（6）你是否有意识地根据对方需要进行了调查，使用了能够打动人心的"关键词"？

（7）除非对方要求，不需要写自己的生日、身高等个人信息，你是否知道？

（8）你是否知道你的简历是不需要写离开职位原因的？

（9）你是否知道简历当中不应该使用第一人称，如"我"、"我的"，英文就是"I、me、my"？

这些问题当中的任何一个如果是否定的，你需要系统地提高你的简历水平，因为你不希望输在起跑线上。所以简历要战略和战术并重，选准方向和策略，同时搞好致命的细节，这样宏观和微观都做到最好，才能获得面试的机会。

二、简历的长度

在收到多达数百页的简历后，招聘者首先会进行初步的筛选；他们看每份简历的时间通常不超过35秒钟。由此不难就简历的长短做出了决定。在不足一分钟的时间里招聘者究竟能看到多少信息？如果对方根本就没看你的简历，无论你多么符合要求也都是徒然。简历究竟应该多长？据一项专业调查显示，对于面对应届大学毕业生的初级职位而言，大多数个人简历有一页就足够了。如果你有更多的好素材要表述或者对于较高级的职位而言，两页纸的简历才是合适的。不管这是否符合实际，记住一句话："简历越长，人也越迂。"过长的简历毫无作用，而且不容易突出重点。

简历的错误

一项针对美国200家大公司管理人员的调查显示，求职者的最严重错误是在简历中加入了太多的信息。他们对严重错误的投票结果如下：

太长	32%
拼写和语法错误	25%
对工作职责未做描述	18%
外观不够职业	15%
未叙述成就	10%

另外一项针对会计事务所的调查显示，与一页纸的简历的求职者相比，招聘者比较喜欢两页纸的简历。调查人员建议，会计专业的毕业生在应聘会计事务所的初级职位时，可以考虑写一份两页纸的简历。如果你的简历超过一页，那么第2页应该要有10～12行的文字。要另用一张纸，而不是把内容打印在第一页的背面。把相对不重要的内容写在第二页，并注明你的姓名和"第2页"字样。这样，即使两页纸没有装订在一起，读者也会知道这些资料是谁的，当然也知道你的简历除了第二页还有其他的。

总体上，对于初级职位而言，一页纸的篇幅对于85%的简历都是合适的。当然，这并不是说要把原本两页纸的简历通过缩小字体和行距等办法硬塞进一页纸的篇幅里。你的简历必须有吸引力，易于阅读。审慎地决定应在简历中放进哪些内容，然后用简洁的语言把重要的部分表达出来，从而达到短小精悍的目的。另一方面，也不要使简历过于简短。篇幅不足一页的简历会告诉招聘者你乏善可陈。

三、简历的格式

虽然简历的内容要比格式重要，但同时要记住，第一印象非常重要。第一印象的好坏取决于前半分钟，而招聘者通常会花时间对每份简历做初步的筛选。因此，在开始写简历之前，你要考虑格式的问题，格式的决定将影响到篇幅的长短。

使用简单、易读的字体，不要使用电脑中很多"特殊效果"的字体。使用一两种字体和一两种字号就足够了，字体一般为五号或小四号。格式要简单，并在页边留出足够多的空白。内容组织要符合逻辑，每一段不要太长。可以通过使用不同种类和大小的字体、缩排和项目符号等来表明主次。

简历有没有封面没有关系，很多HR并不希望有封面和塑封的简历，看起来要抽出其中的简历比较费时间。简历一般用80克或100克的标准A4纸张，避免使用60g或70g的复印纸，这类纸往往显得轻飘飘的，质感很差。求职者的简历到了公司后，公司一般还会再将简历进行多次复印，以供多位不同的人力资源主管或公司上层领导查看。用粗糙的纸张打印出来的简历可能最初效果还不错，但经过多次复印后就会模糊不清了。所以，简历最好选用优质纸张打印。纸张颜色选择高质量的白色或近白色（如奶油色或象牙色），避免使用色彩鲜艳的纸张。

除非你是在申请一个需要创意的职位（如广告公司的文案），否则在设计简历格式时不要过于艺术化或讲究创意。如果你是在申请一般的公司职位，简历的总体外观应该显得专业和保守。

最后，你的简历和求职信必须杜绝任何错误，无论是内容、语法、拼写还是格式。找工作时，做到99%准确仍是不够的。你的简历的文字需要完全合乎文法，避免出现任何可能引起歧义的地方。如果不是这样，招聘经理很可能会误解，给你出歧义的地方划条杠杠，或者干脆丢在一边，给你盖棺论定：你做事不认真；或者，你连简单的简历都写不好，那还能干什么？

四、简历的内容

没有所谓的标准简历，每一份简历如同作者一样具有自己的个性。但是，简历的有些部分是标准的，招聘者需要通过这些部分来做出相应的判断。一项针对《财富》500强大公司的调查显示，90%以上的受访者希望能在简历中看到如下信息：

（1）姓名、地址和电话号码；
（2）职业目标；
（3）大学所学专业、学位、所就读大学的名称和毕业时间；
（4）从事过的工作、所供职的公司、雇佣时间及工作职责；
（5）特殊才干和技能。

同样，不要把一些私人信息列在简历中，如婚姻状况、宗教、民族、生日、健康状况等。找工作的过程是求职者与招聘公司互相搜寻、互相试探与磨合的过程，而简历是求职者与招聘公司的第一次亲密接触。你需要通过简历，全面地展现自己。因此，一份简历应该包括了求职者最基本的信息和与该职位的申请有关的一切信息。对于毕业不久或即将毕业的大学生而言，简历应该包括以下几个内容。

1. 联系信息

如果招聘者无法容易地与你取得联系以安排面试事宜，简历写得再好也起不到作用。因此，你的姓名和地址，包括电话号码和 E-mail 地址，就显得至关重要。姓名应该是简历的第一项内容，要放在顶部的突出位置，并作为简历的标题（切记不要在简历的最上方写"简历"两字作为标题）。

电话前加上区号，长的电话号码采用分节的方式，"三四四"的分法比较常见。E-mail 要选择比较稳定的邮件系统，不易丢信。这个很重要。标准的用户名的格式是 firstname.lastname，例如，王晓雯的邮箱用户名应当为 xiaowen.wang。如此，一来 HR 容易辨识，二来拼写错误的可能性也大大降低。

2. 职业目标

职业目标的表述应该同招聘单位在工作职位列表中对工作的描述类似，表述要简洁明了，两三行即可。书写要尽可能的具体，针对你应聘的公司和职位。要充分表明自己在该方面的优势和专长，尽可能把选择放到一个具体的工作部门，当然选择也不能过窄。要选择那些对所申请工作具有说服力的资历和能力进行描述。语气要积极、坚定、有力，不要让人产生疑问。一个可以尝试的方法是，浏览公司的网站，在 career 目录下找到公司描述给职位理想员工的地道语言，从中选择适合你的词语组成句子。

3. 教育背景

如果你刚刚或将要获得学位，或者你拥有应聘职位所要求的或中意的学位，那么教育背景可以列在简历的前面。如果已经具备了丰富的、较高层次的、与职业目标相关的工作经验，或者缺少相应的学位，那么应当把教育背景这部分内容放在后面列出。

在教育背景标题下，给出有关研究生和本科学位方面的信息，包括学校的地址以及你在哪年获得或将在哪年获得学位。在列出学校时，要使用统一的格式，采用倒叙的方式列出你的学位。如果你的 GPA 还算出色的话，不妨列出来；同时，可以附一些说明性的文字，例如专业前 5%，记得相对的数字永远比绝对数字更有说服力。高中阶段一般不写，当然如果你有特别值得一提的经历，例如全国物理竞赛一等奖，那么也不妨写上。

4．工作经历

工作经验是一项绝对的优势，它向招聘单位表明，你已经具备了让上级满意、遵守指令、通过团队努力实现目标以及通过劳动得到报酬的经验。如果你的工作经验与职业目标直接相关，可以考虑将其放在教育背景的前面，以达到强调的效果。叙述工作经历时可以按照时间逆序，先从最近的工作开始，再依次往前推。

工作经历包括下列信息：工作职位或头衔、机构名称、城市、参加工作时间、工作职责等。工作经历重点突出两个 R，即 responsibility & results，告诉你的潜在雇主，你在过去的工作经历中承担了哪些职责，做了哪些项目，结果又是怎样。因为这些是你经验和能力的证明。

5．荣誉和奖励

在简历中专设荣誉与奖励一栏，会使简历增色不少，但不是每个求职者都能这么做。如果你的奖励少于三个，那么可以考虑采用"荣誉与活动"这样的标题，以便突出和强调荣誉这一关键词。荣誉和奖励应包含下列内容：

（1）参加过的学术团体；
（2）助学金和奖学金；
（3）专业团体授予的奖励；
（4）民间组织授予的奖励；
（5）大学授予的各类证书。

6．性格和爱好

这部分内容可写可不写。如果你的业余爱好与应聘的职位有很强的相关性，那么将其写上，无疑会增加你的赢面。比如，你可以将马拉松的爱好写上，因为它告诉公司，你有坚强的意志力和严格的纪律性。

五、优秀简历的原则

招聘经理们在招聘季节也是每天都能收到成百上千份简历。你的简历如何才能够脱颖而出，让招聘经理注意到你的简历，并且相信你有可能是他们正需要的合格、合适的"产品"，产生了把你叫来面试、进行一番"试用"的想法，就需要你在书写简历时，如同营销经理一样，运用合适的"营销组合"，对自己的产品加以营销。下面介绍六项优秀简历的原则。

1．扼要精练

简历简历，简单有力。如果你能够用一页纸清晰地表达自己，不要用两页纸。如果你使用两页的简历，千万将第二页充满三分之二以上，不然就坚决选择一页的简历。当然，对简历的压缩是个痛苦的过程，你必须反复掂量，删除一些不太相关的信息，或者换用更简练的表达方式来表达原有的信息量。

简历页面是寸土寸金的，不要让你的姓名、性别、地址、电话等占据过大的页面。将姓名作为标题，联系方式紧跟标题给出。简历中的重要信息一定要出现在第一页。每页中重要的标题项尽量出现在靠近页首或页尾。每项标题项中最重要的细节一定要出现在第一项。要用点句，避免用大段文字。点句的长度以一行为宜，最多不要超过两行；三句为佳，不超过五句。"三"是一个很微妙的数字，两个显得太少，四个就多了，三个正好。删除那些无足轻重的细节，将内容重复的细节合并，使你提供的细节更简洁，内容更有效。如果你想突出自己的实践经验，可以给它们留出更宽松的格式，也可以将它们纵向排列开来，还可以为它们添加更多的细节。

英文简历避免使用完整句，以动词性的短句为主。这个很重要，记得用那些对称的结构，例如动词引导的短句，或者名词性结构的短句等。一般来说这类并列结构的句式并不需要完整的主谓结构。

2. 主次分明

HR 初选简历的平均时间是一份 20 秒，再审简历的时间也只有 60 秒。只有条理清晰、重点突出的简历才能使 HR 们在如此短的时间内找到他们感兴趣的内容，对你的资历做出正面的评价。简历是你的广告，而广告最重要的目的就是拿自己的独特的卖点吸引别人的目光。而大学生最大的不足就是经历少，如何在资源有限的约束下，用最有效的信息展现出独特的自我就需要发挥你的智慧。

下面的简历就是一个很好的例子。这个简历的最大优点就是他抓住了看简历人的一种心理，就是他能恰当地表现自己的优秀。比如他的实习经历。公关顾问公司，对于不熟悉这个行业的人来说，这个公司的名字不能引起人的兴趣。但他通过罗列这个公司位列世界五百强的客户，给人的暗示就是这个公司是个优秀的公司，而且他写了他在这个公司的感受："培养了敏锐的新闻视角；锻炼和提高了媒体沟通及信息收集分析能力"，这是点睛之笔。

实习经历

麦西顾问公关公司　　　职务：顾问助理　　中国北京　　2010.9—2010.11
- 媒体与外事部门的助理，负责项目策划及实施、媒体跟踪、信息调查以及新闻分析，主要客户包括奥迪、米其林、花旗银行等。
- 帮助奥迪 A6 在上海成功进行市场投放活动。
- 培养了敏锐的新闻视角；锻炼和提高了媒体沟通及信息收集分析能力。

IBM 计算机公司　　　职务：销售分析员　　中国上海　　2010.5—2010.7
- 负责全球大客户部每日销售报表统计与分析，销售人员绩效评估。
- 成功策划、组织并完成办公室"环境改进与减压提效"项目。

---

3. 实事求是

作为求职者，你需要通过简历告诉公司你过去取得的成就。但是，仅仅罗列成就并不足以吸引 HR 的目光。比如，如果你仅仅说"负责实施公司的销售计划，使公司的销售额得到增长"，这样空泛的叙述并不足以让招聘公司相信你是一个出色的销售人员。而有数字支持的成就故事是最好的说服工具，因为数字不再是主观的判断，而是一种客观的证据，证明你的工作业绩。你可以从以下几个方面来"量化"你的成就故事：

"钱"：你是否通过自己的努力，为你所服务的机构节省了开支，提高了收入，或者支配了大额预算？不要犹豫，请直接写出来，这个是非常能打动雇方的亮点之一。

(1) "经过验证找到一家新的网络服务商，降低公司 IT 成本达 26%。"
(2) "组织捐款活动，为身染重疾的某某同学筹得 10 万捐款。"
(3) "担任预算 50 万的某项目的项目负责人。"

"时间"：公司总是想方设法在更短的时间内，取得更大的成绩。如果你能够证明你会成为一个总能在最后期限前完成任务的高效率的员工，那么你获得这个职位的可能性就大大增加了。

(1) "提出流程重组的建议，将某项工作所需时间缩短 20%。"
(2) "担任校运动会采访，当天完成所有采访和写稿任务。"
(3) "提前三个月完成当年销售任务。"

"数量"：在公司中，数量可以充分表明你的效率和能力。

(1) "建立市场分析团队，设计调查问卷，走访 30 家医院和 30 家酒店。"
(2) "为某公益活动招募 40 名志愿者。"

综合以上三个方面，上面那句"负责实施公司的销售计划，使公司的销售额得到增长"就可以量化成为："领导/参与了 20 人的团队，3 个月内覆盖了 10 个城市，10000 人；销售额在 3 个月内增加了 25%；节省开支 18%。"通过这样短短的一句话和几个关键数字的罗列，你不仅展示了作为销售人员的能力，还证明了你勤奋的工作态度和领导才能。总而言之，量化原则意味着要通过数字，吸引简历的阅读者的目光，让他们记住你的故事，让他们相信："我就是你们要找的人"。

4. 动词说话

行为导向的意思就是说要用事实说话，而不仅仅是陈述结果。这一点在中文和英文简历中都重要。有效的做法是把自己做的事情用清楚详细的、表示动作的词语叙述出来。应该说，简历中最常用的词就是动词，尤其是在经验和活动部分，一般是用动词开头的短句群。因为动词可以给人一种印象：你的作用是很大的，你做了很多事情，这就是动词的魅力。顺便说一句，在英文简历中，如果是过去的成绩，就应该用动词的一般过去时，现在正在进行的事，才用一般进行时。

5. 针对性强

简历是敲开公司大门的第一砖，本着"简"和"历"的原则，将个人经历中闪光的地方，与应聘工作相关的地方简明地展示出来，因此不可能仅凭一份简历包打天下，而根据不同公司、不同的职位进行修改。修改的原则是 Position - Relevant Information（PRI）。PRI 是指那些与招聘职位最相关的信息，也是招聘经理筛选候选人的标准。例如，投行和咨询可能更看重分析问题的能力，而市场销售等职位将人际沟通能力排在第一位。在简历筛选中，HR 们会在快速浏览中搜寻这些 PRI，如果搜寻失败，就迅速转到下一份简历。判断哪些信息属于 PRI 的最好的办法就是站在公司的角度，站在招聘者的角度思考问题。公司最想招聘的是已经具备了这个岗位所要求的素质和能力，一招进来就能用的人，或者是在这些方面有着很大潜力，所需要的培训成本很低的人。因此，如果你应聘一个项目经理的职位，你过去的项目经历，尤其是你担任项目负责人的经历就是 PRI。如果你应聘的是一个销售或营销的职位，你过去的销售经历，或者你在大学里修过的有关课程就是 PRI。当然，要真正了解公司对应聘者的要求，你可以透过公司的网站、已经在公司工作的师兄师姐了解。

识别出 PRI 后，你需要根据 PRI 对你的简历进行细致的修改，逐条检查简历中的每一项内容是否符合 PRI 的原则。例如，你的 CPA（注册会计师）证书会对你寻找会计职位帮助甚多，但却无法帮你获得行政助理的职位，因为这个职位强调的是你对办公软件的精通程度、你的亲和力和组织协调能力，而不是你对应收应付款项的通晓。

6. 精益求精

在你正式寄出一份简历之前，一定要进行修改。一份成功的简历至少要修改 50 次。首先你可以用 Word 中的"拼写和语法自动检查"功能查找和修改拼写和语法上的错误；接下来，你要再次确认简历中的信息都是 PRI，在用词上进行再次的润色，确保以最精练的语言最优良地传达出 PRI。在简历的用词上也要遵循方便阅读的原则。不要过多地使用专业术语、生僻用语和缩略语，因为筛简历的是公司的 HR，甚至有可能是临时工，如果你写的简历让他们看不懂，很可能就被直接筛掉了。然后将自己的简历传给同学、师兄师姐或者专业人士看看，听取别人的意见，旁观者清，换一个角度，别人经常能提出一些特别好的建议来。听取他们的意见时你要留心这些信息。

在简历打印出来后，你最好再看一遍，因为你可能会对着纸张找出一些小小的瑕疵，改正它们，保证你正式打印的简历不会再有这些问题。你的简历最好不要是投之四海而皆可用的类型，你应该根据应聘的不同企业做出一定修改，可以在其中有意识地写入一些适合企业文化的内容或者可以表现出自己适合企业某方向的需求的特点。

简历清单检查

—— 简历布局是否便于阅读
—— 简历页上方是否包含姓名、地址、邮编、电话号码及 E-mail
—— 是否清楚阐明了求职目标和应聘岗位
—— 是否按与应聘职位的相关性列出了有关资料
—— 是否给出了有关工作经历的具体内容而不只是泛泛而谈
—— 是否反复检查了拼写、语法和标点符号
—— 是否运用了行为动词来描述工作职责
—— 简历内容真实可信吗
—— 如果你是雇主,该简历能保证你面试该求职者吗
—— 你会如何评价该简历

第二节 求 职 信

求职信的目的是为了获得面试的机会。如果面试是由学校就业办公室安排,或者是你直接与公司接触而获得的,那么你就不需要写求职信。同样,如果你是在公司网站上通过电子邮件的方式申请工作,那么求职信也无需提交。如果你想就职的公司不在学校举行面试,或者以后你换工作时,可能就需要一封求职信。撰写求职信也是在为面试做一个很好的准备,因为求职信是你向所求职的公司展示你能为该公司做哪些事情的第一步。

一、求职信与简历的区别

个人简历并不等同于求职信。求职时简历不能单独寄出,必须附有信件,即求职信。求职信与个人简历的撰写目的一样,都是要引起招聘人员的注意,争取面试机会,但两者有所不同。求职信是商业信函,和你向"客户"发出的合作邀请一样,要求规范、专业,足以吸引他的目光,说服他去看你的简历以获得更多信息,而简历属于推销个人的广告文稿,就像产品介绍一样,要能激起"客户"的购买欲望,说服他给你面试机会。因此简历可以一稿多投,求职信必须量身定做。

求职信是针对特定的个人来写的,而简历却是针对特定的工作职位来写的;简历主要叙述求职者的客观情况,而求职信主要表述求职者的主观愿望。相对于简历来说,求职信更要集中地突出个人的特征与求职意向,从而打动招聘人员的心,是对简历的简洁概述和补充。

某种程度上来讲,求职信来源于简历,又高于简历,具有对简历内容进行综合介绍、补充说明和深入扩展的作用。比如,你想用一些词语来强调和描述你的特殊

能力和经历，或者希望进一步具体描述简历中提到的某项重要工作成就，这些在客观性较强的简历中很难办到，但在求职信中，运用一些主观性描述进行强调和补充，完全可以做到并做好。又如，简历严格限制了对于软技能的描述，吃苦耐劳、团队精神等意志品质方面的内容在简历中无法多加描述，然而在求职信中可以对这些方面通过具体项目和事例进行有针对性的说明。

二、求职信的格式

一般来说，打开求职书，首先看到的便是求职信。正是有了求职信，阅读者才会对你的简历上所写的经历与业绩感兴趣。所以，求职信无论在文体上还是在内容上都必须给阅读者留下好印象。求职信属于书信范畴，所以其基本格式应当符合书信的一般要求，主要包括称呼、正文、结尾、署名、日期等几部分。

1．称呼

求职信的称呼往往比一般书信的称呼正规一些，在实际书写时要区别对待：如写给国家机关、事业单位的人事处领导，用"尊敬的××处长（科长等）"称呼；如果求职三资企业，则用"尊敬的××董事长（总经理）先生"称呼其领导；如果写给其他类企业厂长的，则可以称之为"尊敬的××厂长（或经理）"；如果写给大学校长或人事处的求职信，则称之为"尊敬的××校长（老师）"等。不要使用"××老前辈"、"××师傅"等不正规的称呼。当然，有些求职信，也可以不写姓名，如"尊敬的负责同志"、"尊敬的董事长先生"等。

2．正文

这是求职信的中心部分，简明扼要并有针对性地概述自己，突出自己的特点，并努力使自己的描述与所聘职位要求一致，切勿夸大其词或不着边际。许多简历中的具体内容不应在求职信中重复。尽可能地少用人称代词"我"，要让人感到你想表达的是"我怎样才能帮你"。正文内容较多，要分段写，一般要求说明求职信息的来源、应聘职位、本人基本情况、工作成绩等内容。

第一，说明本人基本情况和求职信息的来源。求职信开始之前，首先要用"您好"之类的问候语，如果知道信件最终将送到谁的手里，信的开头可直接尊称。在第一段里，可以简单地叙述一下你写求职信的理由，可以扼要说明一下你是怎样知道招聘信息的，何时注意到该公司，如果公司中有人为你推荐过其职位，可巧妙地将此事写入求职信中，但千万不要给人以自我炫耀的印象。例如：

×××公司人力资源部李明先生：

您好！

从学校公布的招聘信息中获悉，贵公司需招聘一位营销人员，为此，我特向你们申请这一职位。

第二，说明应聘职位和能胜任本岗位工作的各种能力。第二或第三自然段，应阐明你对单位或职位感兴趣的原因，以及你有价值的背景情况和满足招聘要求的能力。这些内容要有说服力，说明你怎样适合这个职位，更重要的是表明"你能给公司什么，如果公司录用你，你能为公司做出什么贡献"。这部分的写作与个人简历是相辅相成的，要说明你的个人能力，但又不能把简历内容全写进去，只选最能代表自己长处、技能和业绩的项目写进去，同时注意不要单纯写自己的长处和技能，而是要着重说明这些长处和技能能给该公司带来什么益处。在写自己业绩的时候，注意不要使用模糊的词语，如"比较"、"较好"、"还可以"等，最好用数据或事实来说明。

第三，表示希望得到答复面试的机会。最后一段，要写出你对招聘单位的希望，委婉地提出面试的要求。如："希望您能为我安排一个与您见面的机会"或"盼望您的答复"或"敬候佳音"之类的语言。这段属于信的内容的收尾阶段，要适可而止，不要啰唆，不要苛求对方。

3. 结尾

另起一行，空两格，写表示敬祝的话。如："此致"之类的词，然后换行顶格写"敬礼"、或祝"工作顺利"、"事业发达"相应词语。这两行均不点标点符号，不必过多寒暄，以免画蛇添足。

4. 署名和日期

写信人的姓名和成文日期写在信的右下方。姓名写在上面，成文日期写在姓名下面。成文日期要年、月、日俱全。英文信件中本人的亲笔签名，应在打印机打印的姓名拼音的上面。若有附件，可在信的左下角注明。例如"附1：个人简历"、"附2：成绩表"等。附件不需太多，但必须有分量，足以证明你的才华和能力。

三、求职信的写作技巧

求职信就跟推销相像，目的都是要引起顾客（雇主）兴趣，达到成功推销之效果。在未曾正式与雇主接触之前，这封信就是你们之间的媒体，雇主只有透过它，来对你做出评估，所以求职信的好与坏，直接影响着你获取面试的机会。好的求职信可以拉近求职者与招聘经理之间的距离，获得面试机会多一些。

1. 态度真诚，摆正位置

写求职信时，首先应该想公司要我来干什么。换句话说，就是不应该写自己需要什么，获得该职对自己有什么好处，而应该写自己能为公司做些什么。有了这样的态度，才能摆正自己的位置。另外，在写求职信时，要诚恳礼貌，切忌自吹自擂，炫耀浮夸，但虚弱怯弱、缺乏自信也是不可取的。

2. 整洁美观，言简意赅

求职信文字的整洁美观很容易引起用人单位对求职者的好感，相反如果字迹潦草，龙飞凤舞，则会给用人单位留下不好的印象。现在有很大一部分毕业生的求职信都用电脑打印出来，这样显得工整，看起来不费力。但如果你的字写得很漂亮，不妨用手工书写，这样能给人以亲切感，同时也向用人单位展示了你的特长。不管手写还是打印，都应注意言简意赅。

一般而言，求职信以 A4 的纸张一页为宜。不能太短，太短则显得没诚意，也说不清问题，自然难以引起注意；而太长读者怕是没有耐性，会引起反感。所以，在写求职信时措辞应反复推敲，以保用词得当，段落要短，句子不宜很长，内容简练完美。

3. 突出个性，有的放矢

求职信的重要目的是力求吸引对方，引起对方注意。求职者在开头应尽量避免许多客套话、空话，要以一句简朴的"您好"开始，直接切入主题。如"从××广告中得知贵单位招聘人才的信息"，这能使单位主管感到广告起了作用，广告费没白扔，心情就会愉快。再如"请接受一名家乡籍在外求学的学子对您的问候！"就会一下子拉近与用人单位的距离。

求职信的核心部分就是有针对性地说清自己胜任该职位工作的条件，所以，在动笔之前要着眼于现实，对应聘单位情况有所了解，以事实与成绩恰如其分、有针对性地介绍和突出自己的特长。求职信要与应聘单位一一对应。目前，有许多毕业生制作一份求职书在不同的行业、不同的单位求职，这就失去了针对性。应该根据不同的职业对求职书略作修改，在能力、特长方面显示出与该职业的适应性。如应聘三资企业，最好中英文都有，既可自荐又可显示你的外语水平。

4. 以情动人，以诚取信

语言有情，不仅有助于交流思想、传递信息，更能感动对方。因此，求职信中应该注意情感因素，让招聘者看了你的求职信后会产生好感。如求职单位在你的家乡，你可以充分表达为建设家乡而贡献自己聪明才智的志向；如求职单位在贫困地区，你就要充分表达为改变贫困地区面貌而奋斗的决心。总之，要设法引起对方的共鸣。另外，还要注意以"诚"取信，即要态度诚实、言出肺腑，恭敬而不拍马，自信而不自大。

第三节 求 职 面 试

面试给公司和应聘者提供了进行双向交流的机会，能使公司和应聘者之间相互了解，从而使双方都可更准确做出聘用与否、受聘与否的决定。面试是一场"没有硝烟的战争"，太多才俊因为缺乏技巧而丧失了与心仪企业牵手的机会。在能力、经验相差不多的情况下，面试时的技巧往往成为决定性的因素。

一、面试前准备

面试是求职者求职择业的关键环节，与做任何事情一样，失败永远比成功来得简单、容易。常言道：不打无准备之仗。凡事预则立，不预则废，有充分的准备，方能战无不胜，攻无不克！因此在你去面试之前，准备工作马虎不得。

1. 研究招聘单位的相关资料

"知己知彼，百战不殆"，应聘者要保证自己对所应聘的公司和职位有相当的了解。因此，求职前，要先了解一下公司的情况：总公司所在地、规模、架构、背景、经营模式、目前的发展状况和未来的发展规划等概况，最好事先有概略性的了解，如无法得到书面资料，也要设法从该公司或其同行中获得情报，包括业绩的表现、活动的规模，以及今后预定拓展的业务等，若能得到业界的评价更好！其实，这些信息最好是在投简历的时候就要了解。另外，应聘企业的文化是什么？企业文化对个人发展极为重要。一个聪明的求职者，不难在面试过程中过滤出一些关于企业文化的信息，从而判断出企业的环境是否公平，也可以判断出如果入职该企业，上升通道中是否有被限制因素。同时，还需了解空缺职位的技能要求和岗位职责，尤其是职位的软性技能要求。

2. 做好物质准备

在寄出求职信的同时，应该把每个招聘单位的求才广告剪辑记录下来，以便在收到招聘单位的面试通知时进行查阅，避免张冠李戴。接到面试通知后，要搞清楚究竟在何处上下车、转换车，要留出充裕的时间去搭乘或转换车辆，包括一些意外情况都应考虑在内，以免面试迟到。面试前，应把自己准备带去参加面试的文件包整理一番，带上必备用品。求职记录本应该随时带在身边，以便记录最新情况或供随时查询，当然简历也要多准备几份。文件包要整理整齐，面试时的细小行为最能说明一个人的真实情况，所谓"细微处见真情"。因为从中可以看出这位求职者的条理性，一个自己包内物品都弄得杂乱无章的人，很难在工作中有条有理。

3. 准备中英文自我介绍

面试中经常碰到的第一问题就是关于自我介绍。应聘者应在面试之前准备中英文介绍各一份，时间一般在3分钟左右。自我介绍的重点是自己的优势或强项，一定要在最短时间内激发起面试官对你的好感或者至少是兴趣，切记不要简单重复简历的内容。

4. 进行面试前的演练

众多面试成功的事例已经充分说明，面试前的演练十分重要，对面试水平的提高有极大的促进作用，因此要高度重视并下大气力做好这个环节的工作。面试演练的方式有如下几种：第一，个人单独演练。可以面对镜子，自己在一个单独的、无人打扰的环境里，先行试讲，探索出合适的表述模式，找到最佳感觉。第二，多人帮助演练。可以找家人、亲朋好友，也可以找有经验的人，让他们当听众、当评委；由他们提出问题，模拟实战的要求和气氛，严格按实际的情景进行操作，并让他们"会诊"，指出优点和不足，提出扬长避短的措施建议，借此来提高面试水平。第三，换位面试演练。这种方法即是让应聘者当评委，让陪练者当考生，以使应聘者在评委的角色体验中取得面试的经验，从相对应的角度体会出如何应对面试的技巧和应注意的问题。

5. 建立良好的第一印象

面试的时间是很有限的,甚至有限到或许仅仅是几分钟的时间。在这么短的时间里,能够让考官认可你,最关键的就是要留给他良好的第一印象。那么,如何能够给用人单位留下美好的印象呢?要知道,一个人的年龄、相貌、身材是不容易改变的;但是,我们也要知道,一个人的行为、服饰、言谈举止、表情等通过努力是可以改变的。

英国人力资源专家曾作过研究,三种人更容易得到工作:漂亮的、个子高的、有礼貌的。所以,面试前建议你好好审视一下穿着。首先未必要穿名牌,但是男生要给人感觉很利索、协调,女生要干净、大方,不要给别人的感觉很邋遢。有的应聘者西装皱皱巴巴,领带歪歪斜斜,能有好印象吗?还有的女生打扮太时尚,大耳环晃晃悠悠,企业找人不是找模特或者选美,所以不合适的穿戴往往会让你在一开始就被淘汰。现在很多学生搞写真集求职,实在是"误入歧途"。另外,有的应聘者不注意用一些礼貌用语和动作,大大咧咧,往往给人留下没有修养、不成熟的印象,在同样的条件下,你的概率就小多了。

面试的类型

行为面试。这种面试要求应聘者描述曾经完成的工作,HR 通过了解过去发生的事件来预测未来。应对这样的面试,一定要把握住 HR 想要详细了解个人能力的心理,要通过举例子,描述细节来体现个人的特点,越详细越好。

问题解决型面试。这种面试一般会提供一个问题,让应聘者给出解决方案,考察应聘者的分析和创造能力。在回答这类问题时,不妨要求考官给出两三分钟的思考时间,以便给出一个相对完善的答案。

案例面试。这样的面试往往提供篇幅很长的案例,给大约两个小时阅读总结,另外还有可能需要演示分析结果,是一种强度较大的面试类型。应聘者应该表现出很强的搜集整理信息和归纳总结的能力。

压力面试。这样的面试里,面试官会故意创造一种不友好的气氛,故意刁难应聘者。当然,目的在于考察一个应聘者是否拥有积极的心态和正面的态度。所以,一定要避免与面试官产生冲突,而应该展示出成熟的态度和冷静处理问题的能力。

二、常见面试问题

面试过程中,面试官会向应聘者发问,而应聘者的回答将成为面试官考虑是否接受他的重要依据。面试时,有些问题是公司面试人员常常会提出的,这里对常见的几个问题进行分析。同时强调的是,同一个面试问题并非只有一个答案,而同一个答案并不是在任何面试场合都有效,关键在于应聘者掌握了规律后,对面试的具体情况进行把握，有意识地揣摩面试官提出问题的心理背景，然后投其所好。

问题1：请你自我介绍一下。

在求职面试时，大多数面试考官会要求应聘者作一个自我介绍，一方面以此了解应聘者的大概情况，另一方面考察应聘者的口才、应变和心理承受、逻辑思维等能力。千万不要小视这个自我介绍，它既是打动面试考官的敲门砖，也是推销自己的极好机会，因此一定要好好把握。应聘者具体应注意以下几点：

（1）自我介绍时首先应礼貌地做一个极简短的开场白，并向所有的面试人员（如果有多个面试考官的话）示意，如果面试考官正在注意别的东西，可以稍微等一下，等他注意转过来后才开始。

（2）注意掌握时间，如果面试考官规定了时间，一定要注意时间的掌握，既不能超时太长，也不能过于简短。

（3）介绍的内容不宜太多的停留在诸如姓名、工作经历、时间等东西上，因为这些在你的简历表上已经有了，你应该更多的谈一些跟你所应聘职位有关的工作经历和所取得的成绩，以证明你确实有能力胜任你所应聘的工作职位。

（4）在作自我简介时，眼睛千万不要东张西望，四处游离，显得漫不经心的样子，这会给人做事随便、注意力不集中的感觉。眼睛最好要多注视面试考官，但也不能长久注视目不转睛。再就是尽量少加一些手的辅助动作，因为这毕竟不是在作讲演，保持一种得体的姿态也是很重要的。

（5）在自我介绍完后不要忘了道声谢谢，有时往往会因此影响考官对你的印象。

问题2：你为什么选择我们公司？

这个问题实际上有两方面的含意：一是为什么选择这个职位，二是为什么选择这个公司。面试官试图从中了解你求职的动机、愿望以及对此项工作的态度。对于这个问题，需要应聘者在面试前对行业和应聘单位做充分的调查。如果你有选择这个公司的理由，或选择这个公司是你最大愿望，你就要准备回答为什么。建议从行业、公司和职位这三个角度来回答。行业可以从整个行业形态的良性趋势和乐观前景去答，公司可以从该公司的企业文化理念和你自己的职业规划结合去答，职位可以从该公司提供的职位给予自己很多发挥特长的空间和平台去答。

问题3：我为什么要雇用你？

这是个直接、正面的问题，尽管这个问题不会问得这样明确，但是会在其他问题之后被提出来。直接的问题需要直截了当回答，为什么他们要雇用你呢？最巧妙的回答对他们而不是对你有利。这个问题会使你向他们提供证据以证实你可以帮助他们改进工作效率，降低成本、增加销售、解决问题等。在回答中，以实例提供有力的证据，直接而自信地推销自己。

问题4：你有哪些主要的优点？

回答应当首先强调你适应的或已具有的技能。雇用你的决定在很大程度上取决于这些技能，你可以在后面详细介绍你与工作有关的技能。回答时，一定要简单扼要。例如"我具有朝着目标努力工作的能力。一旦我下定决心做某事，我就要把它做好"，例如，"我的志愿是成为一个出色的公关经理，我喜欢接触不同的人，服务人群，为了实现这个目标，我目前正在修读有关课程"。在谈优点时，尽可能要提供与工作相关的证据，把它们和目前所申请的职位做匹配，这会使你与众不同。

问题5：你有哪些主要的缺点？

这是个棘手的问题。若照实回答，你会毁了工作，雇主试图使你处于不利的境地，观察你在类似的工作困境中将做出什么反应。回答时要注意以下几点：

（1）不宜说自己没缺点。

（2）不宜把那些明显的优点说成缺点。

（3）不宜说出严重影响所应聘工作的缺点。

（4）不宜说出令人不放心、不舒服的缺点。

（5）可以说出一些对于所应聘工作"无关紧要"的缺点，甚至是一些表面上看是缺点，从工作的角度看却是优点的缺点。例如，"我需要学会更耐心一点。我的性子比较急，我总要我的工作赶在第一时间完成，我不能容忍工作怠慢"。回答的虽是自身的缺点，但却表现了正面的效果，对工作的积极抵消了反面。

建议：诚实地挑自己性格或其他方面上的一两个不足说一下，并重点强调你在努力地改正和克服中。

问题6：在校时做过什么兼职或社会实践吗？请挑一件谈谈，从中你学到什么？

建议：挑一件你体验最深的来讲，重点突出你和同伴在该实践中遇到的问题和如何解决问题，以及从中得到的体会，回答的方向尽量靠近团队协作和解决问题的思维方式上。表述一定要思维清晰，逻辑清楚。

问题7：你是应届毕业生，缺乏经验，如何能胜任这项工作？

如果招聘单位对应届毕业生的应聘者提出这个问题，说明招聘单位并不真正在乎"经验"，关键看应聘者怎样回答。对这个问题的回答最好体现出应聘者的诚恳、机智、果敢及敬业。例如，"作为应届毕业生，在工作经验方面的确会有所欠缺，因此在读书期间我一直利用各种机会在这个行业里做兼职。我也发现，实际工作远比书本知识丰富、复杂。但我有较强的责任心、适应能力和学习能力，而且比较勤奋，所以在兼职中均能圆满完成各项工作，从中获取的经验也令我受益匪浅。请贵公司放心，学校所学及兼职的工作经验使我一定能胜任这个职位"。

建议：强调自己之前做兼职或实践活动中学到的一些经验，尤其说说自己肯学，而且学习能力极强的优势。

问题8：你如何评价你的前任老板？

即使抱怨的理由再充分，当表现出对前任老板的不尊重时，面试官会自然联想到今后你对他的评价。

建议：在评价他人时，包括老师、同学、同事，客观地评价，先说事再说人，且往好一点的方面进行评价。

问题9：你在前一家公司的离职原因是什么？

最重要的是，应聘者要使招聘单位相信，应聘者在过往的单位的"离职原因"在此家招聘单位里不存在。回答这类问题，要注意以下几点：

（1）避免把"离职原因"说得太详细、太具体。

（2）不能掺杂主观的负面感受，如"太辛苦"、"人际关系复杂"、"管理太混乱"、"公司不重视人才"、"公司排斥我们某某的员工"等。

（3）不能躲闪、回避，如"想换换环境"、"个人原因"等。

（4）不能涉及自己负面的人格特征，如不诚实、懒惰、缺乏责任感、不随和等。

（5）尽量使解释的理由为应聘者个人形象添彩。

如："我离职是因为这家公司倒闭。我在公司工作了三年多，有较深的感情。从去年始，由于市场形势突变，公司的局面急转直下。到眼下这一步我觉得很遗憾，但还要面对现实，重新寻找能发挥我能力的舞台。"

问题10：你希望与什么样的上级共事？

通过应聘者对上级的"希望"可以判断出应聘者对自我要求的意识，这既是一个陷阱，又是一次机会。

建议：最好回避对上级具体的希望，多谈对自己的要求。例如，"作为刚步入社会新人，我应该多要求自己尽快熟悉环境、适应环境，而不应该对环境提出什么要求，只要能发挥我的专长就可以了"。

问题11：对于薪酬待遇你有什么样的要求？

如果你对薪酬的要求太低，那显然贬低自己的能力；如果你对薪酬的要求太高，那又会显得你分量过重，公司受用不起。一些雇主通常都事先对求聘的职位定下开支预算，因而他们第一次提出的价钱往往是他们所能给予的最高价钱。他们问你只不过想证实一下这笔钱是否足以引起你对该工作的兴趣。

建议：面试前先对目前该行业、该职位和该公司的薪酬平均水平有一个了解。除非你认为自己很优秀或者要求的底线高，否则按大概的市场价位去提比较合适点（毕竟是应届生）。一般每个公司都有自己的应届生员工试用期薪酬预算，如果没有低于你的最底线，建议还是接受，先学点东西，再体现自己的价值。

问题12：给我们一个一定要录用你的理由。

建议：呈现自己自信的一面，可以总结性简洁地回答。如："通过这次的面试我更加坚定我可以在我们公司这个职位上展现自己的才能，与公司一起成长。"（注意：这里用"我们公司"而不是"贵公司"，这就给面试官很好的亲切感。）

三、常见面试错误

在求职面试中，没有人能保证不犯错误，只是聪明的求职者会不断修正错误走向正确。然而，如果我们知道面试中常见的错误是什么，知道如何避免犯错误，我们就会少走许多弯路。因为面试时的错误常常是致命的错误。这里列举常见的12种错误进行分析。

1. 不善于打破沉默

面试开始时，应聘者不善于"破冰"，而等待面试官打开话匣。面试中，应聘者又出于种种顾虑，不愿主动说话，结果使面试出现冷场。即便能勉强打破沉默，语音语调亦极其生硬，使场面更显尴尬。实际上，无论是面试前或面试中，面试者主动致意与交谈，会留给面试官热情和善于与人交谈的良好印象。

2. 与面试官"套近乎"

具备一定专业素养的面试官是忌讳与应聘者套近乎的，因为面试中双方关系过于随便或过于紧张都会影响面试官的评判。过分"套近乎"亦会在客观上妨碍应聘者在短短的面试时间内，做好专业经验与技能的陈述。聪明的应聘者可以列举一至两件有根有据的事情来赞扬招聘单位，从而表现出你对这家公司的兴趣。

3. 为偏见或成见所左右

有时候，参加面试前自己所了解的有关面试官或该招聘单位的负面评价，会左右自己面试中的思维，误认为貌似冷淡的面试官或是严厉或是对应聘者不满意，因此十分紧张。还有些时候，面试官是一位看上去比自己年轻许多的小姐，心中便开始嘀咕："她怎么能有资格面试我呢？"其实，在招聘面试这种特殊的采购关系中，应聘者作为供方，需要积极面对不同风格的面试官即客户。一个真正的销售员在面对客户的时候，他的态度是无法选择的。

4. 慷慨陈词，却举不出例子

应聘者大谈个人成就、特长、技能时，聪明的面试官一旦反问："能举一两个例子吗？"应聘者便无言应对。而面试官恰恰认为：事实胜于雄辩。在面试中，应试者要想以其所谓的沟通能力、解决问题的能力、团队合作能力，领导能力等取信于人，唯有举例。

5. 缺乏积极态势

面试官常常会提出或触及一些让应聘者难为情的事情。很多人对此面红耳赤，或躲躲闪闪，或撒谎敷衍，而不是诚实地回答或进行正面解释。比方说面试官问："为什么5年中换了3次工作？"有人可能就会大谈工作如何困难、上级不支持等，而不是告诉面试官：虽然工作很艰难，自己却因此学到了很多，也成熟了很多。

6. 丧失专业风采

有些应聘者面试时各方面表现良好，可一旦被问及现所在公司或以前公司时，就会愤怒地抨击其老板或者公司，甚至大肆漫骂。在众多国际化的大企业中，或是在具备专业素养的面试官面前，这种行为是非常忌讳的。

7. 不善于提问

有些人在不该提问时提问，如面试中打断面试官谈话而提问。也有些人面试前对提问没有足够准备，轮到有提问机会时不知说什么好。而事实上，一个好的提问，胜过简历中的无数笔墨，会让面试官刮目相看。比如："以您的个人经验，您认为新员工要学些什么，会遇到哪些困难？在公司里，我的发展机会如何？公司与某公司相比，有哪些长处和短处？能否简单介绍一下公司文化？"等等。

8. 对个人职业发展计划模糊

对个人职业发展计划，很多人只有目标，没有思路。比如当问及"未来5年事业发展计划如何"时，很多人都会回答说"我希望5年之内做到全国销售总监一职"。如果面试官接着问"为什么"，应聘者常常会觉得莫名其妙。其实，任何一个具体的职业发展目标都离不开你对个人目前技能的评估以及你为胜任职业目标所需拟定的粗线条的技能发展计划。

9. 假扮完美

面试官常常会问："你性格上有什么弱点？你在事业上受过挫折吗？"有人会毫不犹豫地回答："没有。"其实这种回答常常是对自己不负责任的。没有人没有弱点，没有人没有受过挫折。只有充分地认识到自己的弱点，也只有正确地认识自己所受的挫折，才能造就真正成熟的人格。

10. 被"引君入瓮"

面试官有时会考核应聘者的商业判断能力及商业道德方面的素养。比如，面试官在介绍公司诚实守信的企业文化之后或索性什么也不介绍，问："你作为财务经理，如果我要求你一年之内逃税1000万元，那你会怎么做？"如果你当场抓耳挠腮地思考逃税计谋，或文思泉涌，立即列举出一大堆方案，都证明你上了他们的圈套。实际上，在几乎所有的国际化大企业中，遵纪守法是员工行为的最基本要求。

11. 主动打探薪酬福利

有些应聘者会在面试快要结束时主动向面试官打听该职位的薪酬福利等情况，结果是欲速则不达。具备人力资源专业素养的面试者是忌讳这种行为的。其实，如果招聘单位对某一位应聘者感兴趣的话，自然会问及其薪酬情况。

12. 不知如何收场

很多求职应聘者面试结束时，因成功的兴奋，或因失败的恐惧，会语无伦次，手足无措。其实，面试结束时，作为应聘者，你不妨：表达你对应聘职位的理解；充满热情地告诉面试者你对此职位感兴趣，并询问下一步是什么；面带微笑和面试官握手并谢谢面试官的接待及对你的考虑。

STAR 面试技巧

情景或任务（situation or task）：描述你所处的情景或你要完成的任务。必须描述具体的事件或情景，而不是泛泛地描述过去你做了什么。确保交代足够的细节以便雇主了解你。这种情景可以源自上一份工作、一次志愿者经历或任何相关事件。

你采取的措施（action you took）：描述一下你采取的措施，确保把着眼点放在你自己身上。即使你是在讨论一个团体项目，你也要将重点放在描述自己所做的事情上，而不是团队所做的努力。不要讲你可能会做什么，而要讲你做过什么。

你取得的成果（results you achieved）：发生了什么，事情是如何完成的，你从中学到了什么。

四、面试注意事项

面试是一个非常重要的过程，有些人在这个过程中感到不知所措，或者做得不好，使自己在求职中因小失大，达不到成功。在求职过程中注意了以下基本事项，可以事半功倍，增强面试的有效性。

1. 坚定而有力地握手

面试时，握手是很重要的一种身体语言。特别是外企把握手作为衡量一个人是否专业、自信、有见识的重要依据。坚定自信的握手能给招聘经理带来好感，让他认同你是懂得行规、礼仪的圈内一分子。无论男女，在握手时都应该本着"坚定有力"的宗旨，用心去和对方握手。这样方显自信、诚恳的本色。要注意别过早伸手或者在不恰当的时候伸手。比如招聘经理埋头填写上一个人的评语时你就伸出手，或者双方相隔八丈远，你就像国家领导人等待外国使节递交国书似的虚手以待，显然都不合时宜。国际规范的握手以坚定有力地"共振"两下即可，但具体时间长短需要视双方感觉而定。

2. 目光自然接触

与面试官目光相遇，相对视，不应慌忙移开，应当顺其自然地对视 1～3 秒钟，然后才缓缓移开，这样显得心地坦荡，容易取得对方的信任；一遇到对方的目光就躲闪的人，容易引起对方的猜疑，或被认为是胆怯的表现。为了避免过多地注视而令考官不安，可适度运用"散点柔视"，把目光放在脸部两眼至额头中部的上三角区。注视对方，目光要自然、柔和、亲切、真诚，而且要注意眨眼的次数。一般情况下，每分钟眨眼 6～8 次为正常。若眨眼次数过多，表示在怀疑对方所说内容的真实性；而眨眼时间超过一秒钟就成了闭眼，表示厌恶、不感兴趣。

3. 自然地微笑

俗话说："面带三分笑，礼数已先到。"微笑是一种无言的答语，起着很微妙的作用。可以说，微笑是自我推荐的润滑剂，礼貌之花，友谊之桥。面对陌生的考官，微笑可以缩短双方距离，创造良好的面谈气氛。应聘者不仅要面带微笑，而且要谦和热情。谦和是对他人的敬重。微笑贯穿面试的全过程。在跟对方见面时要带着微笑，在跟对方交谈时要面带微笑，在跟对方打招呼时要点头微笑，在跟对方握手告别时要微笑。总之，绝不能吝啬你的微笑。求职者要善于微笑。首先，微笑必须真诚、自然。只有真诚、自然的微笑，才能使对方感到友善、亲切和融洽。其次，微笑要适度、得体。适度就是要笑得有分寸、不出声，含而不露，不能哈哈大笑，捧腹大笑；得体就是要恰到好处，当笑则笑，不当笑则不笑。否则，会适得其反，给对方留下不好的印象。

4. 塑造近因效应

最近、最新的印象往往是最强烈的，可以冲淡在此之前产生的各种不利因素，这就是近因效应。因此，面试者须努力在最后阶段抓住时机，从而给面试官留下至关重要的美好印象。当面试官暗示或明示可以结束面试时，应聘者要礼貌地与面试官告辞。告辞时一般要面带微笑，并说感谢对方给了自己这次面试机会之类的话。例如，"非常感谢你们给了我这次难得的机会，我会为曾经参加过贵单位的面试而自豪！真心地谢谢你们，再见！"

告辞时应聘者还可以说一些向面试官们虚心求教的话。例如，"非常有幸能与你们谈这么多，我感觉收获很大，希望今后能有更多的机会向你们求教……"。同时，你可以向面试官询问与其联系的方法，这时面试官如果愿意的话，他可能会送你一张名片。接受名片时，应当恭恭敬敬，双手捧接，并道感谢，这样能够使对方感受到对他的尊重。接过名片后，一定要仔细地看一遍，不懂之处当即请教。有时可以有意地重复一下名片上所列的对方的姓名与职务，以示仰慕。绝不要一只手去接别人递上的名片，也不要不看一眼就把它漫不经心地塞入口袋。接过对方的名片并做了应酬后，应当着对方的面郑重其事地将他的名片放入自己携带的名片盒或名片夹之中，千万不要搞脏或弄皱。收取了对方的名片以后，也应迅速递上自己的名片，若没有则应道歉。

告辞前如果面试官没有明确告诉你什么时候可以接到面试结果通知，你可以向他提出这个问题。辞别时应整理好随身携带的物品，不要丢三落四，不要风风火火，而要从容稳重，有条不紊。出去推门或拉门时，要转身正面面对面试官，让后身先出门，然后轻轻关上门。如果在你进入面试房间前，有秘书或接待员接待你或招待你，在离去时应向他们表示诚挚的感谢。你向工作人员表示感谢，肯定会赢得他们的好感，更为重要的是，这种尊重他人、谦虚谨慎的作风将赢得面试官的好感，给他们留下美好的印象。

五、面试后续沟通

很多求职者都认为面试结束后，就可以在家等待录用通知。其实不然，当求职者正式结束面试时候，正是用人单位商量录用谁最合适得到某应聘岗位，面试后你所做的事情也会决定你是否能得到工作职位。建议在面试后的一两天内，可以给某个具体负责人写一封感谢信，复述一下你在面试中讲过的话，对面试官的工作表示感谢，同时可以在信里纠正任何错误的细节或者增补一些遗漏事项，并且强调一些要点，这些要点会加深面试官对你的印象。

如果在一个星期内，或者依据他们做决策所需的一段合理时间之内没有得到任何音讯，你可以给负责人打个电话，问他"是否已经做出决定了"。这个电话可以表示出你的兴趣和热情，还可以从他的口气中听出你是否有希望得到那份工作。如果在打听情况时觉察出自己有希望中选，但最后决定尚未做出，那你过段时间后再打一次电话表达自己的愿望。每次打电话后，你还可以给对方寄封信。内容应该包括：①重申你的优点；②你对应聘职位仍然十分感兴趣；③你能为公司的发展做出具体的贡献；④你希望能早日听到公司的回音。

哪怕他们已经暗示你可能落选了，寄一封短信说明你即使没有成功但也很高兴有面试机会。这样做不仅仅是出于礼貌，或许可以给自己留一个机会，让你可以进一步询问他们的同事是否知道有人需要具备你这样技能的人，创造出一个潜在的求职机会。

表7-1为成功求职者与失败求职者的沟通行为对比。

表7-1 成功求职者与失败求职者的沟通行为

行为类别	失败求职者的行为	成功求职者的行为
对职位的描述	对想要从事的职业知之甚少	明确了解并坚持始终如一的看法，能说出选择该职位的原因
公司名称的提及	几乎不提及公司名称	常提及公司名称
对公司和职位的了解	想通过面试来了解公司和职位的情况	对公司做了调查，查阅了具体网站，征询了提供信息的人的意见
感兴趣程度和热情	用中性词回答面试官的提问，如"好的"、"我知道了"	以口头和非口头的方式对面试官提供的信息表示赞同
非语言行为	很少有目光交流和微笑	常与对方有目光交流并保持微笑
领会面试官的暗示	即使对方显然希望给出正面回答，求职者却给出含糊甚至负面回答	正面而自信地回答问题，用具体例子来佐证自己的观点
专业术语的使用	几乎不使用专业术语	常使用专业术语
回答中具体事例的使用	回答非常简短，不做详尽的回答，有时只给出含糊其辞的回答	用具体的个人经历来支持自己的观点
求职者所提的问题	只问少量笼统的问题	根据自己对行业和公司的了解，提一些具体的问题，提个性化的问题

总结

简历是个人历史和资格的简单记录，是求职者给招聘单位发的一份简要介绍。

简历的重点应该着眼于未来而非过去：你必须表明你受的教育和工作经历使你有资格接受未来的工作。

面对应届大学毕业生的初级职位而言，大多数个人简历有一页就足够了。如果你有更多的好素材要表述或者对于较高级的职位而言，两页纸的简历才是合适的。篇幅不足一页的简历会告诉招聘者你乏善可陈。

简历使用简单、易读的字体，字体一般为五号或小四号，80克或100克的标准A4白色或近白色纸张，总体外观应该显得专业和保守，杜绝任何错误。

简历的内容包括：联系信息、职业目标、教育背景、工作经历、荣誉和奖励、性格和爱好。优秀简历的原则包括：扼要精练、主次分明、实事求是、动词说话、针对性强、精益求精。

求职信是针对特定的个人来写的，而简历却是针对特定的工作职位来写的；简历主要叙述求职者的客观情况，而求职信主要表述求职者的主观愿望。相对于简历来说，求职信更要集中地突出个人的特征与求职意向，从而打动招聘人员的心，是对简历的简洁概述和补充。

求职信属于书信范畴，其基本格式应当符合书信的一般要求，主要包括称呼、正文、结尾、署名、日期等几部分。好的求职信应当做到：态度真诚，摆正位置，整洁美观，言简意赅，突出个性，有的放矢、以情动人，以诚取信。

面试前准备工作包括：研究招聘单位的相关资料、做好物质准备、准备中英文自我介绍、进行面试前的演练、建立良好的第一印象。

常见面试问题包括：请你自我介绍一下；你为什么选择我们公司；我为什么要雇用你；你有哪些主要的优点；你有哪些主要的缺点；在校时做过什么兼职或社会实践吗，请挑一件谈谈，从中你学到什么；你是应届毕业生，缺乏经验，如何能胜任这项工作；你如何评价你的前任老板；你在前一家公司的离职原因是什么；你希望与什么样的上级共事；对于薪酬待遇你有什么样的要求；给我们一个一定要录用你的理由。

面试中常犯的错误包括：不善于打破沉默；与面试官"套近乎"；为偏见或成见所左右；慷慨陈词，却举不出例子；缺乏积极态势；丧失专业风采；不善于提问；个人职业发展计划模糊；假扮完美；被"引君入瓮"；主动打探薪酬福利；不知如何收场。

求职过程中注意的基本事项包括：坚定而有力地握手，目光自然接触，自然地微笑，塑造近因效应。

面试后所做的事情也会决定是否能得到工作职位，建议在面试后的一两天内，给某个具体负责人写一封感谢信，复述一下你在面试中讲过的话，对面试官的工作表示感谢，同时可以在信里纠正任何错误的细节或者增补一些遗漏事项，并且强调一些要点，加深面试官对你的印象。在一个星期内，或者依据他们做决策所需的一段合理时间之内，打后续电话。

第七章 职业沟通

问题讨论

（1）设想你马上就要大学毕业了，根据自己的教育背景、工作经历以及其他信息，准备一份格式美观的简历。

（2）针对简历中明显的弱点或缺点，准备好解释或者弱化它们的方法。

小故事

勇敢"第一次"

坦白讲，这是我第一次加入纯正血统的4A（广告公司）。

人，总是对"第一次"特别敏感，初恋、初吻、初夜……"第一次"总让人感觉新奇、兴奋。但不知从什么时候，人们开始瞧不起"第一次"。这归咎于开放过分的现代，"第一次"，这个原本非常美好的期待值，在人们心中一下子沦为贬义。"第一次"代表愣头青，"第一次"代表没经验，"第一次"代表没能力，"第一次"就是菜鸟。

人们甚至拒绝第一次，拒绝0工作经验的毕业生，4A拒绝没4A经验的创意人，但，习惯以"过来人"自居的他们，忘了谁都曾有过珍贵的第一次，难道就因为提早进了几天4A的门，眼睛就移植到脑门上，不拿正眼瞧人？显然，我很幸运，找到一把打开4A的钥匙，但也会因为"第一次"对4A不熟门熟路紧张万分。

上班第一天，我们这个新成立的小组人马配备齐全，"A"召集归他管的新、老两个团队一起吃中饭，方便互相认识一下。我们这个新团队，果然以"新"著称，新CD、新搭档、新art、新老板。两个团队即便围在一张桌子吃饭的时候，仍然感觉兵分两路，介绍自己时，老团队要么对过口供，要么太有默契，每个人都是上海人，每个人都爱打游戏，每个人都有一些让人刮目的洋嗜好，什么骑马、射击、曲棍球、滑雪。哇，不仅样样难度系数高，选场地的费用也蛮高的。上海压根不下雪，想要满足爱好还要跑到东北滑雪？

管它靠不靠谱，饭桌上的话说完就算，起码代表品位不俗。轮到新团队，轮到我介绍自己时，明明说中文但感觉每叶一个字都像在说不在行的英文，小心地注意发音。我不是上海人、不愿承认没进过4A、没什么调得起别人特"高"情绪的爱好。我拿什么来介绍自己？结果，一桌子菜，我根本忘记动筷，心思完全集中在自我斗争中，紧张、怕生甚至有点自卑……

这种怯场用今天的话讲叫低调，说白了就是不自信。第一次代表陌生、不熟悉，所以，每个人通常多多少少都有些放不开。但，心态要放平。别太在乎别人的想法,不要为自己设立"假想敌",不要在乎别人怎么看你。别人高傲、美、丑、有无能力,都是别人的事。不要存在比较心,比别人穿得逊,就会猜想在别人眼中没品。比别人身材差,就会猜想在别人眼中蠢。比别人学历低,就会猜想在别人眼中没素质。没别人会玩,就会猜想在别人眼中没创意。

你假想别人怎么看你,其实就是你怎么看自己。不要拿自己太当回事,人的精力有限,不会去关注太多事情,你会关心路人的高、矮、胖、瘦,是否营养不良吗?同样,非亲非故,别人也不会太在意你……

面对无数个"第一次"紧张,都是心中那个"自我"惹的祸。第一次给男生写情书紧张,是因为怕对方不接受,自己没面子。第一次和男生做爱紧张,是因为怕自己不性感,对方不喜欢。第一次工作紧张,是因为没经验怕老板对自己失望。第一次坐飞机紧张,是因为不知道如何登机、如何找座位、如何解开安全带。

其实不必怕别人嘲笑你"第一次"的无知,不知者不罪,既然你手中握有"第一次"这张免死牌。所以,闭着眼睛冲吧,管他呢,反正死不了。

——崔晶:别被office干掉

启示:

第一次面对陌生环境:要"目中无人",周围的人就是空气,就是一些家具、空椅子。对空气讲话,总不会怕吧。

第一次提案:把在座的客户、领导当成粉丝,当成不懂事的小朋友,当成再没缘分见第二次的路人,当成耳朵暂时失聪的同事。这么好糊弄,这么大的舞台,好好表演吧。

第一次和新同事、新老板吃饭:当成一次老同学聚会、一次好朋友聚餐、一次家庭便餐。大家都这么熟了,就尽情三八吧。

不要为自己设下假想敌,其实没有陌生人!

沟通游戏

模 拟 招 聘

规则:

(1)将学员分成几个小组,每一组负责某一个方面的问题,每个方面都需要想出3~5个问题。例如:

1)关于应聘者个人(例如:你如何看待你的专业背景与这个工作的分歧之处)。

2)情商(例如:你如何处理顾客满意度与行业规则问题)。

3)价值和态度(例如:你的处世态度是什么,你是否希望每个人都喜欢你?)。

4)任务(你是否会加班工作,如果会,为什么?如果不会,为什么?)。

（2）给每个小组5分钟时间，大家群策群力地设想在面试过程中可能会遇到的问题，并将其记录下来。

（3）请每个小组选出他们将要提问的三个问题，这三个问题可以是任何标准（比如：最尖锐的，最具有挑战性的）。

（4）挑选出4位志愿者，其中一位是面试考官，三位为面试者。发给三个面试者每人一张角色卡片。

（5）现在面试官给每个应聘者10分钟时间来回答问题，问题可以是刚才大家提出来的，也可以是面试官认为很重要但大家并没有提到的；大家轮流回答问题，一直到10分钟的时候停止。

（6）请面试官选出他想要录取的应聘者，并陈述理由。

（7）大家投票表决决定找哪个人，记录每个投票者的支持人数，并排序，注意每个人只有一次投票机会。

相关讨论：

（1）大家认为，在应聘的过程中，什么能力是最为重要的，这些能力可以通过哪些问题揭示出来？

（2）如果你是应聘者，你希望遇到的问题是什么样的？你是否会对自己的真实情况有所隐瞒？你认为这些隐瞒有效吗？

（3）如果你是招聘者，你会问一些什么样的问题好让应聘者能够更真实地展现自我？

游戏说明的道理：

（1）高超的招聘者应是那些可以在简单的问题中听出应聘者言外之意的人，他们又岂能注意你的言语中不协调的信息，并对其进行判断，得到他对你的最终判断。

（2）对于一个应聘者来说，怎样真实不偏颇地展现你自己，一概是努力的方向，撒谎和掩饰自己的弱点都是不可取的。当然，这并不是让你拼命暴露自己的弱点，而是要你正视弱点，更多地强调优点

（3）这个游戏无论是对于扮演应聘者还是扮演招聘者来说都是一个极好的情商锻炼，应聘者可以更清楚地了解公司所想要的是什么样的人才，为真实生活中的应聘打下基础；招聘者也可以锻炼自己话外听音的能力，提高沟通能力。

第八章 组织演讲

> **学习目标**
> (1) 掌握演讲的准备工作。
> (2) 有效安排演讲语言结构。
> (3) 熟练运用演讲心理技能和非语言技巧。

引例

永 不 放 弃

第二次世界大战期间，面对希特勒的进攻，英国节节败退，人心彷徨，士兵士气低沉。当时的英国首相丘吉尔觉得有必要作一场演讲，来激励士兵的士气，来挽救国家的命运，然后他来到军营里开始他的演讲。

军营里几万的官兵。当时丘吉尔的年龄很老啦，拄着拐杖，戴着草帽，慢步走向讲台。先把草帽放在讲台，然后从左到右横扫了整个军营，说："永不放弃!"然后又从左到右横扫了整个军营，说："永不放弃!"当时整个军营鸦雀无声，连一根针掉在地上的声音都可以听到。然后又从左到右横扫了一次整个军营，然后加大声量说："永不放弃，永不放弃，永不放弃，永不放弃!!!"

整个军营都兴奋起来，欢呼声和拥抱淹没了整个军营。此后英国连连打败了德国希特勒的进攻。这就是丘吉尔最著名的演讲，世界上最震撼的演讲，同时也是世界上最短的演讲。

第一节 演讲准备

由于人类社会发展的需要而产生了语言，由于语言的发展和发音器官的进化，而使有声语言成为主要的表达方式，又由于要更加充分地表达思想感情，而把有声语言和态势语言有机地结合起来，这就是作为一种语言表达方式的演讲的起源。成功的演讲有两个诀窍：准备和练习。美国政治家丹尼尔·韦伯斯特（1782—1852）

说:"未经准备而对人演说,无异于以裸体示众。"只要遵循正确的方法,做周全的准备,任何人都能成为出色的演说家。反之,不论年纪及经验多么老到,若没有适当的准备,仍会在演讲中出糗。

一、演讲自信心

自信是演讲者必备的心理素质。许多人害怕当众说话,许多人又希望自己能在公众面前侃侃而谈。建立自信,就是向演讲者提供了演讲于天地间高高翱翔的动力。建立自信心的过程就是与怯场心理做斗争的过程。人们把当众说话产生的恐惧心理称之为"怯场"。美国著名心理学家戴尔·卡耐基在总结他毕生从事于演讲教学生涯的体会时说:"我一生几乎都在致力于协助人们去除恐惧、培养勇气和信心。"

怯场是一种正常的心理反应,几乎每一位演讲者都必须逾越这一道演讲障碍。社会学家的调查表明,即使是文化层次较高、被称之为"天之骄子"的大学生,也有80%至90%的人在学习演讲时,存在着不同程度的怯场反应。有关的研究还表明,轻度的怯场对演讲反而有帮助。因为轻度的怯场使你对外来的刺激保持了某种警觉性,临场反应能力会因此而更加敏捷,说话会更加流畅。怯场心理会带来相应的生理变化,这些生理变化表现为:轻度的心跳加快、呼吸急促、颜面赤热,中度的手脚发软、肌肉抖颤、小便频繁,重度的当场晕倒。

对怯场心理的产生原因众说纷纭。美国演讲学家查尔斯·格鲁内尔提出了"自我形象受威胁"论。"自我形象受威胁"论认为:每个人都具有理性的、社会的、性别的、职业的自我形象。当人们进行演讲时,就把自我形象暴露于公众面前。由于心里担心自我形象会因为演讲而被毁坏,就产生了窘迫不安的怯场心理。例如,1969年,两位从事演讲学研究的教授在纽约开会,当他们向大会报告论文时,因为怯场而晕倒。"自我形象受威胁"论解释这种现象的产生是因为两位教授的职业自我形象在诸多同行面前受到了严重的威胁。充分的准备和大量的演讲实践是消除怯场心理的唯一途径。

二、明确演讲目的

演讲者在上台演讲之前,首先需要思考的一个问题是:"我为什么要演讲",也即演讲的目的。只有当目的明确后,才能有的放矢地准备演讲内容。从总体上看,演讲的目的就是演讲者与听众取得共识,使听众改变态度,激起行动,推动人类社会向理想境界迈进。演讲无论是宣传自己的主张、观点,或是传播道德伦理情操,还是传授科学文化知识和技艺,都是为了让听众同意自己的主张、观点和立场以取得共识,并在此基础上激发听众的实际行动,向着理想境界迈进。这是演讲的公共目的和意义。

一般来说,演讲有四种目的:①提供信息;②劝说;③激励;④娱乐。目的一定不能模糊不清,否则可能会造成信息被他人误解。当然,演讲者可以在演讲中运用幽默的语言形式，但是如果想要让听众得到他们可以使用的信息，就不能让笑话模糊了演讲的实际内容。明确想要达到的结果，这样听众就不必猜测演讲者究竟在想些什么。演讲是一种复杂的社会实践，更是一种工具。人们拿起工具总是有目的的，没有目的的演讲是不存在的。

三、了解听众

"就算我愿意演讲，为什么别人愿意来听我的演讲呢？"演讲是"语言"艺术，不是"表演"艺术。人们不是来听演讲者如何优异地发表演讲，他们之所以来是因为对演讲主题感兴趣。当然，演讲者希望尽可能好地发表演讲，不过更重要的是，演讲信息的实质内容值得听众投入时间。有丰富演讲经验的人都知道，吸引听众不是件容易的事情。他们为你付出了努力，你有责任为他们付出努力。因此，演讲者必须了解听众心理特征和听众构成成分。

1. 听众心理特征分析

当许多人聚在一起形成一个群体时，人们的心理状态较之独处时有一些明显的变化。下面重点讨论对演讲信息接收产生重大影响的几种群众心理特征。

（1）集体行为中的感染力量。"感染"指的是感情或行为从一群人中的一个参加者蔓延到另一个参加者。一个头脑冷静而具有较强理智的人，一旦进入某一规模的群体之中，常常会放弃平常抑制自身行为的社会准则，而与集体中的其他成员相互刺激并得到强情绪和行为的反应。即集体中的个体成员对任何种类的情绪暗示都易于接受，从而使他像周围的人那样行动。政治信仰者的狂热，足球迷的骚乱，"追星族"的疯狂，都表现了集体行为中感染的力量及其后果。

演讲中，也往往出现数人笑、众人皆笑、数人鼓掌、众人皆鼓掌、数人打哈欠众人皆有睡意的现象。善于演讲者善于控制、调节听众的情绪，能把握演讲成败的关键时刻。他们能适时煽动起听众的热情，把演讲推向高潮；也能及时发现听众的不耐烦情绪，以主动出击的方式控制消极情绪的蔓延。

（2）自我中心的功利目的。某些演讲失败，并不完全是演讲者缺乏足够的准备，而是听众对与己无关的演讲缺乏兴趣。这在某些形式主义的讲话场合中更为常见。听众往往考虑那些与他们切身利益密切相关的事情。例如，职务晋升、工资调整、工作分配等话题总是比人口普查、道德教育等话题更引人关注。因此，演讲者应充分注意听众的兴趣和利益，不论何种类型的演讲，都应从听众角度精心选择和设计经济利益的分配、疑难问题的解答、精神上的娱乐和放松等内容，对听众而言都是一种功利的收获，都能满足听众"自我中心的需求"。

（3）持续时间有限的注意力。人类注意力的持续时间非常有限。以一个单位对象为标准，人类注意力持续时间只有 3 秒到 24 秒。人的大脑时刻准备接受新的刺激。演讲实践也表明，听众很难聚精会神倾听关于一个问题的长时间的演讲。因此，演讲者应有意识地制造演讲内容的起伏跌宕，适时变换语调和节奏，以维系听众的注意力。

2. 听众成分分析

一场具体的演讲，还必须事先了解听众的具体构成成分，以便有针对性地做好演讲材料、演讲技巧、演讲风格的准备。从参加演讲会的目的来看，听众大致可分为以下几种类型：

(1) 慕名而来。一般群众对各类名人都怀有一种敬仰、钦慕之心。因此，当著名政治家、科学家、演讲家、体育明星、影视明星等发表演讲时，往往有大批听众慕名前往。此类听众的主要目的大多是为了一睹名人风采，他们一般不太计较演讲水平的高低。同时，潜在的崇拜，往往使名人们的演讲在听众中激起异乎寻常的热烈反响。

(2) 求知而来。为了获取新的知识和能力，听众会自觉选择那些能满足自己求知欲的演讲。学术讲座、技术辅导、国外见闻等演讲能够吸引大批听众的原因正是因为这些演讲满足了听众的求知欲望。此类演讲只要内容充实，条理清晰，听众一般不会过于挑剔演讲技巧。

(3) 存疑而来。听众对自己渴望了解的演讲话题总是抱着极大的兴趣。例如，调整工资、保健问答、产品介绍等演讲，如果关系到听众的切身利益，听众会十分主动地参与演讲交流过程。此类听众只要求演讲者把演讲内容交代清楚，他们对演讲者的身份、地位和演讲水平不会有苛刻的要求。

(4) 捧场而来。在某些演讲特别是命题演讲比赛中，往往有一些演讲者的同学、同事和亲属前来助威和捧场。这类听众的人数虽少，但在渲染演讲会场气氛、调动其他听众情绪方面却能起到极其重要的作用。演讲比赛和体育比赛一样，东道主往往因"地利、人和"而占据优势地位，其主要原因是拥有自己的捧场者。

(5) 娱乐而来。青年人喜欢演讲比赛，是因为演讲场上充满了激烈的竞争和热烈的气氛，具有一定的娱乐性。仅仅"看热闹"这一条理由就已经能够吸引许多热心的听众。不过，在为娱乐来的听众的潜意识中，隐藏着他们对高水平演讲者的崇拜和学习演讲的欲望。这是一批公正的听众。

(6) 不得不来。工作报告、经验交流、各种庆典的会场上，有相当一部分听众是由于纪律约束或出于礼貌而不得不来的。这类听众对演讲内容不甚关心，演讲过程中心不在焉，反响冷漠。要征服这类听众，演讲者必须具有较高超的演讲技巧。

以上仅仅分析了听众参加演讲会的目的。在演讲实践中，演讲者还可以从其他角度了解听众的成分构成并采取不同的演讲方案。如人数的多寡、男女性的比例、职业差别、文化层次的高低等，都会影响到演讲方案的制定。了解听众是一项十分严肃而又能够获得听众好感的准备工作。即使是成熟的演讲家，如果对听众缺乏必要的了解，也有可能导致演讲的失败。

四、选择演讲主题

开始练习演讲的时候，应当选择些什么题材？凡属你感兴趣的都可以讲。在你的生活背景中，搜寻有意义、曾经教导你有关人生内涵的经验，然后，汇集由这些经验汲取来的思想、概念、彻悟等。真正的准备，是要就你的题目加以深思。正如查尔斯·柏朗博士在耶鲁大学所做的一系列令人回味无穷的演讲中所说："对于你的话题，应先深思熟虑，然后扩大范围，慢慢地思考，逐一将想到的片断记录下来，目的在于固定你的想法，这样才能整理出有系统、有重点的演说题材。"

1. 适合听众要求，内容有的放矢

选题要有针对性，要能深刻影响听众，极大地感染听众。由于民族不同，性格各异，职业有别，年龄差距，以及生活环境和文化修养不同，演讲的听众存在着很大的心理差异、风格差异、感情差异等。选题时应考虑不同类型听众的需要，根据不同民族、不同职业、不同层次的听众的知识水准、兴趣爱好、风俗习惯等来确定。只有选择适合听众的心理、愿望，才能调动听众的注意力，唤起听众对听讲的热情和兴趣。例如，对青年人谈男女恋情，谈如何看待流行歌曲等问题很合他们的口味，但对中老年人就未必合适。显然，如果对山区老农谈高能物理，谈得再好恐怕也不会受欢迎；倘若换成水土改良，情况就会大不一样。

为了适应不同类型听众的需要，选题要考虑"适应度"。选题的"适应度"较大，适应的听众面就较宽；反之，"适应度"较小，适应的听众面就较窄。一般来说，议题的专业化程度越高，其适应度就越小。

2. 从自身经验、专长和兴趣中挑选主题

演讲者应选择自己比较熟悉、比较了解、比较感兴趣、体会比较深的议题，选择与自己的专业、知识面比较接近的议题，这样容易讲深讲透，讲出水平了，讲出风格。兴趣来之于实践，来之于对社会现实和客观事物的了解。比较熟悉、比较感兴趣的议题，常常是曾经思考或有一定了解的和研究的议题。个人的经历可以从以下几个方面来考虑：①非同寻常的经历；②专业知识或专长；③强烈的看法和信念。同时，要注意，在演讲中你立场不客观或失去理智，或是进行不适当的自我披露，将使你的听众尴尬不安，这都会影响演讲的效果。

五、准备演讲材料

收集材料是演讲非常重要的一个步骤，它是充实演讲主题，充分证明论点的有利条件。只有收集到大量的资料，演讲者才真正具有站在公众面前的勇气。演讲是向听众传达信息，如果你不能满足听众的需要，不能提供足够多的信息，那么你的演讲一定不是好演讲。根据演讲题目查阅相关资料，找他人求教都是很好的办法。

1. 围绕主题选择素材

主题是选材的依据。选择材料必须紧紧围绕主题，选择材料时必须考虑它能否有力地支持主题或为主题服务，否则，再生动的材料也不能用。即坚持这样一条原则：凡是能突出、烘托主题的材料就选用，否则就舍弃。能够有力支持主题的材料一般包括：演讲者自己受感动的材料、演讲者亲身实践证明了的材料、听众感兴趣的材料等。

安东尼之辩

在公元前44年,古罗马的布鲁图斯等人说恺撒大帝是暴君、有野心。恺撒的重臣安东尼为了驳斥他们的诡辩,在恺撒的葬礼上为恺撒做了辩护,在辩护词中,选择了这样三个材料。

"他从前曾获胜边疆,所得的财帛都归入国库……"(这不是私心,而是公心。)

"他听到穷人的呼唤,也曾经流下泪来。"(这不是暴君,而是富有同情心的好君主。)

"那天过节时,你们眼睁睁地看着,我三次以皇冠劝他登基,他三次拒绝。"(这不是野心,而是虚心。)

演讲者在服从主题的前提下,选材还要有针对性。演讲者从听众需要出发,有针对性地选择材料,在组织和选取材料时,"因地制宜,因人施讲",这样才能达到晓之以理、动之以情的效果,才能唤起听众的热情和兴趣。这种针对性包括:

(1)要针对不同场合、不同听众的具体特点、兴趣和爱好选择使用不同的材料。

(2)要针对听众的文化程度,把材料具体化、形象化,多选择听众能看到、听到、感觉到的材料。

(3)要选择符合听众心理和要求的材料,尽量使这些材料和听众的切身利益结合起来。

(4)要选择那些能给听众指明方向、能够教给听众行动的手段和方法的材料。

(5)要选择那些正确、准确、科学性强的材料,使听众相信和服从。

(6)要根据自身的特点,选取那些自己熟悉的、适合自己身份的材料,这样才能将主题表达得充分而深刻,具有说服力,在演讲时才能胸有成竹。

2. 整理归类素材

演讲者可以采用许多不同的办法进行素材组织整理。选择适合自己的一种或几种方式,加以组合,起决定作用的可以是视觉效果或者演讲内容。这里介绍两种方法。

(1)概念图。概念图是一种理清思路的方式,通过它可以直观表示某些概念之间的相互关系。你可以按照其基本形式很快绘制简单的图表,用中间标有说明的圆圈或方框表示,再用线把它们连起来。从你的核心想法、你的主题入手,在一张纸的中间画圆圈或方框。然后,利用整理的想法对其加以扩展,围绕主题写出几个要点,留出足够的空白以备将来补充要点。围绕你最初的想法会出现若干新想法,把脑海中产生的新想法写下来,用线将相关的要点连起来。

(2)调整可移动的想法。把内容分布在纸上各个部分。它也可以类似于列提纲,用线性方式连接内容。比如,你可以把自己的想法在记事贴上记下,把它们粘在墙上或桌上。你可以根据主题把它们集中起来,把某一组的某些部分移到另外一组,直到你对整体结构感到满意为止。或者,如果你更喜欢以线性方式考虑问题,则可以根据记事贴上的内容制定原始提纲,提纲可以写在任何地方,包括缩格记录的分要点。

林肯的高帽子

美国第十六任总统林肯,经常戴一顶当时流行的高帽子,随时将所见、所闻、所感的材料记在碎片、旧信封及破包装纸上,然后摘下帽子,放进里面,再把帽子戴上,闲暇之时,便分门别类,加以整理,抄进本子以备用。

第二节 演讲语言结构

演讲语言结构的一般模式是古希腊哲学家亚里斯多德所认定的"三一律"。它由意义各不相同的三个部分即开头、正文、结尾所组成。"三一律"概括了任何演讲结构的形式特点。从形式上看,这三个部分各自独立,各有各的意义和作用;从内容上看,则是统一的,是同一个主题,题材和材料在不同部位的表现,要达到的是同一个目的。这里,开头处于演讲的重要位置,应该力求迅速引起听众的注意,力避拖沓、冗长和客套。结尾则在于使整个演讲给听众留下一个完整、清晰的概念,力求做到揭示题旨,加深认识,促人深思,耐人寻味,文字不可过长。

一、演讲开场白

精巧的开头,画龙点睛,勾勒提要,能自然顺畅地引领下文,把听众带进声情并茂的演讲情景中去,造成有利于接受演讲观点的心理定势。一段精彩的开场白有三种作用,第一,吸引听众的注意力,激发听众的好奇心;第二,概述你演讲的主要内容;第三,向听众阐明听你演讲的必要性。下面介绍五种演讲开场白的方式。

1. 语出惊人

如果你想迅速吸引你的听众,那么开场白一开始就要语出惊人。你可能会描绘一个异乎寻常的场面,透露一个触目惊心的数据,或者栩栩如生地描述一个骇人听闻的问题。听众不仅会蓦然凝神,而且还会侧耳细听,更多地寻求你的讲话内容,探询你演讲的原因。南达科他州北部州立大学的希瑟·拉森在撰写她的演讲词"逆流而行"时,运用了一系列的惊人之语,迅速地把她的听众吸引了过来。举例:

每11分钟就有一个美国人死于这种病。这个数量是死于谋杀犯罪案人数的两倍。今年有4.6万人死于这种病,而8年越南战争的死亡人数也不过是这个数字。

在近十年里，美国人死于这种病的人数是死于艾滋病 13.3 万人数的三倍。这种病将使你我和其他美国人今年在医疗费用上花费掉超过 60 亿美元，并失去劳动能力，更不用说我们所遭受到的生命损失了。我所说的患乳腺癌这种疾病的浪潮可能会直接袭击我们在座的每一个人。

2．利用幽默

幽默如果运用得恰当，在吸引听众注意力上能取到很好的效果。它有助于缓和现场气氛，使他们愿意继续听你的演讲。下列演讲者以幽默的语气用他自己的故事作开场白，来表达他对被邀请作演讲的感谢。举例：

三位公司主管试图给"名声"这个词下个定义。

第一个说："名声就是白宫邀请你去与总统会面。"

第二个说："名声就是白宫给你发出邀请，当你在那儿时，电话响了，但是总统却不接。"

第三个主管说："你们俩说的都不对。名声就是你被邀请到白宫拜见总统，这时总统的热线电话响了，他接过来，听了听，然后说：'找你的！'"

今天我应邀在这里演讲就如同在白宫有电话找我。

3．设置悬念

人都有好奇的天性。在开场白中制造悬念，能激发听众的强烈兴趣和好奇心，在适当的时候解开悬念，使听众的好奇心得到满足，也使演讲前后照应，浑然一体。举例：

一位老先生在演讲开始时首先向听众提问："人从哪里老起？"（听众纷纷作答，有的说人从脚老起，有的说人从脑子老起，全场气氛十分活跃。）老先生最后自我做答："我看有的人从屁股老起。"全场哄堂大笑。老先生继而解释道："某些干部不深入实际，整天泡在'会海'里，坐而论道，那屁股可造孽了，又要负担上身的重压，又要与板凳摩擦，够劳累的了。如此一来，岂不是屁股先老么？"

4．讲述故事

只要与你演讲的主题相关，动人的故事人人都会喜欢。不论哪种类型的演讲，以故事开篇都会给人留下深刻的印象。一位大学生用下面这个故事开始了他的演讲：——卫生保健的斗争领域。举例：

加利福尼亚急诊护士提姆·杜非弥尔成了一位英雄，不是因为他成功地抢救了一位病人，而是因为他勇敢地营救了一位急诊医生。一个不满的患者在没有任何征兆的情况下枪击三位急诊科医生，造成两人轻微受伤，一人中弹——正中头部和胸部。杜非弥尔猛扑向持枪者，救出了重伤的医生，迅速送往急诊手术室。

5．建立信任

听众之所以倾听你的演讲与你的可信度密切相关。你得让你的听众明白：你有资格站在这里阐述这个话题。约翰·富格逊部长在华盛顿的一所中学举行的老兵节集会上讲话时，他在开场白中获得了听众对自己的信任。举例：

我们齐聚一堂，向服过兵役的美国男人和女人，尤其是那些参加过越战的老兵，表示敬意。我是他们中的一员。1967年我在美国海军陆战队中服役。我是反间谍第15组的成员，就在非武装区之外活动。我们组是情报军事行动部队的一小部分，现在叫做凤凰计划。

约翰·富格逊向听众说明他曾亲自参加了越战。他并没有自吹自擂，夸大其辞；他只阐明了他那时的任务是什么。他的经历与战争老兵的主题以及学校集会的目的直接相关。因此，对听众来说，他似乎显得更为可信。

以上所举的开场白的方法，应因人而异，因事而异，灵活掌握。无论使用哪一方法，都要注意下列问题：

一是开场白不能长。

二是如是稍长的演讲，应对演讲的主要内容作预告。

三是许多人用过的套话不要再用。如"我没什么要讲的，只因为……"，"我很不会演讲，可是……"，其他陈词滥调也不要用。假如实在想不到更精彩的开场白，就以单刀直入开场，如："我与大家谈谈……问题……"，"我赞成这样的说法，理由如下……"，"我不同意那样的观点，我有如下根据……"。

二、演讲正文

正文是演讲主体，篇幅较大。要使演讲的观点站得住，立得牢，就必须做到内容充实丰满，有血有肉，要围绕中心论点，处理好论点与论据间的关系，合乎逻辑地逐层展开论述，做到结构有力，层次清楚，过渡自然。在这一部分中，要组织和安排好演讲高潮，使演讲者和听众在情感上产生强烈的共鸣。

1．内容要紧扣主题

从开头到结尾，展开论证也好，进行叙述也好，纵然千波百转，也要紧扣主题。一个问题可能是多侧面、多角度的，但无论多少个侧面和角度，必定有其主要的一面；一篇演讲可能包含几个问题，但无论多少个问题，它们都应当相互联系，并有主次之分。演讲者必须抓住主干，理清脉枝，分清主次轻重，不可"开口千言，离题万里"。

2．条理清楚，层次分明

材料的组织安排一定要井然有序、有条不紊。要做到这一点，就必须在科学分析的基础上，把散乱的材料分门别类，分清主次和先后，把它们组织安排好，从而更充分、更有力地表现主题。比如，哪些应该先说，哪些应该后讲；哪些要详讲，哪些要略说；如何开头，如何结尾，如何照应，如何过渡，都要有周密的计划。演讲者要做到胸有成竹，这样演讲才不至于眉目不清、条理不明、乱七八糟、支离破碎。特别要处理好层次与段落、过渡与照应等。

3. 结构要富于变化

讲述的内容应当千波百折，有起有伏，使整个结构富于变化，多姿多彩，以其结构的艺术性吸引、打动并说服听众。心理学家认为，人听讲话的有意注意力每隔5～7分钟就会有所松弛，而跌宕起伏、张弛有致的结构，就能很好地适应听众的这一特点。演讲者应当时而是严峻的说服，时而又是轻松的谈笑，时而慷慨陈词，时而诙谐幽默，甚至还可以根据需要适当穿插一些奇闻轶事、小故事、诗文警句、谈资笑料等。这样会使内容丰富多彩，也使形式摇曳生辉，使听众精神振奋，乐于倾听。

4. 限制主要论点数量

作为演讲者，你应该围绕几个要点整理自己的思路和演讲内容。如果把每条思路都作为要点，就会导致没有机会扩展其中任何一条。如果分要点过于庞杂，你就无法从中抽象出适合你演讲主题的东西。此外，如果你只有一个要点，那么你基本上只有主题，谈不上所谓的整理和组织演讲。一般以3～5个论点为宜，因为论点多了，听众不易领会，而且容易忘记。

三、演讲结尾

俗话说："编筐编篓，重在收口；描龙画凤，难在点睛。"演讲的结尾，就是演讲的"收口"、"点睛"。美国作家约翰·沃尔夫认为："演讲最好在听众兴趣未尽时戛然而止。"其意就是说，最好在演讲达到高潮时果断"刹车"，以此来强化给听众的最佳印象。

拿破仑说过："兵家成败决定最后五分钟。"我们同样可以说，演讲的成败在相当程度上取决于演讲的结尾。这是因为，如果演讲者设计和安排的演讲开头和高潮精彩，再加上有一个出人意料、耐人寻味的好结尾，那么，就如同锦上添花，会给听众带来一种精神上的愉快和满足。相反，如果演讲者设计和安排的结尾没有新意而贫乏无力，没有激起波澜而陈旧庸俗、索然无味，那就会使听众深感遗憾，失望而去。因此，演讲的结尾要比开头和主体部分要求更高，内容要更有深度，语言要更有力度，方法要更巧妙，效果要更耐人寻味。可见，演讲的结尾是走向成功的最后一步，它在整个演讲中起着不可忽视的重要作用。

好的结尾能揭示题旨，加深认识，给听众留下完整深刻的印象；能收拢全篇，使通篇浑然一体；能鼓动激情，促人深思，令人觉醒，能让听众在反复回味中受到教育和启发。常见的演讲结尾方式大体有以下几种。

1. 总结式

以总结归纳的方式结尾。这种结尾用极其精练的语言，对演讲内容和思想观点作一个高度概括性的总结，以起到突出中心、强化主题、首尾呼应、画龙点睛的作用。

2. 号召式

用提希望或发号召的方式结尾。这种结尾是演讲者以慷慨激昂、扣人心弦的语言，对听众的理智和情感进行呼唤，或提出希望，或发出号召，或展示未来，以激起听众感情的波涛，使听众产生一种蓬勃向上的力量。

3. 余味式

以留余味、泛余波的方式结尾。这种结尾语尽而意不尽，意留在语外，像撞钟一样，清音有余，余味袅袅，回味无穷，三日不绝。余味式结尾好像秋天瑰丽的晚霞一样，收得俊美漂亮，并且伴有渔舟唱晚的娓娓之声，让听众留连忘返，久久回味。

4. 名言式

用哲理名言、警句作结尾。这种结尾方式，是通过引用名言、警句、谚语、格言、诗句等作为结尾，这样不仅使语言表达得精练、生动、富有节奏和韵律，而且还可以使演讲的内容丰富充实，具有启发性和感染力，同时还可以给人一种生动活泼、别开生面之感。

5. 点题式

用重复题目的方式结尾。演讲的题目或标题是演讲的重要组成部分，是最具个性和特色的标志。在演讲结束时，如果重复题目，再一次点题，那么，就能加深听众对演讲的印象，使听众产生强烈的共鸣。

6. 幽默式

用幽默、风趣的语言结尾。除了某些较为庄重的演讲场合外，利用用幽默结束演讲可为演讲添加欢声笑语，使演讲更富有趣味，令人在笑声中深思，并给听者留下一个愉快的印象。

演讲的结尾没有固定的格式，或对演讲全文要点进行简明扼要的小结，或以号召性、鼓动性的话收束，或以诗文名言以及幽默俏皮的话结尾，但一般原则是要给听众留下深刻的印象。

第三节 演讲技巧

演讲是一门艺术，所谓演讲，是由演和讲二部分组成，不光讲也不光演。演讲艺术是有声语言和态势语言的结合。有声语言是指演讲要有修辞、有文采、有幽默、有提问、有排比、有对比、有譬喻等，要注意语音、语调和语气。这些方法运用得好，可以提高演讲的效果。态势语言是指演讲人的头、脸、手、脚的各种动作要恰当，特别是眼神、表情、姿态、动作，都很重要。这些态势语言表达、运用得好，可以大大增强演讲的艺术性。

一、演讲的心理技能

演讲是一种强烈的精神劳动的产物，因此，一次演讲不仅是对演讲者思想、文化、知识、表达能力的考验，也是对演讲者心理和心理素质的严峻考验。良好的心理素质可以帮助演讲者获得演讲的成功，而心理素质差的演讲者也许还没有登场就败下阵来了。因此培养演讲者良好的心理素质，是取得演讲成功的先决条件。

1. 克服演讲恐惧

在人类的"恐惧榜单"上，公众演讲雄踞第一名，这已经是公开的秘密。公众演讲背后的恐惧，追根到底，其实源于人类渴望被认同和受重视的本性。当你面对一群人时，这种恐惧会被强烈放大。没有人希望在别人面前显得失败或者像个傻子。因此，我们一旦接受了恐惧的事实和了解了它的来源，对于如何克服演讲恐惧，就有了一些办法。

美国佐治亚理工学院心理学博士张怡筠女士将演讲恐惧的成因归结为不合理的期望、听众因素、过去经验和准备充分度四个方面。首先，中国的孩子大多是被人打着分数长大的，"99 分不够，只求 100 分"的环境让许多人有完美主义倾向，一方面容易对自己评价偏低，另一方面对理想目标的设定又偏高。其次，人数众多、不相识、众口难调、意义重大这些观众因素似乎都透露一个信息：你这次表现就像一锤子买卖，不成功则成仁。这难免让人腿软。再次，一次失败的经历可能是许多人害怕当众说话的起因，一个女生在演讲后，发现自己的口红被擦成了"香肠嘴"，自此每次演讲都战战兢兢。最后，有些人到演讲时准备太匆忙，有时气喘吁吁跑到讲台上，以致身体的紧张感渗透到了唇舌和肢体中，继而又引起心理上的紧张。

针对演讲恐惧的四个成因，有四个心理秘技可将它们各个击破。①放低期望。完美主义者最好经常给自己当头一棒：十全十美？开玩笑！我不是来竞选世界小姐或全球演讲家的，只要大部分人能理解我的诚意就好了。②化被动为主动。如果是受不了听众带来的焦点感，不妨把注意力转移到听众身上，你会发现最专心的考官其实是你自己：左边摆弄手机的女士可能在通报今晚的菜谱，后边写写画画的男士可能在筹划工作。实在害怕，还可以把他们想象成憨态可掬的大南瓜。③豁出去。回避只会加重问题，不如横下心洋相出到底。妆花了？干脆走到听众中和他们零距离地互动，真实和坦然反而会带来久违的放松和信心。④充分准备。一次成功的演讲功夫都做在前面，先写下大纲并做成小张的提示卡，其中包括一个幽默的自我介绍和一套化解冷场的说辞；然后，"哈哈喝喝"数声，体验丹田发声的感觉，再大声对着镜子或在别人面前练习，体会对自己声音的掌控感；再次，提前 15 分钟熟悉场地，花 5 分钟找个僻静处深呼吸并逐步放松身体；最后，在大脑里把自己如何精彩演讲的情景预演一遍。

2. 执行现场问答

作为对听众的尊重，体现沟通的互动，在演讲过程中，会设计提问环节。聪明的演讲者们知道这一部分可以帮助他们深化主题句在听众中的影响力，并推动他们向听众提出请求。同时，问答部分也是演讲者提出更多事实的唯一机会，它帮助维持或者进一步增强与听众之间的联系。面对提问，演讲者可以复述一遍问题，以便得到对方确认后再回答，以免回答偏题，并且避免别人重复问相同的问题，争取时间让自己考虑。不管提问者的臆断是多么难以接受，千万不要陷进与他或她的争论中。处理所有问题都要保持尊重和礼貌的态度。如果对方提的问题是你不知道的，你可以说自己不是全能，会有一些自己不知道的地方，同时问对方，对方是怎样处理的。有些人不是来学习的，而是来确认的。

3. 处理自身失误

演讲者在演讲中的失误时有发生，如演讲忘词，讲漏，或者不小心摔了一跤，绊倒了东西，这些都是常有的事情。出现这类失误以后，演讲者一定要保持镇定，这样才能想到有效的补救方法。

（1）忘词。在演讲的过程中，很多演讲者可能会因为紧张或不投入而忘了演讲内容，如果有一天真忘了，千万不能紧张，不能想"糟了、忘了"等负面词汇，更不能面红耳赤，拍头抓耳中途退场。此时，最重要的是沉着、冷静，只要沉着冷静就一定能想出好的解决方法。忘词的解决方法也很多：忘词后，让听众复习演讲内容，抓紧时间回忆忘掉的词语，实在想不起来，可根据原来的意思另换词语，或者干脆另起一行，将下一段内容提上来讲。

（2）错字错话。一般来说，如果错字（话）对演讲的内容主旨影响不大，完全可以不予理睬；如果错字（话）影响了演讲内容与演讲主旨，甚至意义大相径庭，就必须做处理。但在处理时，一定要注意方法，建议如果讲错了就加重语气，减缓语速，紧随其后再增添一句设问句，以自问自答的形式自圆其说。

（3）跌倒或扣错扣子。上台演讲时不小心跌倒了，或听众发笑时才发现自己衣服扣子扣错了，或拉链没拉好，或帽子戴歪了，遇到这种情形，演讲者多半会感到尴尬。笨拙的化解方法是，演讲者可以跟着听众笑到一块，在笑声中恢复常态。对此，听众一般是不会介意你的失误的。高明的化解方法，当然是演讲者能够借事发挥，说几句巧妙的开场白。

雪莉·布丝莱的致词

1952年，获得最佳女主角的雪莉·布丝莱在上讲台台阶时不小心被绊了一下，差点摔跤，她在接下来的致词中无比巧妙地说："我经历了漫长的艰苦跋涉，才到达这事业的高峰。"全场顿时掌声雷动，她的话成为演讲幽默之中最成功的典范。

二、演讲的非语言技巧

演讲的本质是向听众传播信息，演讲活动中不可避免地会出现非语言信息传播。演讲中的非言语传播不以语言符号为载体，而通过表情、手势、眼神、姿态、语调、节奏和其他形式进行信息传播。演讲者面对听众演讲时，听众可以从其面部表情和体态手势等语言之外的其他形式中接收信息。

1. 形体语言

形体语言是演讲者的重要表现手段，它和口语一样，都是演讲者向外界表达自己意见和看法的工具。形体语言直接诉诸人们的视觉器官，是对演讲中有声语言的必要补充和烘托。形体语言因其独特的有形性、可视性和直接性，成为演讲的有机组成部分。形体语言主要包括以下几个方面。

（1）姿势。演讲时的姿势也会带给听众某种印象，例如堂堂正正的印象或者畏畏缩缩的印象。虽然个人的性格与平日的习惯对此影响颇巨，不过一般而言仍有方便演讲的姿势，即所谓"轻松的姿势"。要让身体放松，反过来说就是不要过度紧张。过度的紧张不但会表现出笨拙僵硬的姿势，而且对于舌头的动作也会造成不良的影响。诀窍之一是张开双脚与肩同宽，挺稳整个身躯，站要直，立要稳。鲁迅先生（1881—1936）说过："演讲有三美：意美以感心，一也；音美以感官，二也；形美以感目，三也。"演讲者一般都是站着讲，因为只有站着讲，态势动作才能自如，才能给人一个完整的形象，才能给人美的感觉。

（2）手势。手势是形体语言的主要形式，使用频率最高。由于双手活动幅度较大、活动最方便、最灵巧，形态变化也最多，因而，表现力、吸引力和感染力也最强，最能表达出丰富多彩的思想感情。

（3）身体移动。一般来说，在正规的场合演讲者站立好后是不宜移动的，但在特殊情况下，有时也要适当地移动。演讲者的身体如果需要移动的话，应注意三点：①动要在理。必须符合演讲内容的需要，或者出于其他的目的，比如，为了进一步鼓动听众或者制止一些特殊情况的发生，演讲者可以向前走动点。②动有规则。演讲者在走动方向、节奏、快慢等方面保持一定的规则，就既能活跃会场气氛，又能稳定听众的情绪。③动要适当，宁少勿多。移动范围不应过大，不可跨越太远、来回走动。

（4）眼神。演讲者在运用口语传递信息的同时，也自然要通过自己的眼神，把内心的激情、学识、品德、情操、审美情趣等等传递给听众。因此，演讲者既要保持视线的目标在正前方，炯炯有神地面对听众，又要不断地兼顾全场，了解听众的反应。也就是要把目光注视前方与多方位观察巧妙地结合起来，全方位地观察听众。有效的眼神可以考虑三种：①环视，即目光有节奏或周期性地环视全场；②虚视，即目光似盯未盯地望着观众；③凝视，即持续地与某个听众眼神交流。

演讲者的身体态势

1. 上台前：要看好地形、路线，了解观众的情况；整理好自己的衣服、资料、道具、发型等；请各工作人员调整好音响、话筒高度。

2. 上台时：要从容不迫、落落大方、潇洒自信；不能松松垮垮，随随便便，弓背弯腰；不能矫揉造作，扭捏作态，怪模怪样；不能缺乏谨慎，匆匆忙忙，大步流星；不能过于迟缓，拖拖拉拉，委靡不振。

3. 上台后：不要急忙开口，而应用亲切的目光注视或扫视会场几秒钟，使听众的大脑做好接收信息的准备，得到无声的感染。

（5）面部表情。演讲时的脸部表情无论好坏都会带给听众极其深刻的印象。演讲的内容即使再精彩，如果表情总觉缺乏自信，老是畏畏缩缩，演讲就很容易变得欠缺说服力。微笑是一种良性的脸部表情，反映出一个人的内心世界，是自信的标志、礼貌的象征、涵养的外化、情感的体现。在演讲中可以象征性格开朗与温和，可以建立融洽气氛，消除听众抵触情绪，可激发感情，缓解矛盾。

2. 声音技巧

口齿清楚、语音纯正、语气生动、表情达意鲜明，这些都是有声语言的特征。演讲者有声语言的声音美，往往能使演讲更易入耳入心，引人入胜，获得最佳的演讲效果。要让语音在演讲中发挥最好的效果，应该注意下面几个方面的内容：

（1）发音。演讲在这方面的要求是字正腔圆，悦耳动听。所谓字正腔圆，是就读音和音质而言的。字正，是演讲语言的基本要求，它要求咬字准确，吐字清晰，读音响亮，送音有力，使听众明白易懂。所谓腔圆，就是要求演讲的声音清亮圆滑，婉转甜美，流利自然，富有音乐美。

（2）语调。在这方面的要求是起伏有致，灵活多变。说话时声音的高低、轻重、快慢、停顿的变化都可以称为语调。一般来说，除了要求吐字准确清晰外，声音的轻重疾徐，还应随着演讲内容的变化而变化。语调是最能表达感情色彩的，只有和演讲内容相配合，才能恰如其分地发挥作用，语调起着润色演讲的作用。

（3）节奏。演讲时抑扬顿挫、轻重缓急的声音，形成了回复往返，构成了语言的节奏。它是演讲中的一切要素的有秩序、有节拍的变化。离开变化，节奏便无从谈起，离开了内容，节奏就毫无意义，所以节奏不是速度。演讲中节奏的因素包括：结构的疏与密、起与伏，情感的浓与淡、激与缓，速度的快与慢、行与止。

三、演讲的注意事项

精心准备了演示文稿，配置好了会议投影设备，并设计了出色的视觉图像，可是当面对观众演讲时，仍然会有一些细节问题而影响演讲效果。下面列举了一些演讲中常见的事项，提醒演讲者要注意。除此之外，还要时常注意消除沟通的障碍。

1. 严格配守演讲时间

控制好演讲时间是一项重要的内容。一般情况下，主要内容应该占发言时间的 4/6，开场白和结尾各占 1/6 的时间。以一个小时为例，开场白 10 分钟，正文 40 分钟，结尾 10 分钟。当然还要检查要点之间的相对比例。例如，自己是否用了一半时间来阐述第一个要点，这样做值得吗？有些人对时间的估计非常精确，不需要外在的提示。如果不太善于估计时间，要坦然地把自己的手表摘下来放在自己看得到的地方，或者请听众席上的同事到时候向你发出信号。但是要避免过于依赖钟表。

2. 演讲内容超时处理

如果演讲的内容太多，超出了预定的时间，可以采用几种方法来解决这个问题：①检查自己的证据和例子，不要反复重申同样的内容（把这些要除去的内容留在问答或讨论时用）；②取消较长的故事、笑话、叙述等，除非它们对演讲主题至关重要；③考虑把某个要点全部取消（相应地调整自己的主题）；④例子的描述不要太过详细（不要讲述整个故事的来龙去脉，只需包括所有关键要素的大概情况即可）；⑤考虑用演讲以外的其他方式来解说技术和细节，如分发资料或使用视觉道具；⑥修饰和简化语言以及措辞，说话要深入浅出。

3. 演讲内容遗忘处理

在做演讲结尾的时候，如果发现部分内容演讲中遗漏了，切记，这时宁可不讲也不要在演讲结束时补讲，一定要空出时间做好结尾。好的开场是演讲成功的一半，而好的结束的重要性不亚于一个好的开头。好的结尾能够起到"余音绕梁，三日不绝"的效果。所以，演讲过程中如有遗忘，忘了就忘了，并无大碍。

总结

演讲准备工作包括树立演讲自信心、明确演讲目的、了解听众、选择演讲主题、准备演讲材料。

演讲语言结构包括开场、正文和结尾三部分。开场白有三种作用，第一，吸引听众的注意力，激发听众的好奇心；第二，概述你演讲的主要内容；第三，向听众阐明听你演讲的必要性。演讲开场白的常用方式有语出惊人、利用幽默、设置悬念、讲述故事、建立信任。

正文是演讲主体，内容要紧扣主题，条理要清楚，层次要分明，结构要富于变化，限制主要论点数量。

常见的演讲结尾方式有总结式、号召式、余味式、名言式、点题式、幽默式。演讲的结尾一般原则是要给听众留下深刻的印象。

造成演讲恐惧的原因包括不合理的期望、听众因素、过去经验和准备充分度四个方面。因此，克服演讲恐惧有四个策略：放低期望、化被动为主动、豁出去、充分准备。

面对现场提问,演讲者可以复述一遍问题,以便得到对方确认后再回答,以免回答偏题,并且避免别人重复问相同的问题,争取时间让自己考虑。处理所有问题都要保持尊重和礼貌的态度。面对无法回答的问题,可以说自己不是全能,会有一些自己不知道的地方,同时询问对方如何处理。

面对忘词、错字错话、跌倒或扣错扣子等自身失误,演讲者一定要保持镇定,这样才能想到有效的补救方法。

演讲中的非言语技巧包括形态语言和声音技巧。形体语言主要包括姿势、手势、身体移动、眼神、面部表情。声音技巧包括发音、语调、节奏。

演讲过程中要严格配守演讲时间。如果演讲内容超时,可以考虑对部分内容进行调整或删除细节,简化语言以及措辞。如果演讲中出现遗漏,宁可不讲也不要在演讲结束时补讲。

问题讨论

(1)结合自身的一次演讲活动,说明在演讲中如何使用声音技巧和形态语言。
(2)设计一个演讲题目,根据这一题目准备一份演讲稿。
(3)选择目前在上的某一课程,分析该课程授课教师的讲授方式,如何学习该教师好的讲授方式或者克服不满意的方面。

小故事

凤凰的演讲

凤凰,百鸟之王,不仅因为它长得美丽,还因为它具有先天的领导气质,所以一直被鸟类奉为神灵。"我们鸟类要开大会了,我们鸟类要开大会了,由我们的领袖凤凰做精彩的演讲,主题是'如何建设我们美丽的家园',时间是今天晚上,地点是鸟类大礼堂。请大家互相转告,准时参加。"大喇叭里传出了播音员喜鹊的声音。

凤凰的秘书孔雀为了这事儿一大早就忙上了,又是召集其他鸟类布置会场,又是准备音响设备,又是准备请新闻记者,忙得不亦乐乎。鸟类大礼堂在精心的设计和布置下变得富丽堂皇。所有的鸟类全都按时到场,它们都想一睹凤凰的风采,看看王者的气质。在距离大会开始的前一分钟,凤凰在众星捧月中登了场,它那高贵的气质早已溢于言表,优美的身姿的确是令人陶醉的。凤凰走到主席台前,就座后,看了看台下所有的观众,对着话筒说:"麻雀,你已经被人类列入了'四害'之一。乌鸦,你与'美丽'一词相去甚远,你们可以先行退场了。"乌鸦和麻雀一听这话,羞得恨不得找个地缝钻进去，于是全都飞走了。凤凰清了清嗓子，接着说："你们知道为什么我会被选为'百鸟之王'吗？你们肯定不知道，因为凭你们的智力是很难猜到的，还是我来告诉你们吧。我的气质和我的美丽决定了我的王者风范，你们服不服？不服的可以上台和我比一比，哈哈，没有谁敢和我比吧，因为这是我的自然条件所决定的，你们根本就不配具备。下面我们言归正传，谈谈……"

凤凰扭过头来问孔雀："今天大会的主题是什么来着？"孔雀急忙凑上前去，恭恭敬敬地说："是'如何建设我们美丽的家园'。"此时，台下哄堂大笑起来。凤凰对着话筒喊道："你们笑什么？我是在考一考我的秘书，看它是不是知道我们今天聚集在一起为了什么目的，难道你们就全知道吗？我看未必吧。"台下的笑声戛然而止，全都安静了下来，想听一听凤凰下面的讲话，不知会有什么高论。凤凰又清了清嗓子，说："如何建设我们美丽的家园？我们首先要明白什么是'建设'？怎么建？如何建？'建设'是什么呢，我们又怎么建设呢？这是一个值得大家深思的问题，啊？

"家园，是我们共同生活、生长和生存的地方，啊？我们一定要好好地建设，啊？既然我们决定建设了，这是我们的选择，我们的抉择，我们的共同目标，我们一致的行为，我们最高的要求，啊？所以，我们一定要好好地建设！啊？……"

这个，这个什么是美丽呢？大家恐怕对这个词都不敢轻易下定义吧？因为你们和美丽差得太多了，大家请注意，看我！我，就是美丽的代表，相信大家今天没有白来，终于领略到"美丽"是什么了，美丽就是我，我就是美丽！为什么这么说呢？我不是在标榜自己，啊？我是有根据的，不知道你们听说过人类有句话叫"龙凤呈祥"没有？对，这就是对我美丽最大的认可。可能你们不知道，"龙"是什么？那么，"龙"是什么呢？

"龙是兽类最高的领导，知道吗？它是兽类最高的领导者呀！也就是说它是禽兽中的禽兽，它在一直努力不懈地追求我，你们知道吗？它在一直追求我！我也知道，我们如果结合在一起，的确是天生的一对，因为我们的地位相当，郎才女貌，可是你们知道我为什么迟迟不肯答应它的求婚吗？凭我的条件，如果轻易地答应它，我就会没有价值的，你们知道吗？……"

等到凤凰再一次抬起头的时候，发现台上台下早已空空如也，包括它的秘书孔雀也不知早飞到哪里去了。

启示：

凤凰的演讲，实在是一次很失败的演讲，它的领导魅力随着演讲的进行，一点点地在丧失，直到最后荡然无存，原因就在于它把一次主题鲜明的演讲谈得离题万里，变成了"个人吹嘘大会"。拥有良好的口才，是每个人梦寐以求的事情，作为企业的领导，如果不具备一个好的口才，则会给自身带来巨大的缺憾。提高语言表达能力，绝非一朝一夕就可以练成的，需要在生活和工作中不断地练习和细细品味并加以提炼。

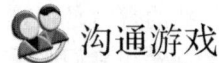 **沟通游戏**

那又怎么样

规则：

（1）让每一个学员提前准备2～3篇3分钟左右的演讲。

（2）然后让学员站成一排，1、2报数，然后让报数是1的向前一步，2的向后一步，然后再每一排中继续1、2报数，直到每一排只有两个人为止；这两个人组成一组，分为A和B。

（3）让搭档们互相握手并说："我想你对下面发生的事情不会介意的，我真的认为你会感兴趣的。"

（4）让A开始对B进行他的三分钟的演讲。但是他们开始谈的时候，B必须转身走开，并说："谁想听你的胡说八道？"并且在第一轮的整个过程中，B必须始终逃避A，并重复说："那又怎么样？谁想听你的胡说八道？"

（5）A必须紧跟着B，继续他的演讲。同时注意，首先，不要改变演讲的内容，其次，要运用各种语言、面部表情、身体语言的技巧告诉B他所讲的内容是非常重要的，B需要认真倾听，而不是说"那又怎么样"。

（6）每个小组三分钟时间过后，A和B调换角色，并重新开始，时间也是三分钟。

相关讨论：

（1）被人忽视你的发言的时候你是一种什么样的感受？一再要求别人听你的发言又是一种什么感受？在真实生活中是否会有这种经历？你是怎样做的？

（2）当你的发言被打断的时候，你是怎样调整的？如果在发言中注入了感情，结果会有什么不同？

游戏说明的道理：

（1）专业的演讲者永远不会让听众觉得厌烦，即使他们所讲的已经是大家耳熟能详的东西，其奥秘就在于，当他们发送他们的信息的时候，他们在不停地问自己："那又怎么样？"然后给自己找出充足的理由，而这些理由正是观众们所需要他回答的。

（2）沟通是双方面的，当你追着别人让他听你的演讲的时候，你是不是会感觉到一种挫败感？对于别人来说，你的轻蔑的态度同样会让人觉得很不舒服，所以尊重别人，在别人说话的时候给予起码的尊重和关注，是沟通的要义之一。

第九章 书面沟通

> **学习目标**
> (1) 理解商务文书的特点。
> (2) 掌握商务文书写作步骤和技巧。
> (3) 熟悉商务报告的主要类型。
> (4) 有效撰写商务报告。
> (5) 掌握商务合同书写的原则。

引例

宝洁公司的作者令人信服

宝洁公司的营销总监埃德·伯格哈特说过,宝洁公司的员工主要通过备忘录进行沟通。为了应对销售品市场的激烈竞争,公司依靠的是那些理由充分的建议,而且经理们也没有时间来阅读那些组织紊乱的报告。公司希望员工用备忘录形式表达自己的想法,备忘录的第一段要概括要点,然后用一页纸来讲述该要点并给出结论。在宝洁公司的培训项目中,新员工甚至得完成备忘录撰写课程。

据伯格哈特所说,宝洁公司要求的备忘录撰写是一种达到目的的工具。伯格哈特所说的目的是指形成明晰的想法。将想法记入备忘录有助于员工及其经理评价这种想法的合理性。伯格哈特说:"与口头陈述相比,文案撰写是这一种更划算的办法,因为它允许我们先找出问题并改正问题,然后再以宝洁公司产品或服务的形式来投资实施这些想法。"

在宝洁公司好文案是很有价值的,因为它可以帮助管理层找到那些有利可图的点子。伯格哈特认为好点子应当富有逻辑性而且简洁明了。一个简短的备忘录在公司的决策过程中可得到快速传递。为了撰写出这种形式的文案,伯格哈特首先设法界定他希望读者所做的,接着提供必要信息以使读者理解关于期望行动的需要。

第一节 商 务 文 书

当今社会是市场经济社会,商务活动则是各种社会活动的基础。伴随着经济改革的深入发展,商务文书写作已成为当前应用写作的一个热点。企业内部的大部分沟通也是以商务文书的形式进行。商务文书,是企业在市场经济环境中经营运作、贸易交往、协调公关、开拓发展等一切活动所需要涉及的各种文书的总称。规范严谨的商务文书,已经成为现代企业管理的重要内容,也是贯彻企业执行力的重要保障性因素。

一、商务文书的分类

在实际工作中会遇到形形色色、各种各样的商务文书,根据其形式和内容用途可以大致将其划分为以下类型。

1. 按形式来划分

以形式作为划分标准,商务文书可以大致分为两类:①固定格式的商务文书。常见主要有商务合同、邀请信、通知、请示以及批复。相比较而言,这类商务文书的格式是有比较规范的要求的。②非固定格式的商务文书。所谓非固定格式的商务文书,在日常工作中则往往应用得更为广泛,其中最为熟悉的就是随着计算机和网络一起兴起的电子邮件。

2. 按内容、用途来划分

以内容和用途作为划分标准,商务文书主要分为商务通用文书和商务专用文书。常见的通用商务文书主要有通知、会议纪要、请示、批复、总结、备忘录等。商务专用文书从其作用和写作体例来划分,可分为商务行为规范性文书、商务活动分析性文书、商务活动介说性文书、商务宣传公关性文书等四类。

商务行为规范性文书,由对内行为规范性文书和对外行为规范性文书组成。对内行为规范性文书主要有章程、条例、规定、公司组织章程、企业集团董事会工作条例、股票发行办法、股份有限公司内部细则、财务人员守则等;对外行为规范性文书主要指契约性文书,如意向书、协议书、合同等,例如《中外合资意向书》、《投资协议书》、《海外合资经营企业合同》。

商务活动分析性文书,主要包括市场调研报告、市场预测报告、经济活动分析报告、可行性研究报告、企业咨询诊断报告、事故调查报告、质量检查分析报告等。

商务活动介说性文书,主要包括产品说明书、商品介绍、计划、方案、总结、述职报告以及各种填制性文书等。

商务宣传公关性文书,主要包括各种各样的经济新闻、形形色色的广告词,以及五花八门的礼仪性文书。这一类文书使用频率高,使用范围广。

二、商务文书的作用

商务文书写作是很多人工作的一部分,而每个人工作首先都有私心,即工作首先是为了生存而不是为了做出贡献,然后再将私心通过公心来实现——公司或单位好,个人才可以好。因此,商务文书写作对于更好地完成工作是非常重要的。

《福布斯》杂志的创始人——马尔克姆·福布斯曾经说"一封好的商务信函,可以让你得到一次面试的机会,帮助你摆脱困境,或者为你带来财富",也就是说,写好商务文书在一定程度上能够带来很大的经济利益。

从另一个角度来看,商务文书写作与其他任何文本的撰写一样,其作用和最终目的都是为了与别人进行某种形式的交流与沟通。而需要强调的一点是,沟通并不仅仅是传递出来的信息,而是被别人理解的信息。如果理解这一点,那么就应该认识到,在日常工作及生活中普遍谈及的"沟通的障碍",其实都是来自于简单传递的单向沟通。

因此,在商务文书写作方面最为重要的一点就是,避免陷入单向沟通的误区,时刻站在读者的角度来思考问题并形成最后的文字表现,让文书接收方能够理解自己的意图,这样才能发挥出写作商务文书的沟通作用。

三、商务文书的特点

叶圣陶老先生曾经说:"公文不一定要好文章,但必须写得一清二楚、十分明确、字稳词妥、通体通顺,让人家不折不扣的了解说的内容是什么。"这个论述其实就提到了商务文书与标准公文相一致的规范性特征。唐代白居易在某种意义上也是一个商务文书写作的典范,之所以这样评价,因为白居易写文章和诗歌非常直白和通俗易懂,少有引经据典,并不通过辞藻的堆砌来追求华丽的文风。

通过以上的比较,商务文书的语言区别于议论文体和文学艺术文体,其语言要遵循7项原则:①准确。所谓"准确",就是用词确切,组句恰当,表意明确,概念准确,使人正确无误地理解文章的内容。"一字入公文,九牛拔不出",在意思清楚的前提下,商务文书写作应追求尽量用一段话、一句话甚至是一个词将核心意思表达出来。②简洁。所谓"句中无余字,篇内无赘语",简洁常被视为商务文书写作的重要原则和语言特色,它可以节省双方的时间。简洁也意味着你应该以一种短小精悍的写作方式表达你的想法,言简意赅。③清晰。商务文书表达含糊会给双方带来麻烦,所有词句都应能够非常清晰明确地表现真实的意图,避免双重意义的表示或者模棱两可。用最简单普通的词句来直截了当地告诉对方。④具体。商务文书中涉及的内容要言之有物,信息要详实具体、丰富生动,表达要完整。⑤朴实。所谓"朴实",就是质朴平易,通俗易懂,朴实无华。商务文书写作中不要去刻意地堆砌辞藻。⑥庄重。所谓"庄重",就是端庄、郑重。这是处理经济事务应有的严肃持重的态度在商务文书语言中的体现。商务文书中对整体风格的把握不要过于诙谐幽默而影响文书的严肃性。⑦规范。商务文书写作在很多方面还具有规范性强的特点,其中标点符号的规范性就尤为重要,但是往往被忽视。

第二节 商务写作

语言学家史帝芬·里德发现,在具备两年或四年学历的劳动者中,写作能力居于前20%的员工同那些写作能力位于后20%的人相比,前者收入是后者的3倍还要多。管理者每天都进行书面沟通,发送电子邮件、写信和起草报告。为了有效地沟通,管理者必须能够进行清晰、简明和有说服力的写作。商务写作是指以文字的形式处理政务、商务、人际关系等。

一、商务写作的步骤

在真正动手起草一份商业文件前,管理者需要思考一下其所想实现的东西。他们必须识别出文件的目的、受众和他们所想传递的要点。优秀作者与低水平作者在写作方面的区别在于,优秀作者能够更有效地把握和分析原始问题,能更全面、更有深度地理解写作任务,拥有更多的写作策略和技巧,能更清晰地设计篇章结构。

伦理与写作过程

构思时,要明确你真正的读者和写作的意图,如果没有灵感,可寻求公司同事的帮助,与他们讨论你的选择方案。

写作时,要提供完整准确的信息,要选用可信的材料,必要时要加以证明,要告诉读者你所提供信息的局限性或危险性,不做不切实际的承诺。

修改时,检查遣词造句,不用带有偏见之意的词语,利用反馈信息来修改那些容易引起读者误会的文字、图片等,核查资料来源,要确定所提供文档是非机密的,电子邮件可随意转发和打印,且无须通知你,电子邮件和书面文档都可以作为法庭证据。

---

1. 制定正确的行动目标

在撰写某一个商务文书之前,应该首先思考一个问题,即该文书的对象在收到文书之后会采取怎样的行动;这个问题的答案也就是撰写商务文书的行动目标。需要强调的是,这个行动的主体是收取商务文书的一方。因此,撰写商务文书所表达出来的意愿只是一个"被动目标",而对方的实际行动才是"主动目标"。大多数人在撰写商务文书时往往陷入一个误区当中,即将自己的被动目标当成了主动目标——只关注自己的主观想法或者需要完成的工作任务,而忽略了接收文书一方的感受。

认识到这样一个误区,将被动目标转变为主动目标,就需要在明确之前的第一个问题的基础上,再获取以下问题的答案:作为商务文书的撰写者在乎什么?换而言之，撰写者从成功撰写商务文书、正确传递信息并获得对方实际行动的响应中，能够收获到什么成果。只有将撰写者在乎的内容与希望对方采取的行动形成一致，那么才能有效地把被动目标转化为主动目标。

2．决定文章的正式程度

判断在某一个商务文书中所应该采用的正式程度，主要根据三个问题所涉及的内容来确定：①商务文书的撰写者本身是否很了解目标读者；②商务文书的撰写者比目标读者的地位低吗；③商务文书的内容是好消息吗。如果商务文书的撰写者不太了解目标读者，目标读者的地位比较高，商务文书的内容又是不太好的消息，那么相应的商务文书应该越正式。

商务文书正式程度表现在三个方面：①形式，是指商务文书所采用的媒介的形式，例如发电子邮件、寄书信或者留便签等。不同的媒介形式，决定了商务文书的体裁、格式以及称谓等具体内容。按照正式程度来划分，宣传册、政府公文、带抬头的信件、请柬以及行文正式的电子邮件附件都是正式的商务文书，通常会给目标读者以受到重视的感觉，而一般的电子邮件、便签等则属于非正式的商务文书。②称谓，就是对目标读者的称呼。③语气，指在撰写商务文书的过程中采取相对轻松愉快的口吻还是比较凝重严肃的口气。

3．设定文章的总体风格

对商务文书总体风格进行判断和把握，可以参考图9－1所示的"游说矩阵"应用工具。在游说矩阵中，纵坐标表示资源的充足程度（即沟通的内容是否在目标读者的资源及能力范围之内，是否强人所难），横坐标代表商务文书的撰写者与其目标读者在立场上的一致程度（即双方是否相互认可）。换言之，这两个方面的因素共同决定了对商务文书总体风格的最终选择。

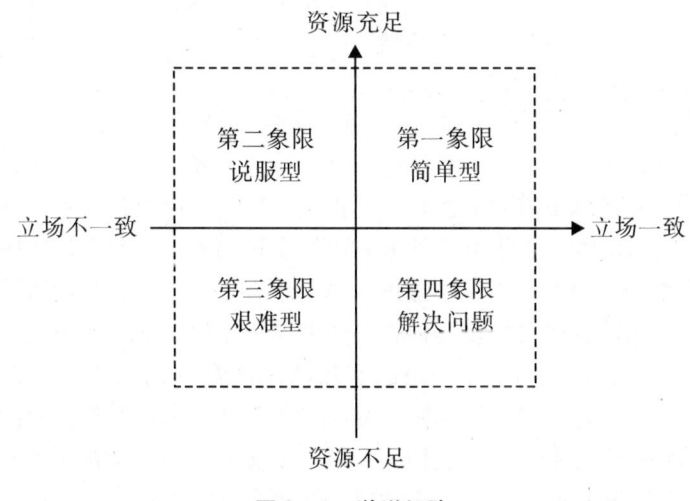

图9－1 游说矩阵

(1) 简单型。游说矩阵的第一象限代表着"撰写者与目标读者站在同一立场上，并且资源充足、不存在障碍"的情形，这种情形即称之为"简单型"。简单型的商务文书，总体风格以罗列事实为主。因为这类商务文书的行动目标对于目标读者而言难度并不大，并且在立场上对方也持相同一致的态度，所以这类商务文书的内容只要告诉目标读者有这样一件事情即可，在篇幅上可以相对简短。

(2) 说服型。游说矩阵的第二象限代表着"资源充足，但撰写者与目标读者立场并不一致"的情形，这种情形即称之为"说服型"。说服型的商务文书，由于其行动目标与目标读者的初衷并不一样，撰写者需要通过商务文书来使其改变原来的想法或者认识，所以尽管资源状况是充足的，但仍然会需要与目标读者进行反复多次的沟通才能达到目标。因此，这类商务文书通常篇幅较长（简短的形式无法表达清楚），并且需要特别突出强调撰写者的利益之所在，充分分析自己观点或者想法的优势和好处，以达到转变目标读者立场的目的。

(3) 艰难型。游说矩阵的第三象限代表着"撰写者与目标读者立场不一致且资源也不充足"的情形，这种情形即称之为"艰难型"。这类文书在资源和立场两个方面都遇到了障碍，因此达到成功有效沟通的概率会很小，这样的商务文书是否值得花费精力去撰写应该三思而后行。

(4) 解决问题型。游说矩阵的第四象限代表着"尽管撰写者与目标读者立场保持一致，但资源并不充足"的情形，这种情形即称之为"解决问题型"。问题型的商务文书通常运用于员工与领导进行沟通并且意见并不一致的时候，其总体风格是有问有答且篇幅较长。换言之，在这种类型的商务文书中，撰写者运用将问题和答案打包的形式，向目标读者提供包含一种甚至多种方法的解决方案。

4．选择文章的层次结构

文章的层次结构，又称布局或谋篇，是指作者按表达主旨的需要对材料的一种组合、排列的方式，而这种组合、排列因表达方式不同体现了不同的特点。商务文书的层次结构主要包括五种类型。

(1) 连贯式。是指商务文书的层次结构按照事情发展的时间顺序来展开。连贯式的层次结构突出的重点在于事情的前因后果以及发展脉络。由于采用这种层次结构的商务文书从整体上看是浑然贯通、连成一体的，因此读者不能颠倒前后顺序或者从中间节选来阅读，否则其表达的意思将不再完整。在日常工作中，适用于这种层次结构的商务文书主要有工作报告、事故调查报告、工程报告以及程序安装的说明等，这些文体的共同要求都是内容要清楚明白。

(2) 并列式。就是商务文书中层次与层次之间是并列的关系。并列式的层次结构要求在文书中的每一段前面都要有前提择要，作为后续并列内容的引子。正因为各个层次是并列的关系，所以这种层次结构的文书便于读者按照其兴趣或关注的重点来分段阅读。在日常工作中，这种层次结构主要适用于报告、总结以及建议书等商务文书。值得注意的是，不同的层次结构在同一个商务文书中是可以互相穿插使用的。例如，某个事故报告在总体上采用的是连贯式，但其间在分析原因的时候则又可以采用并列式的层次结构，最终的目的都是为了能够将文书的核心意思清楚地呈现给读者。

（3）分析问题式。实际上就是围绕问题的出现直到最终解决的逻辑关系而展开的一种层次结构。在实际的工作环境中，出于不同的需要，分析问题式的层次结构还有着以下四个类型：①"只有结果"，这样的商务文书包括批复、指示以及命令等，它们通常都没有问题的原因也没有相关的分析，因为并没有这个必要；②"提出问题并分析问题"，情况简报就属于这样的类型；③"提出问题并解决问题"，例如公告和通知就属于这样的类型；④"提出问题、分析问题，最后解决问题"，这种类型实际上就包括了处理问题从始至终的整个逻辑关系，在实际工作中指导性的通报和决议就是最好的例子。

（4）问答式。是指运用问答的形式来组织商务文书的全篇。在商务文书中运用问答式的层次结构应该注意对问题的设计：问题并不是胡乱设计的，而是为了突出文书的主旨而进行的一种利益上的引导；因此，设计问题时要突出利益以及避免不良后果的方法。在日常工作中，通常会采用这种层次结构的商务文书主要有企业的内刊、内部通讯以及操作程序指南等。

（5）行动结果式。是在商务文书中先摆问题、而后突出结果以及结果的实现方式的一种层次结构。例如，以下这段广告宣传采用的就是行动结果式的层次结构："夏天草坪长得特别快，一个星期不剪就会很难看，夏日剪草是非常痛苦的一件事情，我们公司生产的XYZ型号家庭剪草机，可以使剪草这项繁重的体力劳动变得轻松。经过计算，我们公司的剪草机比较同类型机器，可以节省30%的时间以及20%的能源。选择我们的产品将是您的明智的选择。"

5．列出文章的大纲

在撰写商务文书之前做列出大纲的工作实际上是磨刀不误砍柴工的环节。动笔之前如果先做出一个大纲，那么在撰写的过程中就能够有的放矢，相比较而言更加容易。撰写商务文书是一个"七分想，三分写"的过程，列提纲的过程实际上就是一个建立自己思维次序的过程。在合理的撰写次序确立了之后，具体内容的行文就是水到渠成的事情了。

利用大纲来有序地组织撰写者的思路，可以有两种方法：①提纲法。提纲法是很常见的一种列提纲的方法，实际上就是围绕商务文书的核心主旨，按照时间的顺序以及逻辑关系将主要内容全都罗列出来，然后往里边填充具体的内容。②辐射法。辐射法是一种发散的思维方法，即撰写者从一个中心点出发，随性地把联想到的东西或者想法都集中在纸上。在这个过程中，一开始并不必着急去考虑其是否具有价值以及整理这些想法的内在逻辑关系，当所有的想法都呈现出来之后，再将它们梳理清楚。辐射法的好处在于不会漏掉撰写者任何一个想法，在西方也被称之为"脑力激荡法"或者"头脑风暴法"。

构思的艺术

你想有好的想法吗？你想在与别人交流的过程中迸发出更多的好点子吗？科学家、经理人和投资者如是说："尽量放松、听音乐、与同事共进午餐、朗读诗歌、放开自己、听听他人的故事、放声大笑、控制懒惰情绪、学会宣泄、接受攻击、冒险、做一回自信的反抗者，当然还要有爱心。"

6．撰写初稿

在经过以上五个步骤之后，商务文书的写作进入撰写初稿阶段。实际上，有了以上五个步骤的铺陈之后，撰写初稿就已经变得相对简单了，需要的是给撰写者自己留出一个比较完整的时间，在一个相对安静的空间中排除干扰、一气呵成、一鼓作气地完成即可。当然，初稿撰写完成之后，还应该进行细致的校对，以使得文书更加规范和生动。

二、商务写作的技巧

除了遵循严谨的步骤之外，写好商务文书还需要掌握并合理使用一些技巧，这些技巧的运用实际上是对文书的润色，可以使其变得更加生动有效。商务文书写作的技巧主要包括以下六个方面。

1．运用情感指数增加亲和力

情感指数，实际上是对读者的关注程度，它在很大程度上可以对商务文书的亲和力予以衡量。情感指数的高低可以真实地反映出商务文书的撰写者是否站在目标读者的立场上来从事这项工作。西方心理学家通过研究发现，人类有共同的13个特性，其中一条就是希望被尊重和理解。然而，绝大多数人在自然的条件下都是更加关注自身的利益和情感，却往往忽视他人的相同需求。因此，商务文书能够体现出相比自己更多的对于目标读者的关注，那么文书的亲和力自然会得到很大提高。

情感指数，是用在商务文书中提到目标读者的次数减去提到撰写者自己或者公司的次数，结果为正值（即情感指数为正），说明文书以读者为中心；结果是负值（即情感指数为负），则难以获得目标读者的良好感受。因此，在商务文书中应尽量少提及撰写者自身，而应该更多提到目标读者。具体而言，增加情感指数有如下四种方法：

（1）增加第二人称代词。这是一种最为直接的方法，即在商务文书中增加"你"、"您"以及"你们"这样的第二人称代词。

（2）增加第三人称的专有名词。所谓"第三人称的专用名词"有很多，例如"消费者"、"纳税人"以及"员工"等，这些专有名词出现在商务文书中也是一种对目标读者的尊重。

（3）增加读者的姓名。由于人的天性特征使然，在商务文书中如果能在适当时机加入读者的姓名，也会使得其倍感亲切。

（4）增加对读者的暗指。所谓"对读者的暗指"，实际上就是在商务文书中对祈使句的使用，这是因为祈使句中往往省略了指代目标读者的代词。

2. 努力做到"读者为尊"

"读者为尊"，是运用情感指数、提升对读者关注程度的观念的一种延伸，其核心意思是要求从对方的角度来表述问题。如果说情感指数是倡导在表达方式上要注意能够多提及目标读者，那么"读者为尊"就是强调商务文书撰写者应该站在目标读者的角度和立场来看待分析问题。在"读者为尊"的理念中，要遵循"最先提及读者而非自己"的原则，这个原则主要强调应该在表述的时候首先提到目标读者，而后再继续其他的内容。以下是两种不同的表述，能够明显地看出其中的区别：

一般的表述："我很高兴地宣布，我们公司在2011年度超过了预期的目标，完成了任务。"

"读者为尊"的表述："非常感谢在座各位的努力，由于你们的努力，我们公司在2011年超过了我们预期的目标。"

3. 进行有效的反馈

商务文书写作的第三个技巧是进行有效的反馈。在商务文书中，不同的反馈会收到不同的效果。具体有以下几种类型：

（1）正面反馈，是指对别人的一种认可。美国心理学家威廉·詹姆斯的研究结果表明，人类本质中最深远的驱动力就是希望具有重要性。换言之，也就是说人们最殷切的需求是渴望得到他人的肯定。例如，在小孩子的培养方面就应该经常地予以鼓励和引导，而不能只是一味地简单批评。在商务文书写作方面也是一样，在文书中撰写者应该有意识地多用一些正面的反馈去称赞目标读者做得好的地方，多给予对方一些关怀。

（2）修正性反馈，是指当目标对象出现了一些问题的时候，撰写者应该在商务文书中给予其一个反馈，但这种反馈是以称赞开始为前提。修正性反馈可以在向目标读者提出相应问题及其建议的同时，最大限度地给予目标读者体贴温暖的感觉。尽管在日常工作中由于意见分歧而导致指责是不可避免的，但如果能够将修正性反馈予以有效的运用，则可以使自己的人际关系获得很大的攀升。

（3）负面反馈和没有反馈。负面反馈是与正面反馈相对应的一种反馈形式，而"没有反馈"则可以从字面上来予以理解。相比负面反馈容易导致工作中的矛盾升级而言，没有反馈则更加不利于工作的顺利展开和人际关系的改善与巩固。没有反馈一方面会使实际问题得不到解决，另一方面也会使团队的向心力减弱。因此，在商务文书的写作中，一定要注意就目标读者的良好表现进行正面反馈，对其缺点和不足予以修正性反馈或者负面反馈，不能听之任之而没有反馈。

4. 增加商务文书的紧迫性

在日常工作中，都有这样的经验，即希望自己所发出的商务文书在目标读者那里能够被第一时间阅读，从而使自己的沟通目的能够尽快达成。要做到这一点就必须增加商务文书的时间紧迫性，激发目标读者能够在最短时间内采取我们所希望的行动。

在商务文书中增加紧迫性的方法，主要是在文书中加入体现时间敏感性的句子，注意限定事情的最后期限。在增加时间敏感性的过程中，要注意三个方面的问题：①时间的规范性。这主要指应该要避免使用昨天、今天、明天、今年等时间约束不明确的时间代词，这样的表述并没有太大的实际意义。②时间的精确性。在会议记录或者电报等商务文书中则更加要把握时间的精确性，应该注明几月、几日、几时、几分甚至还有几秒等精确的时间，并且越精确越好。③时间的通用性。首先，商务文书中一律使用公元的全称，例如 2010 年不能缩写为 10 年；其次，商务文书落款成文日期年度要采用中文形式，例如"二〇一〇年"；再次，尽量不要用农历；最后，注意汉字和阿拉伯数字之间的搭配使用规则，不能出现"腊月 18"以及"星期 3"等错误。

5. 增加可信度

可信度，就是让文书在目标读者那里看起来非常值得相信。而要做到这点，必须在商务文书的撰写过程中做到言之有物，将撰写者自己实际经历的东西表达出来。

例如，"我们在努力地爱护环境"这句话比较空洞。如果将爱护环境的具体行动增加进去则会极大地增加其可信度："我们通过回收塑料、玻璃、铝材和纸张的方式，尽最大努力地去爱护环境。"

6. 做到行文简洁

商务文书写作要尽量做到行文简洁。在日常商务环境中，目标读者并一定总是有时间来阅读并分析商务文书。因此，商务文书的撰写在意思鲜明的基础上，一定要做到尽量简单，不要啰唆冗长。行文简洁可以采用五种方式：①采用电报文体。"电报文体"，就是文体中一个字可以表示很多意义，这需要撰写者对文章中的每一个字都要进行斟酌，做到惜字如金。②另加附件。如果商务文书中有太多需要说明的内容，为了达到行文简洁，可以将冗长的内容部分以附件形式与正文分开。③词句力求简单精练。商务文书写作不是语言功底考试，在商务文书中应该尽量选用简单的词，避免采用比较晦涩的词。与此同时，还应做到"一式一文主旨明确"，即用简单的一句话表达一个意思即可，不要试图用一个句子表达多个意思。另外，商务文书只是说明一个情况，而不是撰写者发表某种感慨，因此，应少用描写性的词汇而尽量使用陈述性的词汇。④多用主动语式。英文文章中，被动语式应用很多，但中文语言环境中，主动语式更加符合读者的阅读习惯，商务文书写作也应该尽量采用主动语式。⑤适当运用缩略语。商务文书中适当运用缩略语可以使整篇文章显得简洁流畅。但是，使用缩略语应该把握适当的原则，不能在商务文书中使用没有通用性的、自创的缩略语，否则容易引起不必要的歧义。

第三节 报告撰写

商务报告是针对某种特殊的、有意义的商务目的，向一个人或多个人提供的公正、客观和有计划的事实陈述。报告中所陈述的事实必须与事件、条件、质量、进展、结果、问题或提议的解决方案有关，帮助读者了解复杂的商业情况，计划进程，解决问题，使上级领导就一系列事件做出决策。

一、商务报告的种类

很多种文件都可以称为报告。有的公司的报告很长，包含很多数据信息。另外一些公司把1～2页的备忘录称为报告。短的、发给客户的报告可以使用信函格式。正式报告应包含扉页、过渡页、目录和图标索引等。非正式报告可以是信函或备忘录，甚至可以是计算机打印出来的生产、销售结果等。但是所有的报告，无论长度和正式程度如何，都提供了组织计划和解决问题所需要的信息。

报告可以仅仅提供资料，也可以既报告资料又分析资料，还可以报告、分析资料用以支持某项建议（如表9-1）。如果报告仅仅是为读者收集资料，可以称之为资料报告；如果报告中解释了资料但是并没有就应采取的措施提出建议时，可以称作分析报告；报告中推荐了相应的解决办法或措施时，可以称作建议报告。

表9-1 三种商务报告

种类	名称及特点
资料类报告	销售报告：星期或月份的销售数据等 季度报告：显示某个季度的生产力和利润情况的数据等
资料+分析类报告	年度报告：过去一年公司的财务数据和业绩 审计报告：解释审计中发现的问题 投资回收报告：新的投资项目回报率的计算过程
资料+分析+建议类报告	可行性报告：对两种或两种以上的备选方案进行分析，然后向公司推荐一种可行的选择 辩护报告：说明购买、投资、人员需求和生产工艺变动的理由 问题解决报告：找出公司存在的某一问题的原因和相应的解决办法

二、商务报告的写作步骤

报告离不开调查，调查可能很容易，只需用某种计算程序将数据汇总即可，调查也可能很复杂，需要拜访各类人物，举行焦点座谈会，并进行问卷调查，甚至要计划进行试验。要使资料可信，必须认真做好报告的计划、建议和调查等诸多环节。撰写报告时，要遵循下列四个基本步骤。

1. 界定问题

优秀报告中的问题应该来自现实问题，比如现实和理想之间的不协调之处或某些必须做出的选择等。假如你是一位职业报告撰写人，所服务的公司可能会确定报告的问题的内容。另外，多思考一下那些课堂报告中的问题：你所在的大学和学院所面临的问题，校园宿舍的问题，社会、宗教和校园或城市中的专业团体的问题，地方商业的问题，市、县、省甚至中央政府的机构遇到的问题等。因此，要经常阅读校园期刊或当地的新闻报纸，及时看电视新闻，注意收听全国公共广播网的节目等。

优秀的商业报告中的问题一般符合下列标准：

（1）问题：真实，重要且值得解决，具体但是富于挑战性。

（2）报告的读者：真实，有能力实施建议的行动方案。

（3）资料、证据和事实：翔实并可以说明问题的严重程度，足以证实建议的方案可以解决问题，易于获得，易于理解。

问题通常应尽量具体化。例如，"改善在华留学的外国大学生的经历"就显得过于空泛。首先，选择一所学校或学院。其次，确定具体要解决的问题：想加强中国学生同外国留学生的交流？帮助外国学生找宿舍？还是增设更多的民族特色商店和饭馆？最后，确认那些有权力将所建议的解决办法付诸实施的读者群。依据具体内容的不同，这样一份报告的读者可以是学校的外国学生办公室、城市住宅委员会、校园或城市某服务机构、商店或某些投资者等。

选择的问题应该能够在给定的时间内解决。例如，带领一班同事，全天候工作（甚至加班加点），6个月的时间可以将一家商店的利润大幅提高。假如你在诸多工作之余还要完成一份课堂报告，但是只有6～12周的时间，最好将题目定得具体一些。根据个人的兴趣和知识面，也可以选择考察某家商店销售的衣服款式和价格、盘点方式、经常开支数额、店堂的布置和设计以及其广告预算等。

界定问题的方式决定着将来选择的解决办法。例如，有一位冷冻食品加工商正处于亏损之中。假如问题被确定为市场营销方面的，接下来调研人员将要分析的是产品的价格、形象、广告和市场定位等。但是，也许真正的问题是不科学的盘货方式导致日常开销过大，或者低效的分销策略使得产品没能及时送到目标消费者手中。要找到有效的解决办法，准确地确认问题所在是关键。

问题一旦确定，即可起草一份目的说明。在建议书和最终的报告中都应包含这部分内容。好的目的说明应阐明三个方面：①组织方面的问题或矛盾；②为了解决问题，必须回答的具体技术问题；③报告撰写预期要达到的效果（如解释、推荐、要求或建议等）。

2. 搜集必要的信息

搜集信息可以采取口头或书面形式。口头形式包括面对面沟通或电话沟通获取信息等；书面形式指的是用办公室便函、电子邮件、问卷调查等手段向公司内部或外部索取信息。此外，查阅公司的相关材料（如产品目录、价格单等）也属于书面搜集信息形式。

3. 分析和整理信息

选择有利于读者决策的信息包含在报告中。如果对读者十分了解的话，就会对他们习惯的标准很清楚。在不太了解对方时，可以通过向他们展示一份内容目录草稿（标题清单）来探知对方认为重要的是什么，并可以问他们："还有什么补充吗？"在找不到公司以外的人帮助审核时，可以将草稿交给上司帮忙审查。有位作家曾被要求对一幢暖气、制冷和空气循环系统均有问题的大楼进行调查。这幢大楼的主人，也就是调研项目的委托人，要求对以下3个问题作出及时的答复：有没有补救措施？需要多少资金？几时能收回此次投资？这份报告正文只有3页，但是后面附了一份长达7页的附录，列明了投资回报的数字和计算过程。报告中应该包含的信息量取决于读者喜欢论据充足、一般还是简明扼要的风格。

另外，某信息应放在报告的正文还是附录中也要安排适当。假如该信息是很重要的证据或篇幅较短，可以放在正文中（不超过半页的文字一般不会影响读者的注意力）。虽然细致的读者可能需要，但是对你并非很重要的证据资料可以放在附录中。附录可以包括：

（1）调研问卷或面试用问题。
（2）调研中作答人对每个问题的回答。
（3）调研中未予回答的问题。
（4）面试录音。
（5）计算机打印的材料。
（6）以前关于同一题目的报告。

4. 撰写报告

正式报告同非正式信函、备忘录报告的区别在于其不同的长度和组成部分。一份完整的正式报告应包含三个部分：

（1）内容简介。这一部分目的在于引入报告的正文部分。内容简介一般要告知读者，文件是关于什么的。它们对文件中提出的建议、建议的根据加以总结，描述能够讨论的主题并说明讨论的深度等。好的内容简介易读、简明而清楚。起草内容简介时应注意行文的紧凑，减少多余的用词。内容简介可以重复报告正文的某些内容，与其他种类的商务文件相比，内容简介通常采用正式些的风格，不要使用缩略语。内容简介可以不必遵照原文的组材、用词或部分划分方式等。

（2）报告正文。报告正文部分是在内容简介和最后部分之间的内容，其中列出所有的事实，包括调查的性质、有关采用方法的详细解释、整个程序、得到的结果等，并分析这些事实，引导读者合乎逻辑地得出最后部分的结论和建议。

（3）最后部分。最后部分的作用在于简要、清楚、总结性地提出得到的结论建议。结论总结是在报告正文中推知的种种观点，建议则是为了解决或缓解问题所应采取的行动的内容。假如这些部分很短，通常可以合并为：结论和建议。

第四节　合同书写

随着现代商务活动的日益频繁，社会对商务合同的要求越来越迫切，越来越需要。《中华人民共和国合同法》第二条规定："合同是平等主体的自然人、法人、其他组织之间设立、变更、终止民事权利义务关系的协议。"商务合同，是指有关各方之间在进行某种商务合作时，为了确定各自的权利和义务，而正式依法订立的并且经过公证的、必须共同遵守的协议条文。

一、商务合同的结构

商务合同是一种通用合同。在国际贸易中，若双方对合同货物无特殊要求的条件下，一般都采用商业合同的内容和形式。合同的内容由签合同的双方约定，一般来说，合同包括以下条款。

1. 当事人的名称或者姓名和住所

这是每一个合同必须具备的条款，当事人是合同的主体。合同中如果不写明当事人，谁与谁做交易都搞不清楚，就无法确定权利的享受和义务的承担，发生纠纷也难以解决，特别是在合同涉及多方当事人的时候更是如此。合同中不仅要把应当规定的当事人都规定到合同中去，而且要把各方当事人名称或者姓名和住所都规定准确、清楚。

2. 标的

标的是合同当事人的权利义务指向的对象。标的是合同成立的必要条件，是一切合同的必备条款。没有标的，合同不能成立，合同关系无法建立。合同的种类很多，合同的标的也多种多样：①有形财产。有形财产指具有价值和使用价值并且法律允许流通的有形物。如依不同的分类有生产资料与生活资料、种类物与特定物、可分物与不可分物、货币与有价证券等。②无形财产。无形财产指具有价值和使用价值并且法律允许流通的不以实物形态存在的智力成果。如商标、专利、著作权、技术秘密等。③劳务。劳务指不以有形财产体现其成果的劳动与服务。如运输合同中承运人的运输行为，保管与仓储合同中的保管行为，接受委托进行代理、居间、行纪行为等。④工作成果。工作成果指在合同履行过程中产生的、体现履约行为的有形物或者无形物。如承揽合同中由承揽方完成的工作成果，建设工程合同中承包人完成的建设项目，技术开发合同中的委托开发合同的研究开发人完成的研究开发工作等。

合同对标的的规定应当清楚明白、准确无误，对于名称、型号、规格、品种、等级、花色等都要约定得细致、准确、清楚，防止差错。特别是对于不易确定的无形财产、劳务、工作成果等更要尽可能地描述准确、明白。订立合同中还应当注意各种语言、方言以及习惯称谓的差异，避免不必要的麻烦和纠纷。

3. 数量

在大多数的合同中，数量是必备条款，没有数量，合同是不能成立的。许多合同，只要有了标的和数量，即使对其他内容没有规定，也不妨碍合同的成立与生效。因此，数量是合同的重要条款。对于有形财产，数量是对单位个数、体积、面积、长度、容积、重量等的计量；对于无形财产，数量是个数、件数、字数以及使用范围等多种量度方法；对于劳务，数量为劳动量；对于工作成果，数量是工作量及成果数量。一般而言，合同的数量要准确，选择使用共同接受的计量单位、计量方法和计量工具。根据不同情况，要求不同的精确度，允许的尾差、磅差、超欠幅度、自然耗损率等。

4. 质量

对有形财产来说，质量是物理、化学、机械、生物等性质；对于无形财产、服务、工作成果来说，也有质量高低的问题，并有衡量的特定方法。对于有形财产而言，质量亦有外观形态问题。质量指标准、技术要求，包括性能、效用、工艺等，一般以品种、型号、规格、等级等体现出来。质量条款的重要性是毋庸赘言的，许许多多的合同纠纷由此引起。合同中应当对质量问题尽可能地规定细致、准确和清楚。国家有强制性标准规定的，必须按照规定的标准执行。如有其他质量标准的，应尽可能约定其适用的标准。当事人可以约定质量检验的方法、质量责任的期限和条件、对质量提出异议的条件与期限等。

5. 价款或者报酬

价款或者报酬，是一方当事人向对方当事人所付代价的货币支付。价款一般指对提供财产的当事人支付的货币，如在买卖合同的货款、租赁合同的租金、借款合同中借款人向贷款人支付的本金和利息等。报酬一般是指对提供劳务或者工作成果的当事人支付的货币，如运输合同中的运费、保管合同与仓储合同中的保管费以及建设工程合同中的勘察费、设计费和工程款等。如果有政府定价和政府指导价的，要按照规定执行。价格应当在合同中规定清楚或者明确规定计算价款或者报酬的方法。有些合同比较复杂，货款、运费、保险费、保管费、装卸费、报关费以及一切其他可能支出的费用，由谁支付都要规定清楚。

6. 履行期限

履行期限是指合同中规定的当事人履行自己的义务如交付标的物、价款或者报酬，履行劳务、完成工作的时间界限。履行期限直接关系到合同义务完成的时间，涉及当事人的期限利益，也是确定合同是否按时履行或者迟延履行的客观依据。履行期限可以是即时履行的，也可以是定时履行的；可以是在一定期限内履行的，也可以是分期履行的。不同的合同，对履行期限的要求是不同的，期限可以以小时计，可以以天计，可以以月计，可以以生产周期、季节计，也可以以年计。期限可以是非常精确的，也可以是不十分确定的。不同的合同，其履行期限的具体含义是不同的。买卖合同中卖方的履行期限是指交货的日期，买方的履行期限是交款日期，运输合同中承运人的履行期限是指从起运到目的地卸载的时间，工程建设合同中承包方的履行期限是从开工到竣工的时间。正因如此，期限条款还是应当尽量明确、具体，或者明确规定计算期限的方法。

7. 履行地点和方式

履行地点是指当事人履行合同义务和对方当事人接受履行的地点。不同的合同，履行地点有不同的特点。如买卖合同中，买方提货的，在提货地履行；卖方送货的，在买方收货地履行。在工程建设合同中，在建设项目所在地履行。运输合同中，从起运地运输到目的地为履行地点。履行地点有时是确定运费由谁负担、风险由谁承担以及所有权是否转移、何时转移的依据。履行地点也是在发生纠纷后确定由哪一地法院管辖的依据。因此，履行地点在合同中应当规定得明确、具体。

履行方式是指当事人履行合同义务的具体做法。不同的合同，决定了履行方式的差异。买卖合同是交付标的物，而承揽合同是交付工作成果。履行可以是一次性的，也可以是在一定时期内的，也可以是分期、分批的。运输合同按照运输方式的不同可以分为公路、铁路、海上、航空等方式。履行方式还包括价款或者报酬的支付方式、结算方式等，如现金结算、转账结算、同城转账结算、异地转账结算、托收承付、支票结算、委托付款、限额支票、信用证、汇兑结算、委托收款等。履行方式与当事人的利益密切相关，应当从方便、快捷和防止欺诈等方面考虑采取最为适当的履行方式，并且在合同中应当明确规定。

8. 违约责任

违约责任是指当事人一方或者双方不履行合同或者不适当履行合同，依照法律的规定或者按照当事人的约定应当承担的法律责任。违约责任是促使当事人履行合同义务，使对方免受或少受损失的法律措施，也是保证合同履行的主要条款。违约责任在合同中非常重要，因此一般有关合同的法律对于违约责任都已经做出较为详尽的规定。但法律的规定是原则的，即使细致也不可能面面俱到，照顾到各种合同的特殊情况。因此，当事人为了特殊的需要，为了保证合同义务严格按照约定履行，为了更加及时地解决合同纠纷，可以在合同中约定违约责任，如约定定金、违约金、赔偿金额以及赔偿金的计算方法等。

9. 解决争议的方法

解决争议的方法指合同争议的解决途径，对合同条款发生争议时的解释以及法律适用等。解决争议的途径主要有：①双方通过协商和解；②由第三人进行调解；③通过仲裁解决；④通过诉讼解决。当事人可以约定解决争议的方法，如果意图通过诉讼解决争议是不用进行约定的，通过其他途径解决都要事先或者事后约定。依照仲裁法的规定，如果选择适用仲裁解决争议，除非当事人的约定无效，即排除法院对其争议的管辖。但是，如果仲裁裁决有问题，可以依法申请法院撤销仲裁裁决或者申请法院不予执行。当事人选择和解、调解方式解决争议，都不能排除法院的管辖，当事人可以提起诉讼。

二、商务合同的书写原则

合同书写好坏，决定合同能否顺利履行；合同书写优劣，决定合同争议多寡。在起草商务合同的时候，有以下 15 个原则需要特别予以关注。

1. 采取封闭型的写法

所谓封闭型的写法就是对于合同中时间期限的界定一定要明确，例如"合同签订之日起三天之内，要进行标的物的转移"，如果写成"自合同签订的三天之后，把标的物转交给甲方"这种开放式的界定，就无疑会留下时间期限上的漏洞。

2. 采用结果性的语言

合同当中要采用结果性的语言，例如"完成方案设计"与"进行方案设计"就是完全不同的含义，后者这种进行式的语言是难以对具体合同内容进行描述的，会对后期合同的执行造成很大的负面影响。值得一提的是，这个原则与"采取封闭型的写法"原则应结合运用。

3. 确定合同双方的简称

自开始签订合同的时候就需要确定一个非常明确的合同双方的简称。简称的确定除了要求精确之外，还应该注意其文雅性、有代表性以及公认性。例如"北京赛特中心"可以简称为"赛特"，但如果简称为"中心"就过于宽泛。

4. 前后指代保持一致

在合同中注意保持前后指代的一致性，可以确保合同清晰明了，否则，如果前后称代的对象不一致，不明确，或者滥用代词，就会造成歧义，一旦出现纠纷和问题，会引起法官的质疑。例如，在一份销售合同中，如果你想用"货物"来指整个合同的标的物，就不要时而称它们为"货物"，时而又改称它们为"产品"。

5. 并列使用"包括"与"但不限于"

如果你想用"包括"这个词，就要考虑在其后加上"但不限于……"。除非你能够列出所有被包括的项，否则最好用"但不限于……"，来说明你只是想举个例子。例如"我公司同意支付的医疗费￥××××元外，就乙方工伤的处理另一次性包干支付包括但不限于整容费、伤残补助、伤残津贴、就业补助、营养费、交通食宿费等总计￥×××元"，这种方式可以有效地保护合同中某一方的利益。

6. 采用主动语态

在商务合同中，一定要尽量避免使用被动语态，而采用更加符合中国人语言习惯的主动语态。例如，"甲方委托乙方为在新加坡的独家销售代理商"。相对而言，主动语态的句子更简短，措词更精练，表达更明白。

7. 避免相近词语的重复使用

在商务合同中，应该尽量避免"出租人"、"承租人"、"留置人"、"留置权人"、"抵押权人"、"抵押人"、"保证人"、"被保证人"、"许可人"、"被许可人"等专业称谓的重复使用，可以从一开始就界定清楚哪些属于甲方、哪些属于乙方，以避免麻烦。

8. 不要创造词语

合同文书不是创造性的作品，也就不应因为意思的细微差别而引起思考或争论。合同文书应该是清晰、直接而准确的。因此，要使用普通的词语，表达普通的意思，为普通人撰写合同。例如，不要用"双周"之类的词，因为这有可能产生歧义——是两周还是每隔一周？所以最好这样写："两周"或"每隔一周"。

9. 对术语进行准确的定义

例如，如果合同只是在中国内地予以执行，那么在界定执行范围时，就应该清楚说明"此合同中的中国，是指中国大陆地区，不包括台湾、香港、澳门地区"，以避免事后产生争执。

10. 善用限制词

合同中常见的限制词包括"应当"、"有义务"、"将"、"可以"等，其严格意义是不一样的：相比较而言，前面两个要更加严格一些。在撰写合同时，撰写者应对己方义务采用相对模糊和约束较松的词语来予以界定，这样实际上是为自己将来在合同的执行中留有一定的余地。

11. 不用公司带抬头的信纸打印合同

法律规定，如果是用有某一方抬头的信纸打印出来的合同，会被认为该合同会偏向于该方，那么在产生分歧、进行解释的时候，法官则会稍微偏向于对方。因此，这种做法实际上是对该方不利的一件事情。

12. 禁用一些词语

"及时"、"力争"、"相关"以及"争取"这四个词是不可以在合同中出现的，因为它们过于口语化，难以进行准确的衡量与界定。一定要记住：合同是永恒的书面语。同时，在合同中应该尽量使用汉语，避免用符号来表示；否则将来会使得合同含混不清，容易出现问题。

13. 文字与阿拉伯数字并用

在合同中，通常会涉及与数字有关的内容。在表述数字的时候，一定要注意将文字与阿拉伯数字一并使用，这样才不会留给别有用心的人篡改合同以可乘之机。例如，拾（10）。这将减少出错的概率。

14. 留下争议解决地的约定条款和适用法律

在合同中对不同的争议解决地的约定以及适用法律的确定，通常会对可能的合同纠纷产生重要的影响。可以在合同中加入所依据的法律、合同发生地、律师费等条款。有了这些条款，一旦合同引起诉讼，你就已经为你的客户打这场诉讼战准备好了一些"弹药"。

15. 每个段落只写一个主题，且尽量写短句

一般来讲，合同当中每一段只能写一个主题；否则，多个主题只会增加对合同理解产生歧义的风险。同时，尽量写短句子，因为短句子比长句子更容易理解。

总结

商务文书，是企业在市场经济环境中经营运作、贸易交往、协调公关、开拓发展等一切活动所需要涉及的各种文书的总称。

商务文书按形式分包括固定格式的商务文书和非固定格式的商务文书，按内容和用途分包括商务通用文书和商务专用文书。

商务文书写作作用和最终目的是为了与别人进行某种形式的交流与沟通。因此，商务文书写作要避免陷入单向沟通的误区，站在读者的角度来思考问题并形成最后的文字表现。

商务文书的语言要遵循 7 项原则：准确、简洁、清晰、具体、朴实、庄重、规范。

商务写作的步骤包括：制定正确的行动目标、决定文章的正式程度、设定文章的总体风格、选择文章的层次结构、列出文章的大纲、撰写初稿。

商务写作的技巧包括：运用情感指数增加亲和力、努力做到"读者为尊"、进行有效的反馈、增加商务文书的紧迫性、增加可信度、做到行文简洁。

商务报告，是针对某种特殊的、有意义的商务目的，向一个人或多个人提供的公正、客观和有计划的事实陈述，主要有资料报告、分析报告和建议报告三种类型。

商务报告的写作步骤包括：界定问题、搜集必要的信息、分析和整理信息、撰写报告。

商务合同，是指有关各方之间在进行某种商务合作时，为了确定各自的权利和义务，而正式依法订立的并且经过公证的必须共同遵守的协议条文。其内容包括：当事人的名称或者姓名和住所、标的、数量、质量、价款或者报酬、履行期限、地点和方式、违约责任、解决争议的方法等条款。

起草商务合同要遵循 15 条原则：采取封闭型的写法、采用结果性的语言、确定合同双方的简称、前后指代保持一致、并列使用"包括"与"但不限于"、采用主动语态、避免相近词语的重复使用、不要创造词语、对术语进行准确的定义、善用限制词、不用公司带抬头的信纸打印合同、禁用一些词语、文字与阿拉伯数字并用、留下争议解决地的约定条款和适用法律、每个段落只写一个主题且尽量写短句。

问题讨论

（1）请分析围绕以下主题而撰写的商务文书的行动目标、正式指数以及总体风格：

"某公司总经理吩咐其秘书制定一份购买计算机的预算，而这个秘书通过了解得知，由于计算机的更新速度非常快，所以租赁计算机比购买新机所付出的费用更低。该秘书打算起草一份商务文书就这个将购买计算机转为租用计算机的想法向总经理进行汇报。"

（2）如何增加"我们很高兴地宣布，我们的新图书馆会在6月份对外开放，欢迎光临"这句话的情感指数？

（3）请找一篇你公司的报告，试分析该报告格式的合理性和逻辑性。

（4）请找一份你公司起草的商务合同，检查该合同有无原则性的错误。

小故事

老板不允许我那样写

一位写作顾问曾建议某公司研发部分的工程师用第一人称"我"进行写作，但他们声称说，"不可以，因为老板不允许我们这样做"。于是，该顾问就向公司负责研发的副总裁咨询进行核查。该副总裁说："我不介意他们用什么词汇，只是希望他们清楚自己写的是什么。"

副总裁本人已获得博士学位，有在研发部门工作过的经历，数年来一直都在从事管理工作。因此，对技术性细节的了解程度不如下属。下属付出的努力不但没有得到他的认可，反而惹恼了他并被责令重写，因为他读不懂下属送来的报告。

启示：

如果你发现上司不喜欢用某个词，就要善于提问。少数老板推崇浮华的词汇，但大部分老板并不喜欢这样。

尽管上司可能与你拥有相同的背景，但这并不意味着他们一定能读懂你所写的东西。因此，一定要把备忘录和报告修改得清楚、易懂。

档案柜中的文件并不一定可以当作公司规范公文的参考范例。

 沟通游戏

我 是 谁

规则：
（1）在教室前面并排摆放四把椅子。
（2）每组选一名代表作为猜谜者坐到椅子上，面对小组其他成员。
（3）培训者给坐椅子上的猜谜者戴上一个写有一个名词的高帽（比如水果、人名或动物等），每组的成员除了戴帽子的人之外，都知道这个词是什么，但不能直接说出来。
（4）从1号猜谜者开始猜，他必须要问封闭式的问题，如"我是……吗"之类只能用"是"或"不是"回答的问题。如果小组成员回答"是"，他还可以问第二个问题；如果回答是"不是"，他就失去了机会，轮到下一组的猜谜者，即2号发问，以此类推。
（5）先猜出自己是谁者为赢队，培训者应准备些小礼物。

相关讨论：
（1）你认为哪位猜谜者最有逻辑性？
（2）如果你是提问者，你将怎样改进提问的方法？

游戏说明的道理：
（1）可以先大量地问一些笼统的问题，比如当你知道自己是一种水果时，可以问"我生长在南方还是北方"等，以充分利用"是"的机会。
（2）可以利用这个名词的特点提问，比如猜水果时可以问"我是不是黄色的"、"我的味道好吗"。
（3）此游戏能锻炼人们快速准确地组织问题和分析所获得的信息的能力。

第十章 非语言沟通

> **学习目标**
> (1) 了解非语言符号在管理沟通中的重要性。
> (2) 掌握非语言符号的表现形式。
> (3) 掌握身体语言的表现形式。
> (4) 了解常用的沟通礼仪。

引例

空城计

三国时,蜀国丞相诸葛亮错用马谡,失去街亭后,只有2500军士驻守在西城县。忽然,哨兵飞马来报:"司马懿引大军15万,往西城蜂拥而来!"这时,诸葛亮身边无一员大将,只有一班文官。众官员听得这个消息,个个大惊失色。诸葛亮登上城头,果然尘土冲天,魏军分路往西城县杀来。诸葛亮当即传令道:"将旌旗全部隐藏起来,军士们各守卫在城上巡哨的岗棚,如有随便出入城门及高声讲话的,杀!大开四个城门,每个城门用20个军兵,扮作百姓,打扫街道。魏兵到时,不可乱动,我自有计谋对付。"

传令下去后,诸葛亮披鹤氅,戴纶巾,引两个少年携带一张琴,来到城头上,凭栏而坐,焚香操琴演奏。魏兵的前哨急忙将这个情况报告司马懿。司马懿立刻命令军队停止前进,自己飞马向前观望。果然见诸葛亮在城楼上,笑容可掬,焚香弹琴,左面一个少年,手捧宝剑,右面也有一个少年,手执麈尾。城门内外,仅有20余名百姓,低头打扫,旁若无人。司马懿看后怀疑城中有重兵,连忙指挥部队撤退。

他的儿子司马昭说:"莫非诸葛亮没有多少兵力,故意这样的?父亲为什么要退兵呢?"司马懿板着脸说:"诸葛亮平时一向十分谨慎,从不冒险。今天大开城门,必定有重兵埋伏。我们若是冲进去,一定中计。你们懂得什么?还不快退!"

诸葛亮见魏军远去,哈哈大笑起来。众官员问他说:"司马懿是魏国的名将,今统率15万精兵来到这里,见了丞相,慌忙撤退,这是什么原因呢?"诸葛亮说:

"他料定我平生谨慎,从不冒险,见我们这样镇定,怀疑有重兵埋伏,所以退去。我并非在冒险,只因为不得不这样啊!"大家敬佩地说:"丞相的计谋,鬼神也不能预料啊。如果我们来指挥,必定会弃城而走了。"诸葛亮说:"我们只有2500人,如果弃城而走,必定走不远,不是很快就会被敌人追上吗?"

第一节 非语言符号

美国传播学者雷蒙德·罗斯认为,在人际传播活动中,人们所得到的信息总量中,只有35%是语言符号传播的,而其余的65%的信息是非语言符号传达的,其中仅仅面部表情就可传递65%中的55%的信息。艾伯特·梅瑞宾也认为,面部表情最具信息冲击力,并远远超过声音和言辞。他为此专门设计了一个信息冲击力的计算公式:信息冲击力=7%的语言+38%的音调+55%的面部表情。可见,非语言符号在成功的信息传播中,占有着很大的分量。因此,有效的沟通,不在于你说了多少,更多在于那些辅助的非语言符号。

一、非语言符号的重要性

非语言符号作为沟通活动的一部分,在完成信息准确传递的过程中起着重要的作用,它能使有声语言表达得更生动、更形象,也更能真实地体现心理活动状态。在沟通时通过对所传达的非语言符号进行解读,可以得到准确的信息,有时候甚至胜于语言所传递的信息,正所谓"此时无声胜有声"。

1. 传播丰富的信息

现实社会生活中许许多多只可意会不能言传的内容,只能以富有表现力的体语表现。非语言符号所表达的东西比语言符号表达的多得多。语言符号固然是最为先进的传播符号,但毕竟是人为设计的,其容量和作用有限。人类进行语言传播的同时,不可能消除非语言传播。现代实验证明,人类使用的非语言符号极其丰富,至今无法统计。据科学推测,单是人的脸部,就能做出大约25万种不同表情——没有任何语言体系有如此众多的"字"、"词"及代码。面对面的交流使语言与非语言相互结合,这种传播效果是非面对面交流所不及的。

2. 强调语言意义,加强情感表达

非语言信息常常以行动加强语言意义,就像你在书上重要的地方画线一样,讲到比较重要的地方时,当以手势、脸部表情或声调来强调,增强传播效果。非言语信息也可以表示否定和拒绝对方。如一个人交叉双臂、看着地上,毫无肯定的表情中,露出鄙夷的神色,对其口头上说的"同意",无疑是一种敷衍。如体育节目主持人在一些现场比赛的报道中,一方面他向观众介绍比赛情况,同时他也会为现场的气氛所感染,这种感染自然又会传递给观众。感染常常是难以言说的,一般以体语表现出来。人们在沟通过程中，无时不受到对方谈话内容和思想情感的感染，这种感染不管是有意识还是无意识的，大部分都会通过体语流露出来。

3. 体现真相，验证语言信息

非语言沟通大多是人们的非自觉行为。它们所载荷的信息往往都在交际主体不知不觉中显现出来。它们一般是交际主体内心情感的自然流露，与经过人们的思维进行精心构织的有声语言相比，非语言沟通更具有显现性。非语言符号在沟通过程中可控性较小，它所传递的信息更具有真实性，正因为非语言符号具有这个特点，因而非语言沟通所传递的信息常常可以印证有声语言所传递信息的真实与否。在现实交际，常出现"言行不一"的现象。正确判断一个人的真实思想和心理活动，要通过观察他的身体语言，而不是有声语言。因为有声语言往往会掩饰真实情况。日常工作中，同事之间的一个很小的助人动作，就能验证谁是你的真心朋友。在商务谈判中，可以通过观察对方的言行举止，判断出对方的合作诚意和所关心的目标等等。

常见拒绝的方式

1. 沉默。有时不必把"不"字说出口，你只要开始一直注意听他说话，当对方要你发表意见时，你只需以沉默或一笑置之，别人即会明白。

2. 推脱。一位男士想请你吃饭，他对你说："今天晚上有空吗？我想请你吃饭。"如果你不想去，你可以说："真不巧，我晚上正好有事，改天吧。"

3. 回避。你的朋友请你去听了一场古典音乐会，散场后，朋友问："你觉得音乐会如何？"你可以说："我更喜欢流行音乐。"

4. 用"当然……但是……"。心理学研究表明，当一个人说"是"的时候，他的肌体就呈现开放状态，使他在轻松的心理感受中，继续接收信息。尽管最终是拒绝，但这种柔和地叙述反对意见，对方较易接受。如果你的意见和领导的看法不一致，不妨这样说："是，您说的一点儿不错。不过，这么一来，会不会这样呢？请允许我谈谈我的看法，好吗？"

二、非语言符号的类型

非语言符号的作用往往需要由不同的非语言符号来承担，而不同的非语言符号亦会释放出不同的功能。在对各种各样的非语言符号进行鉴别和分析后，可分为六种类型：外貌与衣着、表情与眼神、姿态动作、触摸行为、空间与距离、类语言。

1. 外貌与衣着

人的外貌和衣着由于形状和形式不同所传播的信息就不同，所产生的影响也有差异。这不仅影响人本身的个性，还影响到他的行为模式。只要他相信自己的外貌和衣着的吸引力，他的行为举止就会表现出自信的感觉。但是，传播者应对外貌和衣着有正确的判断和认识，因为只有适中的恰到好处的外貌和衣着，才有助于信息有效而准确的传播，过分迷人的或过分丑陋的外貌和不适当的衣着会直接影响信息的传播。对于受传者来说，应该避免以貌取人和衣帽取人。

2．表情与眼神

美国传播学者拉里·萨姆瓦说："我们大家都是演员，都带着各种各样的面具。"面孔是我们人体的一部分；我们走到哪，它也跟到哪。面部表情千变万化，含义复杂，但不论是有意还是无意，人们使用和操纵面部表情的原因不外四种：强化真实情绪、减弱真实情绪、中和真实情绪、掩饰真实情绪。实验证明：女子对于面部表情的判断较之男子更为敏捷并更加精确。眼睛是心灵的窗户、沟通的主要源泉。人们能够利用眼神传出的信息几乎是无限的。研究发现：在社群传播中，人们用30%~60%的时间跟别人眼目传神。当人们听话时，他会注视讲话者；当讲话者搜索词句时，他会避开目光转向空间；当听话人对讲话内容有兴趣时，他会长久注目讲话人；当与地位低的人谈话时，他会减少目光接触；当有人一次盯视我们长达十秒钟以上，我们就会感到很不舒服。

3．姿态动作

人们对体语（身体语言）学的兴趣骤增。许多研究表明，我们也许能停止有声语言的传播，但不能停止无声语言的发出。我们的姿态动作总是有意无意地"泄露"我们内心的秘密和蕴藏的信息。这是因为，人的每一种姿态动作都是人的心理状态和生理状态信息的外化；同时，它们同那一片刻中作用于我们的某种事情往往相关；而每个人也都能够根据传播经验和文化背景从体语中推断或"破译"出有关信息，并加以运用；还有，姿态动作总是跟其他人们的存在相联系，而变化的实质则取决于他们之间的关系。研究发现：人体能够发出多达70万个不相同的信号，不论身体动作多么复杂众多，它们都可以分别归入符号势、图解势、调节势、心情展示和适应势等五大类别之中。"V"形手势和"OK"手势（用一只手的食指尖与拇指尖相接），就是有准确含义的符号势。与语言密切相连并有助于"图解"言词的手势为图解势，如给人指路时的手势，这类手势具有加码和译码双重功能。那些能帮助我们与另外的人相互作用的身体动作如点头、手势、变换姿势等，叫调节势，因为通过这些动作能调节人们的相互关系。心情展示是反映我们一种情绪（紧张、激动、伤心、沮丧）的强度的那些行为。适应势通常与自己或对别人的消极感情有联系。例如，当某人的不舒服感和焦虑感增加时，他在人前的掐、抓、摸等适应动作就会增加。从传播学的角度分析，人们使用姿态动作不外两个修辞目的：加强一种思想或观点，帮助描绘某些事情。但有一个总的要求，那就是适宜和协调。就是说，你使用的姿态动作应与讲话内容相宜，并与受众的期望相符；在表达意思时，要使语言与动作合拍一致，身体的各部位有机协调。

SOFTEN 原则

S，Smile，微笑

O，Open Posture，注意聆听的姿态

F，Forward Lean，身体前倾

T，Tone，音调

E，Eye Communication，目光交流

N，Nod，点头

4．触摸行为

触摸作为传播的一种象征性手段，可以用来表述和说明相互作用的性质，具有职业性、礼貌性、友爱性、情爱性等交流功能。触摸行为能传递各种不同的信息。首先它可以传递情绪信息。美国学者研究发现，触摸能够传送五种不同的情绪：漠不关心、母亲般的照顾、害怕、生气和闹着玩。另一项研究发现：60%的人在向另一个人致意和说"再见"时，都使用触摸，而长久分别时的触摸（握手、拥抱等）更为强烈些，因为分别更富于情感。其次，触摸可以传递地位信息。一般来说，主动触摸对方的人往往是地位较高的人，而且两人之间没有障碍和矛盾。所以，在日常交流中，大多是教授、老板、大人主动触学生、雇员、小孩。通常，地位低的人往往希望得到地位高的人的触摸，而具有支配性个性的人或者企图显示这种支配性的人，他们往往主动采取触摸行为。还有，触摸可以传递安全信息，使受者有种慰藉感、舒服感、满足感和受保护感。触摸者和被触摸者都承认，触摸传播的信息常常比讲话更重要。

5．空间与距离

每一个人都生活在一个无形的空间范围圈内，从而构成了他的领地。每个人的领地大小不一。首先，它是依据每个人所属的文化来确定。拉丁美洲人、阿拉伯人和日本人谈话时喜欢靠得很近，而英国人和澳大利亚人则喜欢有一个宽敞的空间。因此，不可用此文化中的距离感去评价彼文化中的传播情境，否则易造成错误的传播。其次，空间大小还与每个人的个性有关。大多数脾气暴躁、不太友善的人往往占有较大的空间。还有，空间的大小与距离的远近与传播情境也有密切的关系（见表10－1）。大量研究还表明，人们和他们所喜欢的人交谈要比和他们不喜欢的人交谈靠得近，朋友要比点头之交靠得近，熟人要比陌生人靠得近，性格内向者要比性格外向者保持稍大的距离。在交谈时，两个女人要比两个男人靠得近。我们每个人都应尊重别人的领域或空间，但现实生活中总有人以"并非有意"、"表示亲近"、"侵入"和"污染"等形式侵犯他人的领域。面对来犯者，由于"侵犯"的原因有的是密友，有的是求爱，有的是怀有敌意，有的是准备"占有"，被侵犯者若不能接纳，就可能作出撤离、隔离或者反击的举动。所以，侵犯他人的领域或空

间，若不受欢迎，必然既影响互动行为，亦影响交流效果。

表 10-1　距离、情境、音量与沟通方式

距离	沟通情境	音量	沟通方式
贴近：3～6 英寸	讲高度机密的内容 恋爱、安慰和守护	柔和的耳语	情侣交谈式
靠近：6～12 英寸	讲非常机密的内容 朋友、非常体己、关系亲近	轻声细语	朋友交谈式
接近：12～20 英寸	讲较为保密的内容 工作关系、二重社交、控制对方	小声低语	和谐交谈式
近距：20～36 英寸	讲一般的内容 小团体聚会、一般工作会议	声音较轻，音量较低	工作交谈式
中距：4.5～5 英尺	讲公共事务 社交集会、事务交往、团体谈判	普通声音	开放交谈式
公共距离：5.5～8 英尺	对着 20～40 人讲话 课堂，小型会议，新闻发布会	声音偏响	公开交谈式
演讲距离：8～20 英尺	对着 50 人以上的听众讲话 演讲者在公共集会上使用	大声	公共演讲式
远距离：室内 20～24 英尺；室外 30～100 英尺	知名人士做公开大型讲演 大型集会，大会议厅演讲	高呼	大肆鼓吹式

6. 类语言

上面五种形式属于视觉性非语言符号，类语言是听觉性非语言符号。类语言是人类发出的没有固定意义的声音，它是一种类似语言的符号，但是又不像语言一样有明确的字形和读音，也不像语言一样有固定的语法规律可循。类语言包括辅助语言和功能性发声。辅助语言是指辅助人类口头语言的声音要素，主要包括音调、音量、音速和音质。当声音要素系统中的诸要素在口头语言的传播过程中发生变化时，就会导致口头语言意义的变化。通俗地说，说话时的抑扬顿挫会使同一句话产生不同的意思。功能性发声是指人发出的哭、笑、哼、叹息、呻吟、口头语等声音。它们不具有固定意义，往往在不同的情境中表达不同的意义。简而言之，类语言是口语的附加或补充部分。

声调轶事

有一次，意大利著名的悲剧影星罗西应邀参加一个欢迎外宾的宴会。席间，许多客人要求他表演一段悲剧，于是他用意大利语念了一段"台词"，尽管客人听不懂他的"台词"的内容，然而，他那动情的声调和表情，凄凉悲怆，不由使人流下同情的泪水。可一位意大利人却忍俊不禁，跑出厅外大笑不止。原来，这位悲剧明星念的根本不是什么台词，而是宴席桌上的菜单。

三、非语言符号的特点

不管非语言符号有多少种和采用哪一种传播方式，也不管它是有意而为还是无意而为，都有一些共同的特点。

1. 连贯性

语言符号是依据语法、逻辑的规则排列的。在一个句子中，不同性质、特点的词汇都有自己大体的位置，而且它们各自独立、相互分离。因此，语言符号也是数位符号。非语言符号则相互连贯，并形成一个色带（色彩）和范围（声音）。即非语言符号没有很强的数位性，它传播信息时，只是在一连串的符号中着重突出某个符号，而该符号的表述并没有固定的位置，而且它总是与语言符号或其他表达方式结合在一起，很少单独出现。因此，它也可称作连贯符号。

2. 相似性

非语言符号与指称对象之间具有某种相似性，因为它是把客观事物符号化。比如，竖起食指可以代表数字"1"，伸出食指勾动中指可以代表手枪，伸出双臂上下扇动可以代表飞鸟，用双手可以表示某一物件的大小或形状，等等。语言中的表意文字（如汉字）在产生的初始阶段也许具有某种相似性（如日、月、山、水），但一旦成熟即失去相似性，而表音文字（除拟声词）则没有相似性。符号与实物相似，似乎只存在于非语言符号之中。

3. 通义性

非语言符号，几乎可以称之为"世界语"。要认识文字、听懂话语，通常要经过学习、接受教育。对于母语之外的语言，更是如此。但是对于非语言符号的译读、理解，似乎无须接受专门教育，因为非语言符号与实物之间的相似性可以产生出举世通用的意义。比如，向人作恫吓或威胁的姿态，向人表示乞求或可怜的行为，向人做出欢迎或喜爱的动作，这些身体符号所传达的意义，不同国家的人都能作出相近、共通的理解。

4. 协同性

传播学者雷蒙德·罗斯曾说：各种非语言符号在传播中是相互关联、互为依托、协同一致的，如果它们不是这样，你的意图就要受到怀疑。当你愤怒至极时，尽管你竭力克制，但沁出的汗珠、迅速的眨眼、轻微的哆嗦、沙哑的声音等非语言符号却在"协同造反"，纷纷暴露真相。即使你为迷路者指示路径，你的眼睛、表情、身体也会随着你手臂的指向配合行动。除了单幅图片，现实中的非语言符号都是协同传播、同时送出的。

5. **即时性**

语言符号总是经过一定的思考方才输出，非语言符号往往未经思考就立即作出条件反射式的传播。驾驶汽车，红灯一亮即踩刹车；看电影电视，一出现人体的敏感部位，观者的瞳孔立即放大；一看到美味佳肴，饥者就忍不住要流口水；突然一声巨响，听者立即大惊失色。对于外在变化的事物，人体立即作出反应，输出非语言符号，是精神正常的标志；而延时反应，则可能是不正常的。

6. **真实性**

言语是行为的指标，眼睛是心灵的符号。人浑身都可遮盖，唯独面目无法掩饰。因此，除非训练有素的演员，一般人很难以非语言符号骗人。如果你的讲话同你的目光和面部表情不一致，聪明的听者总是依据非语言符号作出正确的判断。甚至连孩子也会从父母严厉批评之后的一丝不易觉察的微笑中，将批评的分量降到适当程度。因为，非语言符号显得更加真实。

第二节 商务礼仪

中国有句古话：礼多人不怪。在商务交往中，遵守礼仪规范可以给人以友善、真诚、可以信赖的感觉。在共同的礼仪规范背景中，能对自己有清楚的定位同时也给别人准确的定位，沟通会更加方便和有效。商务礼仪涉及大量的非语言沟通的内容，因此在这里介绍一下常见的商务礼仪。商务礼仪是商务人员交往时遵守的规范，也可以说是商务人员的交往艺术。

一、服饰礼仪

服饰礼仪是人们在交往过程中为了相互表示尊重与友好，达到交往的和谐而体现在服饰上的一种行为规范。佛要金装，人要衣装。服饰具有极强的表现功能，在社交活动中，人们可以通过服饰来判断一个人的身份地位、涵养，通过服饰可展示个体内心对美的追求、体现自我的审美感受，通过服饰可以增进一个人的仪表、气质。所以，服饰是人类的一种内在美和外在美的统一。要想塑造一个真正美的自我，首先就要掌握服饰打扮的礼仪规范，让和谐、得体的穿着来展示自己的才华和美学修养，以获得更高的社交地位。

一般而言，服饰礼仪主要有四个要点：第一，符合身份。符合身份就是要正确地进行自我定位。着装一定要注意符合身份，男女之别，长幼之别，职业之别，身份之别，民族之别。着装时，一定要谨记上述五个有别。第二，扬长避短。穿着打扮，在一般情况下都要注意扬长避短。每个人的身材都有优点，也有缺点。有人脖子比较短，不宜穿高领衫，应该穿U领或者V领的服装，露出一段胸部，冒充脖子。有人腿比较粗短，则尽量不穿超短裙。第三，区分场合。服装要与穿着场合的气氛相和谐，更和欲达到的目的相一致。从服饰礼仪的角度来讲，着装实际上存在三大场合：①办公场合，指上班的时间，它的基本要求为庄重保守。②社交场合，指工作之余的交往应酬的时间，即下了班之后跟朋友熟人交际应酬的时间，比如，宴会、舞会、音乐会、聚会，等等。社交场合着装的基本要求为时尚个性。③休闲场合，指工作之余个人活动的时间，如在家睡觉、健身运动、观光游览、逛街购物。这个场合穿着打扮的基本要求是舒适自然。第四，遵守常规。有关着装的约定俗成的规矩，一定要自觉遵守。譬如，西装上衣下面两个口袋不能放任何东西。

拿破仑的外套

拿破仑在最后的日子里沦为囚犯，被关在一个叫做圣赫勒拿的小岛上，他已经不再具有任何重要性。他曾经是一个皇帝，是最伟大的征服者之一，最后却落得一文不名。在狱中，他有6年没有换衣服，因为那个监狱不给他适合皇帝的衣服穿。他的衣服完全烂掉了，颜色褪掉了，而且弄得很脏，但他还是坚持不肯换。监狱的医生问他：你为什么不把外套换掉？它已经变得很脏！我们可以给你更好、更干净的衣服。拿破仑看着他说：这是一件皇帝的外套，它或许已经很脏了，但是我不能够把它换成一件普通的外套！

---

1. 色彩

服饰的色彩从来都是排在第一位的，因为色彩给人最直接的视觉感受。男女的服饰的色彩一般都以冷色调为主，如蓝、灰、棕、黑等，可以显示商务人员的严谨、庄重，同时又不失文雅。而且套装的上身和下身衣服能尽量保持一致的颜色，女士的套裙可以采用上深下浅或上浅下深。同时和衣服搭配的饰物颜色也要和衣服的颜色保持和谐。比如在正式商务场合，女士身上所佩戴的饰物的颜色最好是同一种颜色，而且和衣服相称。

2. 男士的西装

正式的商务场合，男士的着装以穿西装打领带最为稳妥，衬衫的搭配要适宜。男士的西装一般以深色的为主，避免穿着有格子或者颜色艳丽的西服。单排扣西装，特别要注意系扣子，一般两粒扣子，只系上面的一粒，如果有三粒扣子，只系上面的两粒；双排扣西服，则应系好所有扣子。穿西服打领带一般要配以皮鞋，皮鞋要保持光亮、整洁，注意袜子的透气性，袜子的颜色必须保持和西服整体颜色协调。

3. 女士的套裙

女士的套裙没有固定的款式，因此女士的穿着在商务交往中显得更丰富多彩一些。但是女士套裙的上衣不能太短，最短可以齐腰，裙子不能太长，最长至小腿中部。不可以乱搭配，不可以乱配鞋袜，一般套裙都配黑色高跟的船式皮鞋。同时女士的衣服切忌过分暴露，过分时髦，过分可爱，过分潇洒。

二、见面礼仪

商务交往中，见面时的礼仪是要讲究的。见面礼仪是日常社交礼仪中最常用与最基础的礼仪，人与人之间的交往都要用到见面礼仪，给人留下良好的第一印象，为以后的深入交往打下基础。见面礼仪分为介绍礼仪、握手礼仪和使用名片的礼仪。

1. 介绍礼仪

社交场合要相互介绍或自我介绍，介绍时的称谓和先后顺序等都有一定的礼仪规范。由于人际接触的日益广泛，在公共关系活动中就会经常结识一些新的公众、新的朋友。这就离不开自我介绍、为他人介绍等等。无论哪种介绍，都必须遵守一定的礼仪规范。

自我介绍，需要注意四个要点：①最好是先递名片再介绍；②自我介绍时间要简短，愈短愈好，一般半分钟以内；③内容要全面，自我介绍一般包括四个内容：单位、部门、职务、姓名；④倘若单位和部门头衔较长，第一次介绍的时候使用全称，后面才可以改简称。所以在国际交往中，用字母来做简称，或者以中文来做简称，一定要注意，先讲全称，再讲简称，否则容易南辕北辙。

介绍别人，第一谁当介绍人，社交场合的惯例，介绍人一般应该是女主人。在国际交往中介绍人一般是三种人：第一种是专业对口人员；第二种是公关礼宾人员；第三如果对方是贵宾，礼仪上讲身份对等，即在场职务最高的人。第二介绍的先后顺序，"尊者居后"，男先女后、轻先老后、主先客后、下先上后，如果双方都有很多人，要先从主人方的职位高者开始介绍。

2. 握手礼仪

通常情况下，行握手礼时应注意：上下级之间，上级伸手后，下级才能伸手相握；长辈和晚辈之间，只有长辈伸出手后，晚辈才能伸手相握；男女之间，只有女士伸手之后，男士才能伸手相握；握手时，男士应该脱下手套，女士如果戒指戴在手套的外面可以不脱手套；握手时，应该伸出右手，不能伸出左手；握手的力量要把握适中，既不能有气无力也不能太用力。主动与人握手之前，首先应该考虑自己是否受对方欢迎，如果你认为他欢迎你，即使对方是你的上级，你先伸手与他握手也未尝不可，因此，你是否先伸手，主要取决于你们之间的关系如何。当一人与多人握手时，有两种排序方法：其一，由尊而卑。从地位高的人开始，依次往下而行。其二，由近而远。首先伸手跟最近的人握手，然后由近而远地依次而行。

握手礼的由来

在原始时代，在人类才刚刚从动物界脱胎出来，还带有几分野蛮的时候，人们不仅在狩猎或战争中，而且在日常交往时，手上常常带有石块等"武器"，以防不测。在与人交往时，为了表达自己的友好，说明自己没带武器，于是将双手伸开并高举，这是最原始的见面礼。

---

3. 名片礼仪

在商务交往中，没有名片的人，将被视为没有社会地位的人。一个不随身携带名片的人，是个不懂得尊重别人的人。名片不仅要有，而且要带着。在外国的企业公司，员工这个名片放在什么地方都有讲究，一般放在专用名片包里，或放在西装上衣口袋里，不能乱放。

名片在制作上，讲究三个不。第一个不：名片不随意涂改。在商务交往中，名片譬如脸面，脸面是不改的。第二个不：提供私宅电话。商务礼仪讲究保护个人隐私。第三个不：名片制作，不提供两个以上的头衔。倘若一个名片上给的头衔越多，有三心二意、用心不专、蒙人之嫌。所以很多外国人，他身上会有好几种名片，对不同的交往对象，使用不同的名片。

如果希望和别人进行长期沟通，索要名片很有必要，这时你可以主动递上自己的名片，对方按照礼仪规范也会将自己的名片作为交换。同时也可以以委婉的方式索要，比如"以后怎么向您请教啊"，一般的商业人士出于礼貌会将自己的名片给你。如果他人向你索要名片，你即使不想给对方也要注意委婉地拒绝，比如"对不起，我的名片发完了"或者是"对不起，忘了带名片"，这样不会让索要名片的一方觉得没面子。

在将自己的名片递给对方的时候一定要用两只手，眼神专注，不能四处看，同时接收名片的一方也要用两只手接，或者是用右手但是绝对不能用左手。收到别人名片后，一般的做法是读一下名片上的内容，比如他的名字、他的单位或头衔，跟对方确认一下基本信息，比如说他的名字如果是多音字，应该念哪个音。另外，这会让对方感觉到你很重视他。

三、位次礼仪

在商务活动中，位次的排列往往备受人们的关注。因为位次是否规范，是否符合礼仪的要求，既反映了商务人员自身的素养、阅历和见识，又反映了对交往对象的尊重和友善的程度。为了避免贻笑大方或造成负面影响，必须特别注意在不同场合的位次排列礼仪。位次排列的最重要的规则有五条：①面门为上。在商务会面中，房间内面向门为尊贵的位置，面向门口时，可以有较好的视野，能够较好地把握周边的情况。②居中为上。商务会面中，座位的安排以中间为最优，在中间的位置可以十分方便倾听、表达自己的意见，并可十分方便地协调整个会商的进行。③前排为上。商务会面中，并排走，中间高；单行走，前排高，因此前排为上。④以右为上。我国的传统习俗是以左为尊，例来就有"虚左以待"的说法，而国际上通行的惯例是以右为尊，公关礼仪采用国际惯例，也讲究以右为上。⑤以远为上。在商务会面中，座位越远离门越好，远离门口就可以避免打扰，且相对安全一些。

1．行进位次

行进位次，指的是人们在步行的时候位次排列的次序。在陪同、接待来宾或领导时，行进的位次引人关注。并行时，中央高于两侧，内侧高于外侧，一般让客人走在中央或内侧。实际上内侧就是指靠墙走，我国道路游戏规则行进规则是右行，所以在引领客人时，客人在右，陪同人员在左。换句话说，客人在里面你在外面，把客人让在靠墙的位置，客人受到的骚扰和影响少。与客人的距离，别拉太远，也别离太近，标准化位置是左前方1米到1.5米处，换句话说，一步之遥。单行行进时，前方高于后方，如没有特殊情况的话，应让客人在前面走。

一般而言，上下楼梯要单行行进，没有特殊情况要靠右侧单行行进。引导客人上下楼梯，上楼梯时，客人走前面，陪同者紧跟后面；下楼梯时，陪同者走前面，并将身体转向客人。楼梯中间的位置是上位，但若有栏杆，就应让客人扶着栏杆走；如果是螺旋梯，则应该让客人走内侧。在客人之前进入电梯，一手按住"开"的按钮，另一只手示意客人进入电梯；进入电梯后，按下客人要去的楼层数，侧身面对客人，可做寒暄；到目的地时，按住"开"的按钮，请客人先下。若无特殊原因，位高者先出入房门；若有特殊情况，如室内无灯而暗或者是室内仍需引导，陪同者宜先入；出去也是陪同者先出，为客人拉门引导。

2．会客位次

会见客人时，让座于人有两点需要注意。一方面，必须遵守有关惯例；另一方面，必须讲究主随客便。总体上讲，会客时，应当恭请来宾就于上座。会见时的座次安排，大致有五种主要方式。

（1）相对式。宾主双方面对面而坐，这种方式显得主次分明，往往易于使宾主双方公事公办，保持距离。这种方式多适用于公务性会客，通常又分为两种情况：①双方就座后，一方面对正门，另一方背对正门，此时讲究"面门为上"；②双方就座于室内两侧，并且面对面地就座，此时讲究"以右为上"。

（2）并列式。宾主双方并排就座，以暗示双方"平起平坐"、地位相仿、关系密切，具体分为两类情况：①双方一同面门而坐，此时讲究"以右为上"；②双方一同在室内的右侧或左侧就座，此时讲究"以远为上"。

（3）居中式。当多人并排就座时，讲究"居中为上"，即应以居于中央的位置为上座，请客人就座；以其两侧的位置为下座，由主方人员就座。

（4）主席式。主要适用于正式场合，由主人一方同时会见两方或两方以上的客人。此时，一般应由主人面对正门而坐，其他各方来宾则应在其对面背门而坐。

这种安排犹如主人正在主持会议，故称之为主席式。有时，主人亦可坐在长桌或椭圆桌的一端，而请各方客人坐在他的两侧。

（5）自由式。会见时有关各方均不分主次、不讲位次，而是一律自由择座。自由式通常用在客人较多，座次无法排列，或者大家都是亲朋好友，没有必要排列座次时。进行多方会面时，此法常常采用。

3．谈判位次

一般标准的谈判厅，谈判桌横放。谈判桌横放时，面对门的是客方，背门的是主方。双方人员，一般当中者是主谈，就是第一谈手。主谈右侧的人，一般是第二把手。其左侧是第三把手。如果是涉外谈判或者民族间谈判，主谈右手一般是翻译。如果谈判桌竖放，以面对房门进门时的右侧为上，因为人走动，门一推开，把右侧让给客人，自己去左侧。其他人员的具体位次与前者相似，中央高于两侧，右侧高于左侧。

4．签字仪式位次

签署双边合同时，主方签字人应坐在签字桌的左侧，客方签字人坐在签字桌的右侧。双方各自的助签人应站在己方签字人的外侧，以便在签字过程中随时对签字人提供帮助。双方其他随行人员可以按顺序在自己一方签字人的对面就座，或按照职务高低列成一排站在签字人的身后。排列时主方自右向左、客方自左向右，如果一行位置有限，可以继续排列站在第二行、第三行。

签署多边合作协议时，签字桌后面仅设一把座椅的情况居多。各方签字人可以依照事先约定的顺序，依次前去签约。各方的助签人应遵照"以右为尊"的惯例，站立于签字人的左侧。其他各方的随行人员应按照一定的顺序，面对签字桌站立或就座。

5．宴会位次

宴会放了很多桌，中央高于外侧，右侧高于左侧，内侧高于外侧。圆桌，面对房间正门的位置是主位，主宾一般坐在主人的右手，客人都坐在主人的右侧，按照职位高低，离主人越远职位越低。主方人员都坐在主人的左侧，同样依次以距主人远近为序，自高而低地依次排列。

6．乘车位次

乘坐轿车一般情况下由客人先上车、后下车。公务用车时，上座为后排右座；社交应酬中，上座为副驾驶座；接待重要客人时，上座为司机后面之座。在专职司机驾车的双排五座轿车上，其座次由尊而卑依次应为：后排右座、后排左座、后排中座、副驾驶座；在专职司机驾驶的三排七座车上，其座次由尊而卑依次应为：后排右座、后排左座、后排中座、中排右座、中排左座、副驾驶座。

四、拜访与接待礼仪

商务拜访必须提前预约。对于拜访者来说，提前预约可以避免要拜访的人不在或者因对方没有充分的准备而使拜访收效甚微；对于受访者来讲，接到预约可以合理地安排好自己的时间，并充分做好访谈准备，避免仓促应对，出现差错。预约可以采用电话或书信的形式。一旦双方约定好，就一定要遵守。如果答应了某个预约，但是有更加重要的事情要处理，应该第一时间，采取与预约时相同的（电话或书信）方式向对方说明情况，更改约定的时间。有时遵约要以事情的轻重缓急和对公司影响的大小来区别对待。总之，除非有更重要或者意外的事情发生，否则没有理由爽约。随意爽约是非常损害职业形象的行为，一般来讲，很难有更正和弥补的机会。

在进入对方公司前应先整理自己的着装，夏天，应及时擦掉汗水，以最佳的形象、最从容的姿态进行商务拜访。随后检查自己的资料是否带齐，并将手机调到震动或者关机状态。进门时应用食指轻叩房门，即使对方的房门是开着的，也不应擅自进入。如果对方有前台或专职接待人员，应向其递交名片，并说明自己已经预约人员的职务及姓名，听从接待人员的安排进入接待室或者被引入受访者的办公室。进入对方公司时应尊重其办公环境——非礼勿视、非礼勿听、非礼勿言、非礼勿动，更不能随意吸烟。如果被引入接待室等待，应向引领人员表示谢意，在得到对方允许后方可就座。公文包可放在自己背后或者脚边，外套等物品应该征求对方意见看是否有合适的地方放置。在等待的过程中可以看自己的文件，思考拜访的问题，但是不能随意走动，否则对方工作人员会认为你有些散漫，留下不好的印象。见到要拜访的人员时应主动递交自己的名片，再次说明来访的事由和目的，但是要掌握节奏，等待对方主动握手，双方恰如其分的身份表现才能使访谈有一个良好的开端。

当商务拜访已经接近尾声时，应该以自己的职业表现为此行画上圆满的句号。即将离别时，不要毫无征兆地忽然起身告辞，之前应有些许示意，如把茶杯的杯盖盖好，把咖啡杯稍稍推移开，轻轻地收起自己的文件，或者把对方的名片放进名片夹等。迅速看表或者快速地收拾公文包，会给受访者带来不重视此次拜访或者此行不愉快的印象，容易造成误解。离别应该由拜访者提出，拜访者先起身并伸手向受访者道别。如果由主人先起身并主动握手告别，会有逐客之嫌。拜访者应该真诚地向受访者表示感谢，如"感谢百忙之中接受我的拜访"。向外走时，对遇到的、有眼神接触的工作人员应微笑点头致意，对引领过自己的接待人员可以简单地说声"谢谢"以示礼貌。对方送行时应该请对方留步，如果受访者执意送别，走到电梯门口或者对方的办公区门口时应该再次请对方留步，并再次握手与对方道别。

日常接待未必像大型商务活动一样需要摆放鲜花等刻意安排，但是干净、整齐的接待环境是非常基本的要求，不但会使来访者心情愉悦，也会为其留下深刻的印象。在办公室环境管理中，容易被忽视的角落和醒目的地方同样需要精心整理。位于入口处的公告板应保持干净并且及时更新内容；办公室的物品应该定置管理，不能乱作一团；室内光线和温度应该保持在舒适的程度。

很多公司接待客户习惯于使用一次性纸杯，严格来讲，这是不符合礼仪规范的。从礼仪的角度来讲，接待客户用的水具应该事先被严格清洗并进行消毒。接待客人时，茶水应该用茶杯冲泡，咖啡也应该用咖啡杯来呈现。茶叶、咖啡、水具、热水都应该随时有所准备。有的企业会将企业内刊或者相关的行业杂志摆放在接待室的一角供客人翻阅，不但适时地宣传了自己，还能避免客人因等待而产生不好的感觉。

接受商务预约后，接待人员有必要提前了解来访者的基本情况，如来宾的姓名、年龄、民族、籍贯、学历、专长、爱好、著述等，此外，来宾的具体人数、来访目的以及行程安排也都要事前充分了解。接待应该从确认身份开始，仔细阅读对方的名片，问清来访目的以及是否预约过相关人员。对已经预约的客人可以引领至接待室等待，或者直接引入工作人员的办公室；对未预约的来访人员应请他稍事等候，然后与相关人员取得联系，对不方便入内接待或因某种原因不予接待的来宾应礼貌地说明情况。对领入接待室等待的来宾，应该给予体贴、关照，如问清对方的喜好后冲泡茶水或者咖啡，即使是矿泉水，也应问清对方喜欢的温度，凉的还是温的，并根据情况调整好室内的光线和温度等。

接待 3S

Stand up：用身体语言表示欢迎之意，起立是最基本的礼貌。

Smile：微笑的魅力总是无穷的，当客户到达时，微笑会把欢迎和欣喜之意无言地传递给对方。

See：如果你起身、微笑，却不看着对方，那么客人未必会觉得你之前的动作与他有关。通过眼神才能真正把你的诚意传达给对方。

总结

非语言符号作为沟通活动的一部分，在完成信息准确传递的过程中起着重要的作用：传播丰富的信息、强调语言意义、加强情感表达、体现真相，验证语言信息。

非语言符号的作用往往需要由不同的非语言符号来承担，而不同的非语言符号亦会释放出不同的功能。在对各种各样的非语言符号进行鉴别和分析后，可分为六种类型：外貌与衣着、表情与眼神、姿态动作、触摸行为、空间与距离、类语言。

非语言符号的特点包括：连贯性、相似性、通义性、协同性、即时性、真实性。

商务礼仪是商务人员交往时遵守的规范，常见的有服饰礼仪、见面礼仪、位次礼仪、拜访与接待礼仪。

问题讨论

（1）通过现实生活中的例子说明非语言符号的重要性。

（2）分别找出一个沟通失败和沟通成功的例子，分析其中非语言符号方面的内容，说明参与者成功和失败的原因。

（3）结合实际的例子，说明如何在商务交往的过程中运用商务礼仪来促进双方之间的交流。

小故事

农夫与朋友

有一个星期天，一个贫穷的农夫正要出门的时候，在门口碰到他孩提时代的好朋友，那个朋友来看他。农夫说：欢迎！这么多年了，你都在哪里呢？请进！你看，我已经答应要去看一些朋友，想跟他们延期也很困难，请你先在我家休息，我大约一个小时以后回来，我们就可以促膝长谈了。他的朋友说：噢！不要，我跟你走不是比较好吗？但是我的衣服很脏，如果你能够借我一些干净的衣服，我换好衣服之后就跟你去。

前些时候，国王给了农夫一些贵重的衣服，农夫将那些衣服收藏起来，想等到比较盛大的场合才穿。农夫很高兴地把那些衣服拿出来。他的朋友穿上这套珍贵的衣服和那双漂亮的鞋子，看起来就好像国王。看着他的朋友，农夫觉得有点嫉妒，相较之下，他看起来像是一个仆人，他开始怀疑自己是否做错了。他试着将自己想成是他的朋友，他下定决心只想高贵的事情，毕竟一套昂贵的衣服或一双漂亮的鞋子算得了什么？但他越是用理智去告诉自己，那套衣服和那双鞋子就越占据他的脑海。

他们两人走在一起，但是行人只看他的朋友，而没有注意到他。他开始觉得沮丧，表面上跟他的朋友聊天，内心所想的却是那套衣服和那双鞋子。他们到达了所要拜访的朋友家，他介绍他的朋友说：这是我孩提时代的朋友，他是一个很可爱的人。突然间，他迸出一句话说：他穿的衣服是我的。他的朋友吓了一跳，主人也吓了一跳，他自己也意识到这句话不该说，但是已经太晚了，他懊悔失言，内心暗自责备。

走出那个朋友家的时候，他向朋友道歉。他的朋友说：我愣住了，你怎么可以说出这样的话？农夫说：对不起，我的舌头不听话，我错了。他们又出发到另一个朋友的家，他下定决心不要说那些衣服是他的。他们进入了朋友家，农夫小心翼翼地说：这是我的朋友。但是他意识到没有人注意他，每一个人都以敬畏的眼神看着他的朋友和朋友的衣服。他重新介绍：他是我孩提时代的朋友，是一位很棒的绅士，至于那些衣服，那些衣服是他的，不是我的。那些人都感到惊讶，他们以前从来没听过这样的介绍。等到他们离去之后，他再度向朋友致十二万分的歉意，他承认这是重大的失言，现在他对于要做什么或不要做什么感到混乱，他说：衣服以前从来没有像现在这样抓着我，老天爷啊！我到底怎么了？

他的朋友十分气愤地说不愿意再跟他走了，农夫抓住他的手说：请你不要这样，请你不要以这么坏的态度来对待朋友，我会感到终生遗憾的，我发誓不再提有关衣服的事。接下来，他们进入了第三个朋友的家，农夫很严格地克制住自己，他很慢且很小心地说出每一句话来介绍：来见见我的朋友，他是一个老朋友，是一个很好的人。他犹豫了片刻，感受到内在的一股压力，他知道自己敌不过这一股冲动，就大声地脱口说：那些衣服？对不起，我不说，因为我已经发誓不再提起那些衣服了。

启示：

即使人们的刻板印象认为，男人，尤其是亲密的朋友，一般都比较大而化之，对衣着这种小事应该不会太计较，事实上，即使再亲密不过的朋友，再大而化之的男人，对自己和对方的衣着还是很在意的，虽然通常不会挂在嘴巴上。

 沟通游戏

肢 体 语 言

规则：

（1）将学员们分为2人一组，让他们进行2～3分钟的交流，交谈的内容不限。

（2）当大家停下以后，请学员们彼此说一下对方有什么非语言表现，包括肢体语言或者表情，比如有人老爱眨眼，有人会不时地撩一下自己的头发。问这些做出无意识动作的人是否注意到了这些行为。

（3）让大家继续讨论2～3分钟，但这次注意不要有任何肢体语言，看看与前次有什么不同。

相关讨论：

（1）在第一次交谈中，有多少人注意到了自己的肢体语言？

（2）对方有没有什么动作或表情让你觉得极不舒服，你是否告诉了他你的这种情绪？

（3）当你不能用你的动作或表情辅助你的谈话的时候，有什么样的感觉？是否会觉得很不舒服？

游戏说明的道理：

（1）人与人之间的交流是两个方面的：一方面是语言的，另一方面是非语言的，这两个方面互为补充，缺一不可。有时候非语言传达的信息比语言还要更加精确，比如如果一个人不停地向你以外的其他地方看去，你就可以理解到他对你们的谈话缺乏兴趣，需要调动他的积极性了。

（2）在日常的生活工作中，为了让别人对你有一个更好的印象，一定要注意戒除自己那些不招人喜欢的动作或表情，注意用一些良好的手势、表情帮助你的交流，因为好的肢体语言会帮助你的沟通，坏的肢体语言会阻碍我们的社交。

第十一章　跨文化沟通

> **学习目标**
> (1) 理解文化的概念和文化的层次。
> (2) 理解不同文化之间产生差异的主要原因。
> (3) 了解跨文化冲突的原因与形式。
> (4) 了解东西沟通文化的差异概念。
> (5) 掌握跨文化沟通的基本技能。

引例

招　聘

　　日本的一家公司要招聘10名员工。放榜这天，一个叫水原的青年看见榜上没有自己的名字，悲痛欲死，回到家中便要切腹自杀，幸好亲人及时抢救，水原没有死成。正当水原悲伤之时，从公司却传来好消息：水原的成绩原是名列前茅的，只是由于电脑的错误导致了水原的落选。正当水原一家人欣喜若望之时，从公司又传来消息：水原被公司除了名。原因很简单，公司老板说：如此小的挫折都受不了，这样的人在公司是成不了什么大事的。

　　美国的一家公司要招聘10名员工。经过一段严格的面试，公司从300多应征者中选出了10位佼佼者。放榜这天，一个叫汤姆的青年看见榜上没有自己的名字，悲痛欲死，回到家中要举枪自尽，幸好亲人及时抢救，汤姆没有死成。正当汤姆悲伤之时，从公司却传来好消息：汤姆的成绩原是名列前茅的，只是由于电脑的错误导致了汤姆的落选。正当汤姆一家人欣喜若望之时，美国各大州的知名律师都来到汤姆的家中，他们千方百计地鼓动汤姆到法院告这家公司，声称需支付巨额的精神赔偿，并自告奋勇地充当汤姆的律师。

　　德国的一家公司要招聘10名员工。放榜这天，一个叫萧恩的青年看见榜上没有自己的名字，悲痛欲死，回到家中便要跳河自杀，幸好亲人及时抢救，萧恩没有死成。正当萧恩悲伤之时，从公司却传来好消息：萧恩的成绩原是名列前茅的，只是由于电脑的错误导致了萧恩的落选。正当萧恩欣喜若望之时，萧恩的父母却坚决反对自己的儿子进入这家公司。他们的理由毋庸置疑：这家公司作业效率如此差劲，进入这家公司对儿子的成绩毫无益处。

中国的一家公司要招聘10名员工。放榜这天，一个叫志强的青年看见榜上没有自己的名字，悲痛欲死，回到家中便要悬梁自尽，幸好亲人及时抢救，志强没有死成。正当志强悲伤之时，从公司却传来好消息：志强的成绩原是名列前茅的，只是由于电脑的错误导致了志强的落选。正当志强欣喜若望之时，志强的父母来到公司，一看到公司老板便跪了下来，他们含泪说：多亏你救了我儿子，我们家世世代代感谢你的大恩大德！

第一节　文化的内涵

文化之于社会如记忆之于个体。在过去的生活中可行的东西沉淀下来，变成语言、文字，变成音乐、艺术，变成工具、建筑，甚至变成服装的款式，变成饮食起居的方式，影响未来者的思维、体验和行动。法国香水、美国电影、意大利油画、俄罗斯音乐等等，都是文化的印记。

一、文化的定义

在人们的脑海里，文化的第一个以及最基本的定义经常和地理位置有关，比如，一个部落的文化、一个城市的文化、西海岸的文化或者大不列颠岛的文化等，都是区分不同文化的可行方法。透过这些方法，既可以从一个更宏观的视野看待文化，比如亚洲文化、非洲文化、西方文化或东方文化等；也可以从一个更精确的微观角度观察文化，比如格林威治村的文化和曼哈顿的文化，或者姻亲文化等。不过，文化的基础应该还奠基于非地域性的因素。翻开英语字典，可以查阅到文化是"在社会中传播的行为模式、艺术、信仰、制度，以及所有人类工作和思考的产物的总称"。

文化的广义定义来自人类学家赫斯科维茨（1895—1963）《文化人类学》一书。他认为，文化是一切人工创造的环境，也就是说，除了自然原生态之外，所有由人添加上去的东西都可称之为文化。这里，人工创造的东西包括两人类：一类是客观文化，那些看得见摸得着的物品，如房屋建筑、交通公路、电视电脑，以及各种机器工具等。另一类则是主观文化，那些触摸不到，但似乎又无处不在的东西，比如信念、理想、价值观和社会规范。它们就像空气阳光一样无时无刻不影响着人。主观文化被用来定义文化的概念，即文化是"被一个群体的人共享的价值观念系统"。与此相似，文化也被其他学者定义为"人为创造的、被他人认可的观念，它给人们提供聚合、思考自身和面对外部世界的有意义的环境，并由上一代传递给下一代"。

另外一个与众不甚相同的文化定义来自英国弗恩斯·特朗皮纳斯教授。他认为文化是某一群体解决问题和缓和困境所采用的途径和方法，而非仅仅是一套价值观念系统。这个文化定义隐含一个基本假设，即所有的人类都面临一些共同的问题和困境，如时间、空间、外界的自然环境等等。一个群体的人对时间的共同理解和感知，对外界自然环境的态度和行动则形成这个群体的独特文化。

美国华盛顿大学陈晓萍教授《跨文化管理》一书提出，文化是"由人类创造的，经过历史检验沉淀下来的物质和精神财富"，具有以下特点：首先，文化是一个群里共享的东西；其次，这些东西可以说是客观显性的，也可以是主观隐性的；再次，客观显性的文化、主观隐性的文化同时对生活在该群体中的人产生各方面的影响；最后，文化代代相传，虽然会随时代变化，但速度极其缓慢。

跳 水

有一艘轮船在大海上航行，航行到一半路程时，轮船出了故障，船长要求大家弃船逃生，转移到救生艇上。他到船舱里向游客解释了轮船目前遇到的状况，要求大家马上跳到救生艇上，但是等他解释完毕后，居然没有一个人愿意这样做。

船长十分生气，懊恼地回到甲板上。大副见他一个人出来了，感到十分奇怪，了解到情况以后，他自告奋勇向船长请命去说服这些游客。5分钟后，这些游客居然都自愿跳到了救生艇上。船长感到十分奇怪，问大副是怎么完成这件事的。

大副对船长说："我对他们几个不同国家的人说了不同的话：

"我对英国人说，这是一件很有绅士风度的事；

"我对德国人说，这是命令；

"我对法国人说，这是一件很浪漫的事；

"我对美国人说，你是被保了险的。"

二、文化的层次

文化如同洋葱，有层次之分。文化洋葱有三层：表层、中层、核心层。洋葱的表层——表层文化是我们平时能观察到的东西。比如，在日本看见他们的服装与我们不同，他们的音乐恬静悠远，他们的寺庙外观更方、棱角更鲜明。这些由表层文化表现出来的一种文化的特征常常给人以强烈的直接冲击，让人感受到文化的存在和力量。表层文化通过外在物品表现。外在物品除了上面描述的那些东西之外，另一个非常显著的就是该文化中人们使用的语言。语言不可视、不可触，却可以听到，亦是一个客观存在。语言是文化的一个重要产物，其余的如艺术品、电影、绘画，甚至商店市场，也都属于表层文化。

任何表层文化都折射出一个社会更深的理念，都是社会价值观的直观体现。中层文化指的就是一个社会的规范和价值观。每个国家都有一些自己独特的社会规范。比如与陌生人见面时如何行礼：美国人热情握手；日本人拱手作揖；印度人双手合十，放之鼻端，身体微微前倾；而意大利人则拥抱亲吻，彼此间有很多的身体接触。价值观则是指一个群体对什么是"好"什么是"坏"、什么是"对"什么是"错"的共同认识。一项测验表明，给墨西哥工人增加工资，反而减少了工人愿意工作的时间长度，与美国的工人很不相同。这种表层文化的差异事实上反映的也是价值观念的不同。美国人追求物质，对金钱有强烈的需要，所以，越给钱越愿意加班。墨西哥人则珍视与家人朋友在一起的时间，钱够了正好把业余的时间给家人朋友，因此拒绝加班。

核心文化是一个社会共同的关于人为什么存在的假设，它触及社会中人们最根深蒂固不容置疑的东西，比如人与生俱来的权利、人存在的价值、个人与他人的关系。美国的核心文化中最重要的一部分是人人平等，是个体的独立和自由。这些理念在美国社会生活的人是不需多思考的，是他们所有生活所依据的基本原则，是不可动摇的社会存在的基础。相反，在其他社会，比如印度，人生来不平等是根深蒂固的观念，在这个社会长期存在的种姓等级制度中就反映出来了。

三、文化维度

在跨文化沟通中，经常会遇到文化冲突，这些冲突以词汇、语义、思维、行为、沟通模式及审美观念等各种各样的差异体现出来。表面差异之下的真正原因是文化的深层结构的不同，它决定了人对他人、对事情的反应。文化深层结构与一个民族的价值观密切相关，价值观主导跨文化沟通，跨文化沟通反映价值观。了解价值观是理解不同的语言、社会和文化差异的前提，也是实现跨文化沟通的基础。对所有文化中的行为产生重要影响的价值观有五个维度。

（一）个人主义与集体主义

个人主义与集体主义表示个人与群体间的关联程度。个人主义文化注重个体目标，相反，集体主义文化则更强调集体目标。在个人主义文化的社会当中，人们会把对自己的责任感看作最为重要的事情。在这种文化背景下成长的小孩都常常受到如此教导："做你自己"，"你是独一无二的"，"世界上没有人和你一样独特"。这些信息强调了个人的自我认知、自我满足以及对自我意愿的真诚的态度。此外，它同时还强调自力更生的重要性，"要靠自己的努力走出困境"成为许多人自我鞭策的座右铭。他们不会等待别人的帮助，相反，他们会自己好好照顾自己。研究表明，美国、加拿大、英国以及澳大利亚是世界上个人主义最为明显的几个国家。

与个人主义不同，在集体主义文化中，人们从小被教导对家庭、社区或者公司的责任感才是最为重要的。集体主义文化更加关注群体的利益，而较少考虑个人的得失。在这种文化背景下成长的人往往拥有比较高的责任感以及忠诚心。他们会觉得自己只不过是一个群体之中普通的一员，没有什么独特的地方。例如，多哥共和国的卡布列族常常会因为要维护群体的利益付出自己的财物。崇尚集体主义文化的国家包括了韩国、日本以及非洲和拉丁美洲大部分的国家。

个人主义与集体主义如何影响沟通行为呢？举一个例子说明。例如，生活在个人主义文化下的人发生了矛盾，他们可能会很直接地把矛盾表达出来，并且寻求方法去解决这个矛盾。而生活在集体主义文化下的人则会用更加间接的方法来处理这种不合，为了保持社会的和谐以及人际关系的和睦，他们往往选择忍耐。

公开演讲的不同风格在另一方面体现了这种文化上的差异。许多人在面对公开演讲的时候可能会紧张，生活在集体文化背景下的人则更是如此了。在集体主义文化中，人们常常被教导要"韬光养晦"，而不要"锋芒毕露"。但个人主义文化则鼓励人们果断坚决地"站出来表现自己"，而这往往会使集体主义的人们尴尬或者羞愧。个人主义文化与集体主义文化的比较（见表11-1）。

表11-1 个人主义文化与集体主义文化的比较

个人主义文化	集体主义文化
交易导向（关注结果）	关系导向（关注过程）
短期收益	长期发展
强调内容（事实、统计数据）	强调情境（经验、直觉、关系）
依赖于直线式的推理	依赖于迂回式的推理
独立	相互依赖
竞争、决策驱动	合作、一致同意
直接、明确的沟通	间接、迂回的沟通
个人职责	保护"面子"
私人办公室	开放型的办公室布置
直线式的时间，缺乏耐心	可变通的时间，充满耐心

（二）高语境与低语境

高语境与低语境反映了文化对语言清晰程度的要求。在低语境文化中，人们常常被要求直白地表露自己的意思，不要拐弯抹角，婉转其辞。低语境文化下的人们更看重人的自我表达、个人观点的陈述还有说服他人能力。低语境文化下的人们是通过直接的表达和符号传递进行交流的。美国就是这样的一个低语境文化国家。而加拿大、以色列还有现代欧洲的大多数国家，都属于这样的文化。

在高语境文化的国家中，人们从小则被教育说话要婉转，不能太过直接。这类人群包括了韩国人、新西兰的毛利人以及美国的土著人。在这些社会当中，保持社会的和谐防止与他人发生冲突显得更为重要一些。因此，人们讲话会更加婉转，行为也会更加谨慎，他们往往通过脸部表情以及声调等更加微妙的行为信息或语境线索来表达自身的意思。高语境文化成员表达感情和传递信息的方式是隐晦间接的。

从人们处理批评和反对意见的方式中，可以一窥这种文化差异对沟通行为的影响。在低语境文化中，上司可能会公开严厉地训斥一个不负责任的下属，拿他来做例子，以儆效尤。这个上司可能会毫不顾情面地揭露下属的错误，同时也会直截了当地说出希望对方改正的地方，以及如果再达不到期望的话会有怎样的后果等。

然而，在高语境文化中，这个上司可能会顾着下属的"面子"而不当众训斥他；相反，上司更多地会在私底下向下属提出批评，同时会选择一些婉转的语言来表达批评的意思。他不会直接说出下属哪里做错了，但是他会通过"绕圈子"的方法引导下属自己发现错误。例如，一个员工经常迟到。在高语境文化中，上司不会直接针对迟到这件事情来批评他；相反，这个上司可能会不断强调同事之间的责任感，成为团队里面"拖后腿"的人是一件可耻的事情等。在这个时候，这个员工通过上司的语气声调、肢体动作以及脸部表情，应该能够明白其所想表达的意思。高语境文化与低语境文化的比较见表11-2。

表11-2 高语境文化与低语境文化的比较

高语境文化	低语境文化
依赖含蓄的沟通	依赖直接、明确的沟通
强调非言语沟通	强调明确的语言
任务从属于人情关系	把工作任务和人情分割开来
强调集体的主动性和集体决策	强调个人的主动性和个人决策
以人情关系来看待雇主/员工关系	以条约来看待雇主/员工关系
依赖于直觉，而不是事实和统计数据	依赖事实、统计数据以及其他细节资料
在书写和言谈中倾向于间接的风格	在书写和言谈中采用直接的风格
喜欢迂回或间接的推理方法	偏爱直线式的推理方式

（三）低权力距离和高权力距离

权力距离即在一个组织当中（包括家庭、学校和社区中），权力的集中程度和领导的独裁程度，以及一个社会在多大的程度上可以接受组织当中这种权力分配的不平等，在企业当中可以理解为员工和管理者之间的社会距离。低权力距离与高权力距离体现了权力是否公平地分配到社会的成员中。在美国，人们拥有平等的观念，即人人生而平等，没有任何团体或者个人能够拥有特权。这是典型的低权力距离文化的特点。美国、加拿大、以色列、新西兰、丹麦、奥地利等国家都属于这样的一种文化。生活在这种文化背景下的人从小被教育人人生而平等，尽管有些人的出身带有一定优势，例如财富和名誉等，但他们并非理应比别人更优越一些。不过这并不代表生活在这种社会中的人们一定会受到平等的待遇，他们只是比别人更加拥有平等的观念。

在高权力距离文化里面，权力是分等级的。某些群体比如贵族或者执政党比一般的平民拥有更多的权力。生活在这种文化背景下的人从小就被告知有些人生来高贵一些，因此他们拥有更多的权力，而尊重权力比尊重平等更有意义。墨西哥、巴西、印度、新加坡还有菲律宾都属于这种文化影响下的国家。

权力距离影响沟通行为的诸多方面。例如，低权力距离社会中的人通常会超越社会地位发展友谊以及恋爱关系。但相反地，在高权力距离社会里面，人们更倾向于在同等的社会地位下寻找友谊以及恋爱关系，讲求"门当户对"。高权力距离的社会强调对权威的服从和尊敬。人们从小被教育要无条件地听从父母和老师的话。相反，低权力距离社会中的孩子从小就被教育要勇于挑战权威，那是他们的权利，甚至是义务。在这种文化中，向父母和老师反问"为什么"一点也不出奇。

这种文化上的差异在主雇关系的沟通风格中尤为常见。低权力距离社会里的员工更加看重自由的权利，同时他们希望得到更多决策的机会，尤其是对那些关系到他们自身工作的事情。这些员工可能会通过工会或者员工满意度调查来反映自己的意见。但是在高权力距离社会里面，员工往往已经习惯于工作的现状而很少提出意见，相反，他们希望上司能够直接下达命令，那么他们只要按照命令去做就可以了。

（四）长期取向与短期取向

长期取向与短期取向表明持有的对待长期利益或近期利益的价值观，主要反映人们对将来与现在利益进行权衡时考虑长远利益的相对程度。长期取向表现的是一种实用主义的注重将来的倾向，并不注重短期利益；而短期取向的人总是期望能快速得到结果，注重短期利益。亚洲国家和地区有一个共同的特点，就是对传统的重视，而且有凡事都想到未来的倾向，而非只想当前，做一锤子买卖，这是典型的长期取向。西方国家则是短期取向。长期取向的人的行为习惯，他们从边缘切入，全部情况了解清楚之后，再进入中心，谈"正事"。短期取向的人喜欢从中心"正事"开始谈起，如果成功，再拓展关系，了解其他方面的情况。

中国人的思维和行动是长期取向。比如，第一次与对方公司的代表见面，商谈一桩短时的生意，我们也会花很多时间介绍公司的历史、发展方向、各类产品线，以及人事组织结构等；然后，让对方公司介绍自己的情况，全部完毕之后，才进入具体的项目谈判。如果是外商来中国谈判，一般都不会在第一次会议上就详谈生意细节，总是先要带对方参观一下工厂或公司，宴请对方，或请对方游山玩水，参与休闲社交活动，然后，到最后一两天才正式比较严肃地进入正题谈生意。为什么？因为我们想了解对方的底细，那个公司的底细，那个人的人品是否可靠、是否值得信任。我们下意识里想的是与该公司或该代表未来的长期合作，而不是这桩眼前的生意。美国商人常常对此不解。因为他们是短期取向的文化，把所有生意都看成一锤子买卖的倾向，所以，觉得介入那些与生意没有直接关系的活动纯粹是浪费时间；有时甚至认为中国人玩花样，让他们上当，使他们在所剩无几的时间里必须被迫做出决策，而做出让步。

（五）单时间取向与多时间取向

不同的时间观念区分不同的文化。单时间取向与多时间取向体现时间是一样商品还是一种无限的资源。瑞士、德国以及美国的大部分地方都属于单时间取向文化。在这些地方中，人们把时间看作一种商品。他们会去节省、填充、投资甚至是浪费时间。时间对他们来说，就像是一种实际而可触摸的东西。因此，人们把时间看成一件宝贵的东西，强调"时间就是金钱"，经常会讨论如何合理规划和利用时间。

对时间理解的单一取向，会影响人们的许多社会行为。因为在单时间取向文化中，人们把时间看得很重要，所以他们讨厌一切浪费时间的行为。因此，他们希望会议或课程能按时开始（或误差在一两分钟之内）。当开会或上课被拖延时，他们往往不愿再继续等待。同时，他们希望其他人也能够同自己一样不要浪费时间。当你对迟到的同事或者同学倍感郁闷的时候，你就能体会这种情形了。

相比之下，多时间取向文化对时间的理解就很不相同了。他们认为时间是一个流动的整体，而非结构性的事物。拉丁美洲、中东阿拉伯地区以及撒哈拉以南的大部分地区都属于这种文化。与单时间取向文化不同，生活在这些地方的人们不会把时间看作一种实实在在的东西，一不小心就会被浪费掉，他们把时间看作一条永不停歇的河流，源源不断，流向未来。

这种文化下的人们往往会制订更为灵活可变的工作计划。例如，在巴基斯坦，如果一场婚礼是4:30开始，而你正好在4:30到那里，你可能会发现自己是最早到场的那一个。银行以及餐馆不会像在单时间取向文化那样按时开门营业，而是由店主自行决定开门的时间。老师不一定会按时上课。有时学生已经等了很久了，但上课时间还是由老师说了算。在多时间取向文化下，人们对效率以及准时并没有给予太多的关注；相反，他们更关注生活的质量以及与他人的关系。

第二节　跨文化冲突

跨文化冲突，是指不同形态的文化或者文化要素之间相互对立、相互排斥的过程，它既指跨国企业在他国经营时与东道国的文化观念不同而产生的冲突，又包含了在一个企业内部由于员工分属不同文化背景的国家而产生的冲突。

一、跨文化冲突的原因

跨文化冲突的原因多种多样，究其根本，是跨文化双方有着不同的文化、不同的历史背景，必然带来人们思想、行为等多方面的差异，甚至是冲突。跨文化冲突产生的原因主要有以下几个方面。

1. **思维模式存在差异**

文化会影响人们对外界事物的看法和认识，不同的国家存在不同的文化，因此在思维模式方面必然存在差异，这一点在东西文化之间表现得尤为明显。西方文化的思维模式注重逻辑和分析，而东方文化的思维模式则表现出直觉整体性，这一点也是中国传统文化思维的特征。由于这种传统文化的影响，中国人往往特别重视直觉，注重认识过程中的经验和感觉，在交往中也往往以这种经验和感觉去"以己度人"。与西方人的思维模式相比，中国人的这种思维模式具有明显的笼统性和模糊性，久而久之，会形成一种思维定势，可以解释为识别和简化对外界事物的分类感知过程。从本质上说，思维定势往往忽视个体事物的差别，夸大与另外某一社会群体相关的认知态度，常常带有感情色彩，并伴有固定的信条。在所有的定势中，有些定势是正确的，而有些则是错误的，会直接影响跨文化沟通，造成沟通失误。

2. **行为规范不同**

行为规范的具体含义是指被社会所共同接受的道德标准和行为准则，简单地说，就是告诉人们该做什么和不该做什么的一种规范。不同文化背景的人们在沟通时，经常出现的一个现象就是套用自身所在社会的行为规范来判定对方行为的合理性，由于双方的行为规范存在差异，常常会产生误解、不快甚至更坏的结果。比如说中国人轻拍小孩子的头部表示一种友好，而在西方国家，这是一种极不尊重小孩子的做法，父母会对此非常愤怒。所以说在跨文化沟通中正确地识别和运用行为规范是保证跨文化沟通顺利进行的重要因素。要保障跨文化沟通的顺利进行，就必须理解对方的行为规范，尤其是什么行为是被禁止的，最好的办法就是遵循入乡随俗的原则。

3. **价值取向不同**

人们的沟通能力是在社会化的过程中产生的，必然与价值观念联系在一起。每一种文化都有自己特有的价值体系，这套体系能够帮助人们区分美与丑、善良与邪恶，这就是人们的处世哲学、道德标准和行为规范。但是，它不能脱离具体的文化而存在，每一种文化的判断标准是不同的，这种文化认为是好的，另一种文化可能认为不好，但是它们在自己的文化体系内都有其存在的合理性，绝不可以理解为一种价值标准先进而另一种价值标准落后。以中西文化为例，在中国文化中，人们推崇谦虚知礼，追求随遇而安，不喜欢争强好胜，同时社会风气也往往封杀过于突出的个人，正所谓"行高于众，人必非之"。在中国文化中，集体取向占据主导地位，追求个人发展被视为一种严重的个人主义，必然会受到谴责。而西方文化则非常崇尚个人主义，"随遇而安"被看作缺乏进取精神的表现，是懒惰、无能的同义语，为社会和个人所不取。人本位的思想根植于他们心中，人们崇尚独立思考，独立判断，依靠自己的能力去实现个人利益，并且认为个人利益至高无上。

4. 语用迁移造成影响

人们对遇到的现象、事物和行为的评价和解释是建立在本身文化的基础之上的，在跨文化沟通中也同样如此，因此往往会造成沟通的障碍，其根源就在于忽略了语用的迁移。文化不同语言的使用规则就会不同，一种文化的标准规范只能在自身中按其特定条件加以解释，而不能以此为规范来描述另一种文化，否则必然会导致跨文化交际的失败，其深层原因就在于人们缺乏对社会语言差异的敏感性，会无意识地进行语用迁移，而这种后果有时会很严重，甚至会招致巨大的经济损失。日本曾有一则英文广告"we love v.d."在美国出尽了风头，连车站、码头的广告画全部被揭走，实在出人意料。这则广告中v.d.，本来是录像设备的英文缩写，但v.d还可以是"venereal disease"（性病）的略语，整个广告语竟成了"我们喜欢性病"，难怪美国人要以这个广告开玩笑了。

二、跨文化冲突的形式

跨文化沟通中会出现的文化冲突有很多种，在这里不可能一一叙述，只能列出比较常见的几种。

1. 隐私方面的冲突

中国人的隐私观念比较薄弱，认为个人要归属于集体，在一起讲究团结友爱，互相关心，故而中国人往往很愿意了解别人的酸甜苦辣，对方也愿意坦诚相告。而西方人则非常注重个人隐私，讲究个人空间，不愿意向别人过多提及自己的事情，更不愿意让别人干预。因此，在隐私问题上中西双方经常发生冲突。例如，中国人第一次见面往往会询问对方的年龄、婚姻状况、儿女、职业，甚至收入，在中国人的眼里这是一种礼貌，但在西方人眼里则认为这些问题侵犯了他们的隐私。

2. 时间观方面的冲突

西方人的时间观和金钱观是联系在一起的，时间就是金钱的观念根深蒂固，所以他们非常珍惜时间，在生活中往往对时间都做了精心的安排和计划，并养成了按时赴约的好习惯。在西方，要拜访某人，必须事先通知或约定，并说明拜访的目的、时间和地点，经商定后方可进行。而中国人则属于多向时间习惯的国家，在时间的使用上具有很大的随意性，一般不会像西方人那样严格地按照计划进行，西方人对此往往感到不适应。

3. 客套语方面的冲突

中国人注重谦虚，在与人交际时，讲求"卑己尊人"，把这看作一种美德，这是一种富有中国文化特色的礼貌现象。在别人赞扬我们时，我们往往会自贬一番，以表谦虚有礼。西方国家却没有这样的文化习惯，当他们受到赞扬时，总会很高兴地说一声"Thank you"表示接受。由于中西文化差异，我们认为西方人过于自信，毫不谦虚；而当西方人听到中国人这样否定别人对自己的赞扬或者听到他们自己否定自己的成就，甚至把自己贬得一文不值时，会感到非常惊讶，认为中国人不诚实。

4. 餐饮习俗方面的冲突

中华民族素有热情好客的优良传统。在交际场合和酒席上，热情的中国人常常互相敬烟敬酒。中国人宴客，即使美味佳肴摆满一桌，主人也总习惯讲几句"多多包涵"等客套话。主人有时会用筷子往客人的碗里夹菜，用各种办法劝客人多吃菜、多喝酒。而在西方国家，人们讲求尊重个人权益和个人隐私，所以他们不会做强人所难的事。吃饭的时候，绝不会硬往你碗里夹菜，自己想吃什么就吃什么，他们也不会用各种办法劝客人喝酒，不会非要你喝醉了为止。

第三节 沟通的跨文化差异

沟通是通过语言和动作来发送和接收信息的过程，完成这个过程的编码和解码会受到个人的文化背景影响。一个人的文化背景影响他对事物的基本假设，而对事物的基本假设也会影响我们的感知、态度、情绪的表达方式，最终影响我们的行为。文化背景加剧了沟通的困难，因为在种种变量之外，又加进了文化这个关键变量。跨文化沟通方式，有语言和非语言的差别。

一、语言沟通差异

语言是思维工具和交际工具，它同思维有密切的联系，是思维的载体、物质外壳和表现形式；是符号系统，是以语音为物质外壳、以语义为意义内容的，音义结合的词汇建筑材料和语法组织规律的体系；语言是一种社会现象，是人类最重要的交际工具，是进行思维和传递信息的工具，具有稳固性和民族性。语言沟通中的跨文化差异有多种表现，在这里主要讨论3种：直接与婉转、插嘴与沉默、联想与抽象。

1. 直接与婉转

美国人说话直截了当，开门见山；而中国人则喜欢拐弯抹角，犹抱琵琶半遮面。比如说拒绝别人的要求，一般来说美国人如果不喜欢，就直接说"不"；而中国人通常会说"让我考虑考虑"。美国人若不了解中国人的说话方式，会以为那人是真的去考虑了，过两天说不定又会回来问："考虑得怎么样了？"在谈生意的时候也常常遇见这样的风格差别。中国人谈具体的生意之前总要把自己公司的背景、公司的组织结构和人员组成等情况详细介绍清楚，一两个小时后也许才谈及真正要谈的生意；而美国人很可能一上来就直奔主题，所以常常会产生误解。

谈到说话的婉转，日本人可能比中国人更有过之而无不及。日本人在生活和工作中通常是不愿意直截了当地拒绝别人，而是会委婉地说："你们的产品非常好，设计新颖、造型美观、包装也很别致，让我们考虑考虑再说"；"我理解您的要求"；"我将把贵方的意思尽快向领导汇报"。这实际上就等于明确地拒绝。

2. 插嘴与沉默

在语言沟通中，另一个文化差异表现在讲话的合理程式上。是一个接一个有条不紊地讲话，还是大家彼此打断、七嘴八舌？是一问一答，你说完一句我说下一句，还是你说完我想一想再往下说，或者你没说完我就插话？什么样的说话程式在某一文化中被视为平常合理？不同民族、文化的人在这一点上有明显的不同。欧美国家，一来一往，有问有答，顺序清楚，是良好的对话方式。如果一个人在别人还没说完话就插进来，会被视为不礼貌，遭到白眼。在拉美国家，这样的方式却未必被视为有效。他们的对话方式是，一人说话尚未停下时，另外一人就应该插嘴，打断对方，并自己接着往下说。然后在还未结束时，对方又插进来继续。打断对方被看成是对对方的谈话感兴趣，而且自己也有很多感受要分享。如果不插嘴，则说明话题无趣。东方国家，在回答或接另一个人的话题时，应该有一个小小的停顿。这个停顿可能只有几秒钟的时间，显示你在思索对方的话，思考之后再回答。因此，沉默是对对方尊重的表现，同时也表现自己的深思熟虑。

沉默的代价

在军事管制期间，希腊的交通协调人员在接到埃及飞机提出的紧急迫降的请求后用沉默回答了对方，因为希腊人的沉默就是拒绝。然而，埃及人则认为沉默就是默许。结果在飞机飞近跑道时，希腊向飞机开了火，造成数人死亡。

---

3. 联想与抽象

在用语言沟通时，同质文化中的人由于共享的背景很多，所以常常能让倾听者通过联想来了解自己所说的意思。这样的文化可以称为"联想型文化"，与高语境文化有相似之处。比如，在美国宇航局只要管理人员一说"点火"二字，一系列的复杂行为就会立刻发生，最后将火箭送上太空。但在异质文化中，很难假设倾听者与你有相似的联想，所以就需要用更抽象的语言沟通，并在沟通中不断进行解释。

二、非语言沟通差异

非语言沟通是相对于语言沟通而言的，是指不通过语言在沟通中传达信息的过程，这些非语言包括身体动作、体态、眼神、表情、语气语调、空间距离等方式。在沟通中，沟通的大部分含义不在语言之中，而在语言之外体现。在高语境文化中尤其如此。

1. 目光接触

眼神交流是沟通中一个非常重要的组成部分。在欧美文化中，没有眼光接触的沟通几乎是不可能的事。与对方讲话时，或听对方讲话时，一定要看着对方，否则会被视为对对话题没兴趣，或心里有鬼不敢正视，或性格过于羞怯，总之是负面的评价。就是在地位不相等的两个人之间对话时也如此。但在东方文化中，目光接触并不是一定要有的。例如，当两个地位不等的人对话时，地位低的那个一般都不看对方，因为直视反而会被认为不尊敬。在这一点上，不少在美国生活的中国人有过教训，尤其是在见工访谈时，他们常常不看着对方，或不一直看着对方。访谈者完全想不到这是对方对他们尊敬的表现，反倒觉得他们是否隐藏了什么，或者没说真话，总之，达不到有效沟通的效果。

2. 面部表情

面部表情是通过眉毛、眼神、口型和鼻子这些脸部主要器官的协调配合而实现的。但在不同的文化环境下人们赋予其独有的意义，面部表情的共性个性由此产生。大部分人都会用哭泣来传达自己悲伤的情绪，用笑来传递友好、赞同、满足、开心及安心等，脸红则是害羞或愤怒情绪的表现。这说明了面部表情在不同文化中的共性，但由于文化差异，这些情绪表达方式也随之不同。在中国传统中与长辈讲话时，如果嘻哈打笑就会被认为是不尊重；而英美人与长辈说话时更注重平等，气氛相对会随意得多。再如，日本人擅长于用微笑来掩饰自己的情感，这种微笑通常是出于礼貌或者婉拒，即使心中不快也会依然面带笑容，这常常令外族文化的人感到费解。

3. 手势与触摸

在交谈过程中，使用手势的多少，是否触摸对方，都因文化而异。地中海以南的国家，如土耳其人或者西班牙人，其彼此之间的触摸程度就远比北欧文化或亚洲文化高得多。很多亚洲人或印第安土著人甚至其家庭成员之间的触摸都很少，更遑论陌生人之间了。意大利人在与你交谈时喜欢不停地拍拍你，碰碰你，表示亲热和友好，你不习惯的话，就会觉得紧张。美国人大部分不喜欢触摸，除非是熟人或友人。

手势的含义在不同的文化中有时会有不同的含义。在美国表示赞成之意的手势，换个环境意义会大相径庭。对美国人和大多数西欧人来讲，"竖起的拇指"表示"做得好"或"可以继续"之意；对希腊人，这是一种侮辱的手势。美国人常用来表示"OK"的手势是拇指和食指形成一个圆圈；在意大利南部，这表示淫秽；在法国和比利时，则表示"你一无是处"的意思。再如摇头在大部分国家都是"不"的意思，但在保加利亚和印度南部就成了"是"。拉美人握手时触摸比较柔软，而北美人握手就强劲有力。因此，从握手之中，北美人可能认为拉美人太软弱，而拉美人觉得北美人攻击性太强。

4. 身体空间

在对话时，人与人之间保持多少距离，不同文化之间也有很大差别。距离最近的要数拉美人和阿拉伯人了，最远的是日本人，而欧美人处于二者之间。对美国人来说，最合适的对话距离是3英尺左右，一臂之长，否则就太近或太远。阿拉伯人就不同了，他们彼此的对话距离要近得多；而日本人却要远得多，否则就感觉不舒服。

空间行为分为三个领域，即侵犯距离、交往距离以及办公室空间的概念和使用领域。文化会对个人空间领域产生非常显著的影响。由于所处环境、文化氛围的不同，人们对个人空间距离也有不甚相同的理解。阿拉伯人一般不会有被侵犯的概念，因为他们喜欢聚在一起，触碰对方，感觉对方，甚至可以近到能闻到对方的气味。而德国人则恰好相反，他们有很强的自我意识，对侵犯距离的理解是以视觉为区分界限，因此他们极其注重间隔距离来保护自己的个人空间领域。中国文化中讲求一种集体性，所以人们在公车上或者电梯里，摩肩接踵、肩肘相抵的情景随处可见，人们对此皆已习惯，并以平常心对待。对西方国家的人来说这难以容忍，当被迫靠近人家的身体时，通常会向对方说一声"Sorry"，以示并非故意侵犯别人的空间领域。

肯尼迪访问墨西哥

1962年，美国总统肯尼迪访问墨西哥，在一次演说中他向墨西哥国民示好，说："我们彼此是'朋友'，是'同盟国'，也是'伙伴'。"结果墨西哥人反应平平，并不怎么热烈，演说并没有取得肯尼迪预期的效果，令他好生失望。后来有学者进行研究，重回该国，将这篇演说写成一篇文章，并将文章中的"朋友"、"同盟国"、"伙伴"等词删去，让墨西哥人在空白处填写，最后发现他们大多填上"兄弟"、"姐妹"甚至"表兄弟姐妹"。

不同文化对办公室空间的概念及其使用也各有不同。德国人是个严谨的民族，平时工作也习惯于关闭办公室的门，制造一个封闭的空间，以保证个人活动的独立性。因此，能理解他们为什么对门的要求极高，如双层隔音门，若没有经过允许直接进入办公室或擅自打开门，则被视为举止粗鲁或严重的侵犯行为。在中国，人们偏好于把门敞开，如果门被关上了，则表示某个重要的、紧急的会议或者特殊的谈话正在进行。英国议员们处理公务都是在议会大厅进行，这显示出他们喜欢在宽敞、开阔、开放的环境中工作，而美国议员们处理公务都在自己独立的办公室里。所以，美国人对英国的办公地点不太适应或者深感恼火；相反，英国人也对美国人为什么要求提供独立安全的办公室而颇为费解。

5. 其他非语言符号

很多非言语信号可以表达非言语含义——衣着、色彩、年龄等。在北美，有些颜色和款式的衣服被认为更"专业化"，更"可靠"。在日本，衣着不仅反映社会地位，还表征所属的职业团体。学生要穿校服。公司的名位牌表示在公司内的地位。罢工时，工人们较平时上班时更喜欢穿着不同的衣服。

文化中的颜色也能表达意义。在美国，参加葬礼要穿黑色，婚礼上新娘子要穿白色的礼服。在日本，白色是死亡之色。在墨西哥，紫色的花是献给死者的。在韩国，红色墨水仅用来记录死者的情况，千万不可以用来写任何关于生者的事情。在美国冠军得到的绶带是蓝色的，在英国则通常为红色。美国很欣赏年轻。男人女人染发、做面膜整形，想尽办法使自己看上去尽可能地年轻。在日本，年轻人对年长者十分顺从。美国人到日本去谈判的话，谈判队伍中至少应有一名成员有明显的白发，这样日本人会更郑重对待这样的谈判。

坏家伙才穿黑

根据两名康奈尔大学心理学家的调查，黑颜色使足球或曲棍球运动员不仅外表而且场上表现更粗野。1970—1986年间，28个全国足球联盟队所受制裁的记录表明，12个受处罚最多的队伍中，有5个队的制服以黑色为主色调。同样，这17年间3个受处罚最多的全国曲棍球联盟队也身着黑色……上面的发现引发了心理学家对黑色制服的一系列研究。将两盘足球比赛的录像带放给一组球迷和一组裁判看。一盘带子上，防卫队身穿黑色球衣；另一盘上，防卫者们穿着白色的球衣。观众认为：队员的动作虽然相同，但穿黑色的比穿白色的更"有进攻性"，也较"肮脏"……心理学家猜测：黑色的制服使人显得咄咄逼人、更残酷，因此更有进攻性。

第四节　有效的跨文化沟通

跨文化沟通的独特之处在于来自不同文化背景的人头脑中有许多与生俱来的对事物的不同假设，因此，常常会发生"鸡同鸭讲"、"牛头不对马嘴"的现象，各说各的，彼此不能沟通。那么，有哪些简单有效的方法能够帮助克服文化的鸿沟而去有效沟通呢？以下几点应该牢记在心。

一、不要认为别人与你对事物享有共同的基本假设

当你先假定别人也用你的眼光看待事物时，你会发现很多时候不是如此，因为在这个世界上找到另一个与你有同样背景、教育、经历和成长历程的人，概率微乎其微。所以，不应该先入为主地认为别人与你具有对事物共同的认识。这样做的另一个好处是当你发现对方事实上与你相差不是那么远的时候，你会欣喜若狂，有找到知音的愉悦。

二、自己熟悉，觉得普通或平常的行为可能只是一种文化现象，是特定文化的产物

中国人见面时会问"吃饭了没有"，美国人见面时问"你怎么样"，都是文化

现象。对美国人来说，问"吃饭了没有"实在很荒唐，但对中国人就很平常，因为民以食为天。对中国人来说，问"你怎么样"也很奇怪，你叫我怎么回答呢？而且美国人每次见面都这么问，中国人会更觉得奇怪，我昨天刚告诉过你，今天怎么又问了？一天之间也不会有太大变化吧！

三、一个看似熟悉的行为可能具有不同的含义

点头在美国一般是同意的意思，在其他许多国家也如此。但在日本或韩国，点头常常表示听见了，并不一定隐含赞同。再如沉默，在美国隐含不同意的意思，在日本有尊敬的意思，在其他国家可能是默认，也可能是同意。沉默是内涵最丰富的非语言语言，不仅与文化，而且与当时的对话场景都有密不可分的联系。中国人所说的"沉默是金"、"此时无声胜有声"，都是对沉默的不同解读。

四、不要假定你所听到的东西就是别人想表达的东西

在沟通过程模型中，讨论了编码和解码的过程。如果编码人用的知识背景、文化背景，与解码人使用的不同，那么很可能你听到的只是你想听到的或你认为你听到的，而与讲者的意图相距遥远。

五、不要假定你想说的东西就是别人听到的东西

你想表达的意思通过你认为合适的方法表达出来，但听者在解码过程中，可能完全用了与你的假设不同的框架，所以听到的东西就与你想让他们听到的很不相同。

六、你可以不接受与你表达不同的行为，但你需要去理解这些行为

正如有人说：你可以不喜欢美国，但你必须理解美国。你无法接受的生活方式，你无法接受的价值观，但你可以试着去理解他们。就像电影《台北晚九朝五》，人与人之间，他们都有着各自不同的追求与信念，但也都在努力寻找着相互的理解。而在这一过程中，充满了某种简单的、细微的、让人感动的情怀。沟通亦如此。

七、多数人的行为都是理性的，你需要去探索和挖掘行为背后的理性究竟是什么

一般来说，在一个人观察到与己不同的行为时，总会用负面的眼光去看，觉得这些人怎么不可理喻，怎么如此疯狂。但事实上，大部分人都不愿意做无理之事，因此，大部分人在所做的事情背后一定有他自己的道理。所谓"理性"都与时代背景和文化传统有关，不存在绝对意义上的理性。

总结

文化是由人类创造的，经过历史检验沉淀下来的物质和精神财富，具有四个特

点：第一，文化是一个群里共享的东西；第二，文化可以是客观显性，也可以是主观隐性；第三，文化对生活在该群体中的人产生各方面的影响；第四，文化代代相传，变化缓慢。文化有3层：表层、中层、核心层。表层文化是我们平时能观察到的东西，通过外在物品表现。中层文化是指一个社会的规范和价值观。核心文化是一个社会共同的关于人为什么存在的假设。

  文化有五个维度：个人主义与集体主义表示个人与群体间的关联程度，高语境与低语境反映了文化对语言清晰程度的要求，低权力距离与高权力距离体现了权力是否公平地分配到社会的成员中，长期取向与短期取向表明持有的对待长期利益或近期利益的价值观，单时间取向与多时间取向体现时间是一样商品还是一种无限的资源。

  跨文化冲突，是指不同形态的文化或者文化要素之间相互对立、相互排斥的过程，它既指跨国企业在他国经营时与东道国的文化观念不同而产生的冲突，又包含了在一个企业内部由于员工分属不同文化背景的国家而产生的冲突。跨文化冲突产生的原因主要有：思维模式存在差异、行为规范不同、价值取向不同、语用迁移造成影响。跨文化冲突比较常见形式：隐私方面的冲突、时间观方面的冲突、客套语方面的冲突、餐饮习俗方面的冲突。

  跨文化沟通方式，有语言和非语言的差别。语言沟通中的跨文化差异表现在直接与婉转、插嘴与沉默、联想与抽象等方面。非语言沟通中的跨文化差异表现在目光接触、面部表情、手势与触摸、身体空间以及其他非语言符号。

  有效的跨文化沟通要注意七点：不要认为别人与你对事物享有共同的基本假设；自己熟悉，觉得普通或平常的行为可能只是一种文化现象，是特定文化的产物；一个看似熟悉的行为可能具有不同的含义；不要假定你所听到的东西就是别人想表达的东西；不要假定你想说的东西就是别人听到的东西；你可以不接受与你表达不同的行为，但你需要去理解这些行为；多数人的行为都是理性的，你需要去探索和挖掘行为背后的理性究竟是什么。

问题讨论

（1）回想一个你在工作中与同事发生错误沟通的例子，运用本章的理论加以解释，并提出如何消除误解的方法。

（2）分析以下对话，他们的误解在哪里，用跨文化理论来分析为什么会发生这样的误会。

请病假

史女士（美籍经理）：林小姐，请坐。我注意到上个月你请了好多次病假，我对你的身体有点担心。

林小姐（新加坡籍员工）：对不起，史女士。
史经理：自从我把你提升到办公室以后你就这样了，是不是这个职位对你的担子太重了？
林员工：可能是。
史经理：我也不知道该怎么办。我也想过让沈先生或刘女士来当主任，但他们都不如你做事有效率，尤其是上几个星期。
林员工：哦，不是这样。他们都很不错，而且在公司工作的时间都比我要长得多。

小故事

跨国企业的文化适应

被可口可乐公司派往中东开拓市场的销售员，垂头丧气地回来了。

销售员解释说："我制作海报时非常自信，那里的人不知道可口可乐，我以为能够轻松占领市场。但我不会讲阿拉伯语，于是我用三幅画介绍我们的饮料。第一幅画是一个人在沙漠里爬行，气喘吁吁；第二幅画是那人在喝可口可乐；第三幅画是那人精神焕发。制作海报后，我就四处张贴。"

他朋友说："应该效果不错吧。"

销售员说："哎，我不会说阿拉伯语也就罢了，没想到阿拉伯人看书是从右往左看的！"

启示：

跨国企业要拓展市场，在全球化日益加剧的今天，强势文化的入侵和扩张让许多区域性文化感到了生存的危机，因此，无不强调自身的文化独特性。因此，跨国企业的市场战略更需要顾及文化适应的问题。

沟通游戏

盲 人 摸 号

规则：

（1）给学员戴上眼罩。

（2）发给每人一个号码，这个号码只有本人知道。

（3）让这些学员根据每人的号码，按从大到小的顺序排成一列。这个过程中任何人都不能说话或发出声音，如果有人摘下眼罩或说话，游戏即告失败。

提示：可以通过拍掌或在别人手上写字的方法告知他人自己的号数，号码相邻

的人渐渐组到一起，最后再连成一线。

相关讨论：

（1）你是怎样与其他成员交流的，在沟通中你们遇到了什么困难，是怎样解决的？

（2）你们用什么方法得知别人的号数和位置？

游戏说明的道理：

（1）一般的沟通训练往往只注重现实环境，培训人们的语言技巧。但是如果作为一个真正出色的管理者，必须有应付更复杂、更难缠的环境的信心和能力。比如作为向聋哑人销售产品的销售人员，语言的作用非常有限，这就需要他们想出其他办法与顾客沟通。因此，这个游戏教会我们当环境有限时，不要只顾着抱怨，而应积极地想办法解决。

（2）由于限制了学员的条件，所以他们要想解决问题必须密切配合。他们不仅需要关心自己的号码，还要知道自己所处的位置以及别人，特别是邻号的人的位置。对于被蒙住双眼，又不能说话的人来说，这确实是一项挑战。

第十二章 危机沟通与管理

> **学习目标**
> （1）理解危机的概念和危机的类型。
> （2）掌握危机沟通的 5S 原则和十大步骤。
> （3）了解危机管理的过程。
> （4）灵活运用三大危机管理策略。

引例

博士伦护理液危机：亡羊补牢

2006 年 2 月份开始，关于博士伦公司属下产品——润明护理液可能诱发眼疾的危机陆续在新加坡、马来西亚、中国香港和中国内地爆发，多年来稳健发展的博士伦公司遭遇到少有的产品信任危机。2 月 23 日，博士伦发表声明：暂停在新加坡和香港出售润明护理液，但这一举措是出于自愿，并非回收产品。2 月 23 日，上海接报 10 余起隐形眼镜、护理液相关不良反应。同时，北京多家眼镜销售商将博士伦护理液全部下架或暂停了对博士伦护理液的销售。4 月 13 日，北京博士伦宣布，表示可以对进口的美国生产润明水凝护理液产品实行换货处理。5 月 11 日，博士伦中国向媒体发布公开声明表示，从即日起自愿在中国停售国产润明水凝护理液产品。

随着调查的深入和时间的推移，在没有明确证据证明博士伦的产品为绝对安全之前，博士伦做出主动承担责任的姿态。博士伦首席执行官罗纳德·扎雷拉估计，此次全球回收行动将使公司损失 5000 万～7000 万美元。虽然付出了牺牲短时市场份额和利润的代价，但此举无疑帮助博士伦最终赢得了消费者的好感。

第一节 危机概述

危机似乎是个令人紧张的字眼，其实它既包含着危险也包含着机遇。任何一个社会、国家、组织和个体，都不能避开它的威胁，因为所有的组织都是由组织内部成员与内外部环境的交互行为所构成的动态平衡系统。在这个系统中，广泛的个体差异、组织特性的差异和外部环境的变化都会使得不同的行为主体之间发生分歧、摩擦、对抗以及整体性的失衡，从而造成危机事件的发生。

一、危机的定义

人们一直试图全面而确切地对危机下个定义，但是实际上危机事件的发生却有着千变万化的现实场景，很难一言以蔽之。有人认为，只有中国的汉字能圆满地表达出危机的内涵，即"危险与机遇"，是组织命运"转机与恶化的分水岭"。正如老子所说："祸兮福之所倚，福兮祸之所伏。"危机是一个情景性很强的概念，目前没有统一定义加以概括。关于危机的定义有很多，这里列出六种。

（1）危机是指一种情境状态，在这种形势中，其决策主体的根本目标受到威胁且做出决策的反应时间很有限，其发生也出乎决策主体的意料之外。

（2）危机具有四个显著特征，即急需快速做出决策、严重缺乏必要的训练有素的员工、相关物资资料紧缺、处理时间有限。

（3）危机是对一个社会系统的基本价值和行为架构产生严重威胁，并且在时间性和不确定性很强的情况下必须对其做出关键性决策的事件。

（4）危机是一个会引起潜在负面影响的具有不确定性的事件，这种事件及其后果可能对组织及其员工、产品、资产和声誉造成巨大的伤害。

（5）危机是对一个组织、公司及其产品或名声等产生潜在的负面影响的事故。

（6）危机是对于企业未来的获利性、成长乃至生存发生潜在威胁的事件。

二、危机的特点

危机有三个最显著的特征，即意外性、破坏性和紧迫性。例如美国"9·11事件"、我国的"非典事件"，以及近年来诸多企业危机事件等，无不具有这样三个特征。在这三大特征中，意外性为危机的起因性特征，紧迫性是危机的实践性特征，破坏性是危机的结果性特征。

1. 意外性

千里之堤，毁于蚁穴。由于企业内部因素所导致的危机爆发前都会有一些征兆，但由于人为疏忽，对这些事件习以为常、视而不见，因此危机的爆发经常出于人们的意料，危机爆发的具体时间、实际规模、具体态势和影响深度是始料未及的。

2. 破坏性

由于危机常具有"出其不意，攻其不备"的特点，不论什么性质和规模的危机，都必然不同程度地给企业造成破坏，造成混乱和恐慌，而且由于决策的时间以及信息有限，往往会导致决策失误，从而带来无可估量的损失。而且危机往往具有连带效应，引发一系列的冲击，从而扩大事态。对于企业来说，危机不仅会破坏正常的经营秩序，更严重的是会破坏企业持续发展的基础，威胁企业的未来发展。

3. 紧迫性

对企业来说，危机一旦爆发，其破坏性的能量就会被迅速释放，并呈快速蔓延之势，如果不能及时控制，危机会急剧恶化，使企业遭受更大损失。而且由于危机的连锁反应以及新闻的快速传播，如果给公众留下反应迟缓、漠视公众利益的形象，势必会失去公众的同情、理解和支持，损害品牌的美誉度和忠诚度。因此，对于危机处理，可供做出正确决策的时间是极其有限的，而也这正是对决策者最严峻的考验。

三、危机的类型

市场竞争越来越激烈、变数越来越多，企业所面临的危机类型也越来越多。有的危机只是特定企业所特有的，有的危机却困扰着很多企业。当前企业最经常面临的直接危机依次是人力资源危机、行业危机、产品和服务危机；非直接关联性危机有媒体危机、工作事故危机、天灾人祸危机、诉讼危机等。在这些危机当中，直接危机是企业最需要关注的。

1. 人力资源危机

在企业危机中，这种危机的重要程度应该排在首位。特别是企业中、高层管理人员的意外离职，有时会给企业带来非常直接和巨大的损失，因为他们熟悉本企业的运作模式，拥有较为固定的客户群，而且离职后只要不改换行业，投奔的往往是原企业的竞争对手，势必会给原企业的经营和发展带来较大的冲击。

2. 行业危机

行业危机的危害是整体性的，导致行业危机的因素有很多，综合起来，主要有五种：①产品原材料出现问题。②行业标准和专利权悬于别人之手。例如，微软控制着计算机的桌面系统，高通公司在电信网络的架构上拥有绝对的决定权。③龙头企业进行自相残杀式的洗牌活动。④技术更新和消费者观念的改变。⑤大的社会事件。例如，"9·11事件"就造成了美国甚至是世界各个行业格局的重新调整。

对于行业危机，企业尤其不可小觑，它的出现有时不仅仅依靠自身的实力就可解决的。所以，预防最重要，其次是在预防的前提下努力更新产品技术、加快产品转型、开发新的行业领域等。

3. 产品和服务危机

产品和服务是企业的灵魂，当企业出现产品和服务危机时，如果处理不当，往往还会引发媒体危机、客户危机、经济抵制、索赔、诉讼等诸多危机。如果处理得当，则有助于企业的技术创新、知名度和美誉度的进一步提升。

青蛙实验

美国康奈尔大学做过一次有名的实验。经过精心策划安排，他们把一只青蛙冷不防丢进煮沸的油锅里，这只反应灵敏的青蛙在千钧一发的生死关头，用尽全力跃出了那势必使它葬身的滚滚油锅，跳到地面安然逃生。

隔半小时，他们使用一个同样大小的铁锅，这一回在锅里放满冷水，然后把那只死里逃生的青蛙放在锅里。这只青蛙在水里不时地来回游动。接着，实验人员偷偷在锅底下用炭火慢慢加热。

青蛙不知究竟，仍然在微温的水中享受"温暖"，等它开始意识到锅中的水温已经使它熬受不住，必须奋力跳出才能活命时，一切为时太晚。它欲试乏力，全身瘫痪，呆呆地躺在水里，终致葬身在铁锅里面。

通过上面对危机种类的论述来看，引发企业危机的因素大致包括外部环境和内部环境两个方面。企业要生存发展，首先必然要适应外部环境的变化。但如果外部环境的变化是突发性、致命性的，企业就会措手不及，还来不及做出反应就已经陷入危机。有时即使有时间做出反应，但由于受管理机制和自身条件的限制无法做出正确的反应，结果也会使企业陷入危机。

不过，外部环境的变化不一定必然导致危机。因为企业作为有组织的生命体，如果具有有效的管理，本身就具有反馈和应变机能。出色的企业管理可以预测和监控危机的产生和发展，使濒临绝境的企业起死回生；但是无能的管理面对危机则会束手无策，即使是前途无量的企业也会被断送掉。无论是人力资源危机、行业危机，还是服务和产品危机，从本质上讲都是一种企业内部经营管理的危机，是企业内部管理出现了问题，只是通过不同形式的外在形式表现出来而已。

第二节 危机沟通

危机沟通，指以沟通为手段、解决危机为目的所进行的一连串化解危机与避免危机的行为和过程。危机沟通可以降低企业危机的冲击，并存在化危机为转机甚至商机的可能。如果不进行危机沟通，则小危机可能变成大危机，对组织造成重创，甚至使组织消亡。

一、危机沟通的原则

目前在国内，被业界奉为经典的"关键点危机公关 5S 原则"是危机处理的主流理念。"关键点危机公关 5S 原则"由被誉为"危机公关第一人"，知名危机公关专家，关键点公关董事长游昌乔先生提出。

1. 承担责任原则（Shoulder the matter）

危机发生后，公众会关心两方面的问题：一方面是利益的问题，利益是公众关注的焦点，因此无论谁是谁非，企业应该承担责任。即使受害者在事故发生中有一定责任，企业也不应首先追究其责任，否则会各执己见，加深矛盾，引起公众的反感，不利于问题的解决；另一方面是感情问题，公众很在意企业是否在意自己的感受，因此企业应该站在受害者的立场上表示同情和安慰，并通过新闻媒介向公众致歉，解决深层次的心理、情感关系问题，从而赢得公众的理解和信任。

实际上，公众和媒体往往在心目中已经有了一杆秤，对企业有了心理上的预期，即企业应该怎样处理，我才会感到满意。因此企业绝对不能选择对抗，态度至关重要。

2. 真诚沟通原则（Sincerity）

企业处于危机漩涡中时，是公众和媒介的焦点，一举一动都将接受质疑，因此千万不要有侥幸心理，企图蒙混过关。而应该主动与新闻媒介联系，尽快与公众沟通，说明事实真相，促使双方互相理解，消除疑虑与不安。

真诚沟通是处理危机的基本原则之一，这里的真诚指"三诚"，即诚意、诚恳、诚实：①诚意。在事件发生后的第一时间，公司的高层应向公众说明情况，并致以歉意，从而体现企业勇于承担责任、对消费者负责的企业文化，赢得消费者的同情和理解。②诚恳。一切以消费者的利益为重，不回避问题和错误，及时与媒体和公众沟通，向消费者说明消费者的进展情况，重拾消费者的信任和尊重。③诚实。诚实是危机处理最关键也最有效的解决办法。我们会原谅一个人的错误，但不会原谅一个人说谎。

3. 速度第一原则（Speed）

好事不出门，坏事行千里。在危机出现的 12 ~ 24 小时内，消息会像病毒一样，以裂变方式高速传播。这时候，可靠的消息往往不多，社会上充斥着谣言和猜测。公司的一举一动将是外界评判公司如何处理这次危机的主要根据。媒体、公众及政府都密切注视公司发出的第一份声明。对于公司在处理危机方面的做法和立场，舆论赞成与否往往都会立刻见于传媒报道。因此，公司必须当机立断，快速反应，果决行动，与媒体和公众进行沟通，从而迅速控制事态；否则会扩大突发危机的范围，甚至可能失去对全局的控制。危机发生后，能否首先控制住事态，使其不扩大、不升级、不蔓延，是处理危机的关键。

危机沟通 3T 原则

（1）Tell You Own Tale（以我为主提供情况）：强调组织牢牢掌握信息发布主动权。

（2）Tell It Fast（尽快提供情况）：强调危机处理时组织应该尽快不断地发布信息。

（3）Tell It All（提供全部情况）：强调信息发布全面、真实，而且必须实言相告。

---

4. 系统运行原则（System）

在逃避一种危险时，不要忽视另一种危险。在进行危机管理时必须系统运作，绝不可顾此失彼。只有这样才能透过表面现象看本质，创造性地解决问题，化害为利。危机的系统运作要做好以下六点：①以冷对热、以静制动。危机会使人处于焦躁或恐惧之中。所以企业高层应以"冷"对"热",以"静"制"动",镇定自若,以减轻企业员工的心理压力。②统一观点,稳住阵脚。在企业内部迅速统一观点,对危机有清醒认识,从而稳住阵脚,万众一心,同仇敌忾。③组建班子,专项负责。一般情况下,危机公关小组由企业的公关部成员和企业涉及危机的高层领导直接组成。这样,一方面是高效率的保证,另一方面是对外口径一致的保证,使公众对企业处理危机的诚意感到可以信赖。④果断决策,迅速实施。由于危机瞬息万变,在危机决策时效性要求和信息匮乏条件下,任何模糊的决策都会产生严重的后果。所以,必须最大限度地集中决策使用资源,迅速做出决策,系统部署,付诸实施。⑤合纵连横,借助外力。当危机来临,应充分和政府部分、行业协会、同行企业及新闻媒体充分配合,联手对付危机,在众人拾柴火焰高的同时,增强公信力、影响力。⑥循序渐进,标本兼治。要真正彻底地消除危机,需要在控制事态后,及时准确地找到危机的症结,对症下药,谋求治"本"。如果仅仅停留在治标阶段,就会前功尽弃,甚至引发新的危机。

5. 权威证实原则（Standard）

自己称赞自己是没用的,没有权威的认可只会徒留笑柄,在危机发生后,企业不要自己整天拿着高音喇叭叫冤,而要曲线救国,请重量级的第三者在前台说话,使消费者解除对自己的警戒心理,重获他们的信任。

二、危机沟通的步骤

任何公司都会发生危机,一旦公司内部或外部人员认为或者可能认为公司出了问题,就必须执行沟通计划以解决他们的疑虑。为了避免危机可能造成的任何损失,需要建立一项危机沟通计划。缺乏计划,会导致控制损失所需的时间和成本增至两倍或者三倍,延迟也可能带来无法挽回的损失,危机沟通计划可以避免将来花费更高的代价和面对更大的烦恼。完整的危机沟通包括以下十个步骤。

步骤1：成立危机沟通小组。公司应该选派高层管理者,组成危机沟通小组。最理想的组合是,由公司的首席执行官领队,并由公关经理和法律顾问作为助手。如果公司内部的公关经理不具备足够的危机沟通方面的专业知识,他可以找一个代理者或者独立的顾问。小组其他成员应该是公司主要部门的负责人,涵盖财务、人力资源和运营部门。

步骤2：选定发言人。在危机沟通小组,应该有专门在危机时期代表公司发言的人。首席执行官可以是发言人之一,但不一定是最主要的。一些首席执行官是很出色的生意人,但并不健谈。形象沟通常常和事实沟通一样强有力。因此,沟通技巧是选择发言人的首要标准之一。

步骤3：大力培训发言人。以下两句话可以概括,为什么企业需要训练发言人如何面对媒体："我和一个不错的记者聊了一个多小时,而他却没有报道关于我们公司的最重要的资讯。""我经常在公共场合演说,所以面对媒体我没有任何问题。"

第一句话说明，自以为知道如何对媒体讲话的经理人大有人在。第二句话说明，大部分经理人并不知道如何将"最重要的信息"传达给采访者。并且，分析家、机构投资者、个人持股者和其他重要投资者群体作为听众，与媒体一样会对来自你公司的信息产生误会或者曲解。所以，尽可能避免误解的发生是第一要务。因此，对发言人的培训，能让你的公司和职员学会如何妥善应对媒体，最大可能地使公众的说法或分析家的评论如你所愿。

步骤4：建立信息沟通规则。公司任何职员都可能最先获取与危机相关的信息。最先发现问题的也许是看门人、销售人员，也可能是出差在外的经理人。那么发现问题的人应该通知谁，如何找到他们。

这就需要建立突发事件通信"树状结构图"，并分发给每一个职员，该图可以准确说明面对可能发生或已经发生的危机，每个人应该做什么，与谁联络。除了有合适的主管人员之外，危机沟通小组中至少要有一名成员和一名候补成员应该在突发事件联络表中留下其办公室及家庭电话。

步骤5：确认和了解公司的听众。哪些听众与你的公司相关？大多数公司都会关心媒体、顾客和潜在消费者，个人投资者也可能包括在内。上市公司必须遵守股票交易信息规则，并要接受地方或国家法制机构的质询。要有他们完整的联系方式，如邮寄位址、传真和电话号码簿，以便在危机时期与之迅速地联络。此外，还要知晓每个人希望寻求何种资讯。

步骤6：预先演练。如果想抢先行动、未雨绸缪，那么就要把危机沟通小组集中起来，预先讨论如何应对所有潜在危机。当然，在一些情况下，已经知道危机即将发生，比如，公司裁员或者进行大规模收购。这样，可以在危机发生前就进行以下第七至第十步。

步骤7：对危机进行评估。如果已经完成了以上六个步骤，危机沟通小组很容易成为信息的接收端，进而可以决定做出何种应对措施。如果事先没有准备，公司将推迟做出应对的时间，要等到公司员工或者匆忙招募来的顾问人员一一完成以上一至六步。此外，一个匆忙建立起来的危机沟通战略和工作小组的效率非常低，与预先计划好并且经过演练的情况无法相比。

步骤8：确定关键信息。你已经知晓你的听众正在寻求何种信息。现在，你希望他们对此危机情况有何认识呢？要做到简单明了，给每个听众的主要信息不超过三条，也许还需要为具有专业素养的听众提供相应的信息。

步骤9：决定信息沟通方式。进行危机沟通的方式有很多，对于公司的职员、客户、潜在的主顾和投资者，可以亲自向他们简要介绍情况，也可以将信息以邮件、通讯或者传真的方式发送给他们。对于媒体，要向其提供新闻稿和解释信，或者让其参加公司举行的一对一的情况介绍会或新闻发布会。选择的方式不同，产生的效果也不同。因此，公司必须有一个专家熟知每一种方式的优缺点。

步骤10：安全渡过难关。无论危机的性质如何，无论消息是好还是坏，也无论你准备得如何认真，做出的应对如何谨慎，总有一些听众的反应与你的愿望背道而驰。该怎么办？首先客观看待这些听众的反应，是你的错，还是他们一厢情愿的理解？其次判断再一次沟通是否能改善他们对公司的印象，判断再一次沟通是否会恶化他们对公司的印象，判断进行再一次沟通是否有意义。

第三节 危机管理

在西方国家的教科书中，通常把危机管理称之为危机沟通管理，原因在于，加强信息的披露与公众的沟通，争取公众的谅解与支持是危机管理的基本对策。对一个企业而言，可以称之为企业危机的事项是指当企业面临与社会大众或顾客有密切关系且后果严重的重大事故，而为了应付危机的出现在企业内预先建立防范和处理这些重大事故的体制和措施，则称为企业的危机管理。

一、危机管理的过程

对于企业来说，危机管理迫在眉睫，它不再仅仅局限于处理突发性事件，而注重挖掘企业管理的深层次原因日渐成为企业管理必不可少的组成部分。危机管理不能头痛医头，脚痛医脚，也不能眉毛胡子一把抓，而应该分阶段有步骤地进行。法国管理学家费尧曾说过："管理不是一个点，而是一条线，是相互联系的运动过程。"危机管理也是这样，它的过程是消除企业危机因素的系列活动。

1. 危机的预防

最高明的危机管理，不在于危机形成和爆发以后的干预，而在于排除可能导致危机的种种可能性，也就是危机的预防。现代社会组织开始由被动的危机准备转变为主动的危机公关。如社会组织不再是等待危机的发生，而是在员工中进行危机准备的教育，编制危机准备指导手册，发给每位员工，指导人们在危机发生后做什么、怎么做。在制订危机应急计划时，多倾听专家的意见，以免重蹈覆辙。培训是危机处理计划的一个不可或缺的组成部分，为确保处理危机时有一批训练有素的专业人员，平时应对他们进行专门培训。要时刻准备在危机发生时，将公众利益置于首位。面对灾难，企业应考虑到最坏的可能，并有条不紊地采取行动。

危机预防，应从四个方面努力：①树立危机意识。企业上到领导决策层，下到管理技术人员和各岗位人员都应有危机感，预防危机要依靠全体员工的共同努力。②设置应付危机的常设机构。企业公关机构应及时搜集信息，把隐患消灭在萌芽状态。收集公众对产品的反馈信息，及时解决发生的问题；掌握国家政策信息，及时调整企业战略方针；调查企业在公众中的形象，注意提高企业声誉；掌握竞争对手资料，做到知己知彼；经常测评本企业人员素质，使其知识符合企业发展需要。③强化公关，加强沟通。一要搞好外部沟通，使企业与消费者、新闻媒体、社区、政府部门保持良好关系；二要搞好内部沟通，调动员工积极性，及时了解内外公众的需求和愿望，尽力解决问题。④严格管理。对各个环节要从严管理，管理不严、有章不循、掉以轻心等会引发事故，要严格按操作规程和制度规定办事。

2. 危机的确认

这个部分的任务是确认预想的危机是否是真的危机。有时候，管理者为他们假想的危机忙碌很长时间后才发现，真正的危机在别的地方，而不是他们正在忙碌的。这个部分的危机管理通常是最富有挑战性的。经验告诉我们，在寻找危机发生的信息时，管理人员最好听听公司中各种人的看法，并与自己的看法相互印证。

3. 危机的控制

危机爆发时的破坏力最大，因此本阶段的危机管理也最重要。第一步要遏制危机。这要求危机处理部门在最短的时间内掌握并控制危机形势，将损失降至最低。在这个时候让一群人专职从事危机的控制工作，让其他人继续正常的工作，是一种非常明智的做法。第二步要防止危机的蔓延，把危机限定在一定的范围之内。一种途径是通过迅速有效的反应防止危机扩大；另一种途径是加强媒体管理，在防止谣言流传的同时，把准确和权威的信息传递给危机的冲击者。事实上，人们感兴趣的往往并不是事情本身，而是管理层对事情的态度如何。

在这一阶段，要注意对外发言的统一性，最好只指定一人作为对外的发言人，所有面向公众的发言都由他主讲。这个经验源自另一个法则：如果有过多的管理层相互重叠，那就肯定会发生灾难。

4. 危机的解决

在这个部分，速度是关键。危机不等人，以最快的速度启动危机应变计划。如果初期反应滞后，将会造成危机的蔓延和扩大。要想取得长远利益，公司在解决危机时就应更多地关注消费者的利益而不仅仅是公司的短期利益，应把公众的利益放在首位，善待被害者，尽量为受到危机影响的公众弥补损失，这样有利于维护企业的形象。由于危机情况的产生具有突变性和紧迫性，因此尽管在事先制订了危机应变计划，由于不可预知危机的存在，任何防范措施也无法做到万无一失。

在处理危机时，应针对具体问题，随时修正和充实危机处理对策：①误解性危机解决。误解性危机是指企业自身的工作或产品质量等方面没有什么问题，没有出现任何损害公众的事件，但是由于种种原因，被公众误解怀疑，受到公众无端指责，企业由此而陷入危机之中。它虽是误解性的，也能严重地破坏企业的形象，甚至影响企业的基本生存权。诸如社会流言、不利社会舆论的导向、专家及新闻工作者的误导、竞争对手的中伤，都可能引发公众的误解。如果对公众的误解进一步分析，就会发现他们之所以轻易盲从他人的意见，主要是由于平时沟通不够、具体情况不了解、不信任企业。因此，误解性公关危机的解决，应把目标放在增加沟通、增进信任上。②事故性危机解决。事故性危机是指在社会组织发展过程中，由于社会组织自身的失职、失误，或者管理工作中出现问题，或者产品质量上出现问题，而引发的危机事件,这种危机的责任完全在企业,因此对此类危机事件应采取以下措施的组合运用谋求综合效应:一是果断采取措施,有效制止事态扩大;二是诚恳向公众致歉,以期迅速获得公众的谅解、宽容;三是了解公众需求,及时弥补公众的损失;四是认真检查,切实做好改进工作;五是适当宣传,把事态的发展情况、改进措施,对公众的承诺和服务等内容,通过适当的媒介、传播方式公诸众,以消除公众的不良印象,恢复公众的信任。③受害性危机解决。受害性危机事件是指他人未经许可,假冒企业的包装式样、商标、名义推销伪劣产品,使企业的形象受到损害,名誉遭受损失。假冒企业的商标、标识,不仅直接损害了企业和消费公众的利益,更主要的是破坏了企业的市场形象。在这种危机事件中,企业是假冒者的牺牲品,但是消除它的影响,还要靠企业自己的努力。一般而言,处理这类因他人假冒而形成的危机事件,通常有以下几种途径:①诉诸法律,利用法律武器重塑社会组织的形象;②借助大众媒体,开展新闻揭丑活动;③强化产品个性形象,同时增加产量,以创造规模效应为手段,进一步降低成本,使假冒者无利可图,从根本上杜绝假冒现象,维护组织形象;④策划公共关系活动,充分调动企业员工和公众的力量,共同打假,维护企业形象。

5. 危机的总结

最后一个部分是总结经验教训。如果一个组织在危机管理的前四个部分处理得十分妥当,第五个部分就可以提供一个至少能弥补部分损失和纠正混乱的机会。强生公司对"泰诺"事件的处理就是一个经典的案例。从商业角度看,"泰诺"危机虽然是一场悲剧,但悲剧过后,公司的声誉却明显得到了提高。其实,有时候公众可能对商业企业和政府的预期并不高,以至于公司和政府在做一件本应当做的事时却会受到热情洋溢的称赞。

总之,当组织或个人面对危机时,应该以社会公众和消费者利益为重,迅速做出适当反应,及时采取补救措施,并主动地、有意识地以该事件为契机,变坏事为好事,因势利导,借题发挥。这样不但可以恢复组织和个人的信誉,而且可以扩大企业的知名度和美誉度。一个优秀的组织和个人越是在危机的时刻,越能显示出它的综合实力和整体素质。一个成熟的、健康的组织或个人与其他组织或个人的区别就在于此。

强生公司泰诺药片中毒事件

1982年9月,美国芝加哥地区发生有人服用含氰化物的泰诺药片中毒死亡的严重事故,一开始死亡人数只有3人,后来却传说全美各地死亡人数高达250人,其影响迅速扩散到全国各地,调查显示有94%的消费者知道泰诺中毒事件。事件发生后,在首席执行官吉姆·博克的领导下,强生公司迅速采取了一系列有效措施。首先,强生公司立即抽调大批人马对所有药片进行检验。经过公司各部门的联合调查,在全部800万片药剂的检验中,发现所有受污染的药片只源于一批药,总计不超过75片,并且全部在芝加哥地区,不会对全美其他地区有丝毫影响，而最终的死亡人数也确定为7人，但强生公司仍然按照公司最高危机方案原则，即"在遇到危机时，公司应首先考虑公众和消费者利益"，不惜花巨资在最短时间内向各大药店收回了所有的数百万瓶这种药，并花50万美元向有关的医生、医院和经销商发出警报。对此《华尔街日报》报道说："强生公司选择了一种自己承担巨大损失而使他人免受伤害的做法。如果昧着良心干，强生将会遇到很大的麻烦。"

泰诺危机管理案例成功的关键是因为强生公司有一个"做最坏打算的危机管理方案"。该计划的重点是首先考虑公众和消费者利益，这一信条最终拯救了强生公司的信誉。事故发生前，泰诺在美国成人止痛药市场中占有35%的份额，年销售额高达4.5亿美元，占强生公司总利润的15%。事故发生后，泰诺的市场份额曾一度下降。当强生公司得知事态已稳定，并且向药片投毒的疯子已被拘留时，并没有将产品马上投入市场。当时美国政府和芝加哥等地的地方政府正在制定新的药品安全法，要求药品生产企业采用"无污染包装"。强生公司看准了这一机会，立即率先响应新规定，结果在价值12亿美元的止痛片市场上挤走了它的竞争对手，仅用5个月的时间就夺回了原市场份额的70%。强生处理这一危机管理案例的做法成功地向公众传达了企业的社会责任感，受到了消费者的欢迎和认可。强生还因此获得了美国公关协会颁发的银钻奖。原本一场"灭顶之灾"竟然奇迹般的为强生迎来了更高的声誉，这归功于强生在危机管理中高超的技巧。

二、人力资源危机管理

在企业的各种危机中，人力资源危机比较隐蔽，因为人是企业最主要的生产力，又是最难管理的，人的行为是最难预测的。人力资源危机可以潜伏在企业人力资源管理的各个方面，主要包括企业中高层管理人员的非正常离职、薪资系统的明显漏洞、关键员工的流失，甚至普通员工的频繁跳槽等。越来越多的学者认为，人力资源危机的根本原因可能是由组织缺乏共享愿景及相关执行机制引起的。缺乏清晰的愿景是许多组织陷入危机、效能减弱的主要原因，具有吸引力的、清晰的共享愿景是组织管理成功的基础。可见，组织出现危机，特别是出现人力资源危机的关键原因是领导者没有为组织提出合适的共享愿景，或者没有有效地执行。解决人力资源危机，需要管理者从企业的发展和员工的发展来共同考虑问题。

1. 采用愿景式领导

在危机、混乱和压力情形下，组织更需要愿景式领导。因为这时候企业中的人们感到无助、焦虑及挫折，大家希望有一个强有力的人为大家指明方向，并带领大家一起奋斗，共渡难关。此时，自信并有愿景者就可能被其他组织成员看作组织的领导者。经历危机的人们更愿意选择和接受看起来有愿景、有魅力的领导者，因为他们相信，在愿景式领导的带领下，组织解决危机的能力会更高，实现理想目标的可能性会更大，自己的前途也会更为宽广。

2. 以发展空间留人

人力资本天然属于个人，是"流动资产"，人力资本的激励机制不足或者不合理时，其资产可以立刻贬值或荡然无存。员工为什么会跳槽，原因不外乎以下几个方面：个人发展空间小、福利待遇低、想体验新的生活。员工对单位最不满意的是单位所提供的文化活动太少。所以，企业既需要完善与员工经济利益直接相关的薪酬体系，更需要创建良好的企业文化。如何在企业发展的大前提下，尊重个人的发展和提高，给人才提供尽可能多的发展机会和平台，是当前企业急需考虑的问题。只有当自身经济价值和社会价值都达到最大合理化之后，人才才能真正稳定下来，企业的人力资源危机才能真正得到解决。

3．尽早培养接班人

企业中高层管理人员的意外离职，有时会给企业带来巨大的损失，因为他们熟悉本企业的运作模式、拥有较为固定的客户群，若离职后投奔到竞争对手公司，势必会给原企业的经营和发展带来较大的冲击。企业应该在平时注重高层管理人员接班人的培养，或者使用合理的内部竞聘制度，选出新的管理者，这样，一旦出现重要管理人员意外离职或意外死亡的情况，可由"接班人"直接接任其工作，对企业的正常运转不会造成过大影响。

三、行业危机管理

在企业危机中，行业危机爆发的可能性仅次于人力资源危机，排名第二。而且随着经济环境的变化，又有更多的因素可以引发行业危机，它们所带来的危害有时要远远大于人力资源危机的危害。行业危机的严峻性和巨大的破坏作用使得企业必须防范行业危机，这种防范不仅要看到自己企业所面临的危机，还要看到其他企业目前的经营瓶颈。如何防范，可以从以下三个方面考虑。

1．保持管理特色和产品特点，深化差异化经营

差异化战略是企业通过树立品牌形象、提供特性服务以及优势技术等手段来强化产品特点，让消费者感觉到他们支付的费用尽管高于同类产品，但是"物有所值"，甚至"物超所值"，这样，企业也就有合理的利润空间，进一步加强在产品质量、新技术开发和附加值服务方面的投入，从而实现企业成长的良性循环。创造价值无非有两种办法，一种是降低成本，另一种是创造差异化价值。降低成本终归是有限度的，但是差异化价值会随着品牌深入人心而不断增大。所以，差异化战略的最终目的都是提升产品的内在价值，在激烈的市场竞争中以价值取胜。

2．加强企业管理，树立品牌意识

企业应根据自己所能占有的市场需求来合理安排生产计划，同时，针对部分原材料价格上涨造成的成本压力，企业除了要积极寻找原材料替代品外，还要加强成本核算，加强企业内部管理，向管理要效益，尽量将由竞争带来的产品销售额下降以及由原材料价格上涨带来的不良影响降到最低点，保证企业健康、持续地发展。此外，企业还要注重产品的技术水平，树立品牌意识。借助品牌可以形成具有无限活力的无形资产，在市场竞争中发挥巨大的作用。所谓的品牌战略，是指通过对产品、品牌渠道、品牌文化、品牌承诺、情感沟通、品牌的法律维护等因素的综合考

虑，企业所实施的一套完整、系统的品牌经营活动。企业应抓住机遇，不断培育自己的品牌。

3. 寻求政府有关部门的支持，为行业发展营造更加宽松的环境

企业的发展和当地政府的支持作用是分不开的，随着企业的不断壮大，企业要向政府有关部门争取一些对本行业更加宽松的发展环境，从而为市场的有效运作搭建一个稳定的宏观经济平台。

四、产品和服务危机管理

产品和服务危机处理得当与否，对于维护良好的企业形象至关重要，关系到企业能否在激烈的市场竞争中生存、发展、壮大。因此，当所处理的产品和服务危机可能会影响到新闻媒体、社会大众、消费大众等对企业形象的评估时，企业一定要站在公共关系大局的角度来衡量得失，绝不能以一时的利益来衡量，而应优先考虑消费者的利益得失以及这个问题对于公共关系的重要性，以积极的态度去赢得时间，以正确的措施去赢得顾客，并且创造妥善处理危机的良好氛围，积极主动地维护消费者利益、主动弥补消费者的实际利益和心理利益，并建立起关心和维护消费者权益的积极形象，重塑消费者对企业的信心。

充分以人为导向，倾向于顾客利益至上，真正为社会大众利益着想，这是产品和服务危机公关获得成功应该具备的另一基本条件。企业产品和服务危机管理也只有切实为消费者考虑，为社会大众创造价值，才会真正赢得顾客的信赖和支持，维护企业形象，使企业得以渡过危机，重振"江湖"。所以，产品和服务危机公关既要着眼于当前企业危机事件本身的处理，还要立足于企业形象的维护和塑造。不能头痛医头、脚痛医脚，要从全面整体的高度来进行危机公关，争取赢得多重效果和长期效益。

◉ 总结

危机是一个情景性很强的概念，目前没有统一定义加以概括。危机有三个最显著的特征，即意外性、破坏性和紧迫性。

当前企业最经常面临的直接危机依次是人力资源危机、行业危机、产品和服务危机。从本质上讲，这三种危机都是一种企业内部经营管理的危机，是企业内部管理出现了问题，只是通过不同形式的外在形式表现出来而已。

危机沟通，指以沟通为手段、解决危机为目的所进行的一连串化解危机与避免危机的行为和过程。"关键点危机公关 5S 原则"是危机处理的主流理念，包括承担责任原则、真诚沟通原则、速度第一原则、系统运行原则、权威证实原则。

完整的危机沟通包括十个步骤：①成立危机沟通小组；②选定发言人；③大力培训发言人；④建立信息沟通规则；⑤确认和了解公司的听众；⑥预先演练；⑦对

危机进行评估；⑧确定关键信息；⑨决定资讯沟通方式；⑩安全渡过难关。

　　危机管理又称为危机沟通管理，包括五个过程：①危机的预防；②危机的确认；③危机的控制；④危机的解决；⑤危机的总结。

　　人力资源危机，需要管理者从企业的发展和员工的发展来共同考虑，可以采取三大策略：①采用愿景式领导；②以发展空间留人；③尽早培养接班人。

　　行业危机，可以从三个方面考虑：①保持管理特色和产品特点；②深化差异化经营、加强企业管理；③树立品牌意识、寻求政府有关部门的支持，为行业发展营造更加宽松的环境。

　　产品和服务危机，企业一定要站在公共关系大局的角度来衡量得失，优先考虑消费者的利益得失以及这个问题对于公共关系的重要性，既要着眼于当前企业危机事件本身的处理，还要立足于企业形象的维护和塑造。

问题讨论

（1）如何理解关键点危机公关5S原则？
（2）运用本章理论分析强生公司泰诺药片中毒事件。
（3）以现实企业危机事件为例，分析其危机沟通失败的原因是什么。

小故事

司空见惯的危机

　　隋文帝开皇年间，隋军打算大举伐陈。当时隋国的将领贺若弼擅长谋略，便布下了几个阵势，计划先从广陵引兵渡长江。贺若弼首先安排人把军中的老马卖掉，再用这笔钱买入大量船只，密藏起来。接着，又购买五六十艘破船，停泊在河边，让陈朝的人误以为隋国并没有充裕的船备。

　　贺若弼又下了一道命令，要看守江边的营队换防时，先聚集于广陵，并且还要遍地插满旗帜、大设营幕。陈朝的人看到了，误以为隋军即将大举入侵，于是立刻准备了大队人马前往御敌。后来陈朝密探自隋营归来，说明了这阵势只是隋军驻江边的军队换防，并非出兵。陈朝将领听了，便卸下了心防。几次之后，陈朝对隋国营队轮换戍防时，大军阵势的变动已经习以为常，也就不再特别设军防备。

　　除此之外，贺若弼又安排士兵们，经常沿着江边打猎，故意制造人马喧腾的假象，让陈军以为隋军不是在练兵，让他们疏于警戒。等到时机成熟了，贺若弼真正统领隋国大军渡江时，陈军营队的士兵们依然毫无警觉，饮酒取乐。就这样，隋军无须耗费一兵一卒，便轻松地一举过江，直逼陈营。

启示：

有一句话说"人是惯性的动物"。惯性，就好比地球每天自转，但是生活在地球上的我们，却一点都察觉不出来。个人在生活上的惯性，如果因习以为常而浑然不觉，便犹如"入芝兰之室，久而不闻其香"，或者是"入鲍鱼之肆，久而不闻其臭"了。

贺若弼善于掌握人性的弱点，因此略施小计，使敌军渐渐失去了警备，便能轻松地达到目的。而另一方面，这个故事也告诫我们，居安仍须思危，才能永保国家、人民的安乐。

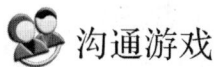 沟通游戏

泰坦尼克号

规则：

（1）培训师给大家讲下面一个故事：泰坦尼克号即将沉没，船上的乘客（学员）须在"泰坦尼克号"的音乐结束之前利用仅有的求生工具——七块浮砖，逃离到一个小岛上。

（2）培训师指导学员布置游戏场景：将25米的长绳子在空地上摆成一个岛屿形状，在另一边，摆四个长凳，用另外的绳子作为起点。

（3）给学员5分钟时间讨论和试验。

（4）出发时，每一个人必须从长凳的背上跨过（就如同从船上的船舷栏杆上跨过），踏上浮砖。在逃离过程中，船员身体的任何部分都不能与"海面"——地面接触。

（5）自离开"泰坦尼克号"起，在整个的逃离过程中，每块浮砖都要被踩住，否则培训师会将此浮砖踢掉。

（6）全部人到达小岛之后，并且所有浮砖被拿到小岛上，游戏才算完成。

相关讨论：

（1）你们组可以想出什么样的办法来达成目标？

（2）小组是否确定了领导者？是根据什么确定的？撤离方案的形成是领导的决定还是小组讨论的结果？

（3）你们的方案是否坚决贯彻到底了？中间发生了什么变化？为什么？

（4）事后回顾当初的方案觉得是否可行？有更好的方案吗？为什么当时没有想到或没有提出来？

（5）小组是如何分配组员撤离的先后次序的？考虑到了什么因素？

游戏说明的道理：

（1）如何应付突如其来的紧急情况，反映了一个人头脑的清醒程度和他的应

变能力;同时,如何利用有限的资源更大程度地达成我们的目的,也是观察一个人想象力和创造力的最好途径。

(2)在我们面临危险的时候,每个人都会有不同的想法,此时就需要出现一个领导者的角色,否则大家七嘴八舌,互相不服,最后只会使得整个集体都受到损失。如何选择这个领导者是一个很关键的问题,但是关键的关键是此人一定要能够服众,让大家都听他的。

参 考 文 献

[1] （美）丹尼尔·戈尔曼. 情商. 杨春晓，译. 北京：中信出版社，2010.
[2] （美）弗洛伦斯·妮蒂雅. 性格解析. 江雅苓，等，译. 北京：经济日报出版社，1998.
[3] （美）科里·弗洛伊德. 沟通的力量，成功人际交往12法. 李育辉，译，北京：机械工业出版社，2011.
[4] （美）马修·麦肯，派瑞克·范宁. 720°全景沟通. 蒋亮智，译. 北京：京华出版社，2010.
[5] （美）迈克尔·阿伯拉肖夫. 这是你的船. 刘祥亚，译. 北京：机械工业出版社，2004.
[6] （美）斯各特·奥伯. 当代商务沟通. 赵永前，译. 北京：中国市场出版社，2009.
[7] （美）史蒂芬·柯维. 高效能人士的七个习惯. 高新勇，等，译. 北京：中国青年出版社，2008.
[8] （美）史蒂芬·柯维. 高效能人士的第八个习惯. 陈允明，等，译. 北京：中国青年出版社，2010.
[9] （美）托马斯·哈礼斯. 我好你也好：人际沟通的分析. 洪志美，译. 台北：远流出版社，1991.
[10] （美）约翰·格雷. 男人来自火星女人来自金星. 于海生，译. 长春：吉林文史出版社，2007.
[11] （美）约翰·哈斯林. 演讲力——从听众出发. 马昕，译. 上海：世界图书出版公司，2010.
[12] 程书博. 第一执行者：海尔集团总裁杨绵绵的管理之道. 北京：中华工商联合出版社，2007.
[13] 陈晓萍. 跨文化管理. 北京：清华大学出版社，2005.
[14] 崔晶. 别被Office干掉，南宁：广西师范大学出版社，2009.
[15] 韩白衣. 最爱我的人是我：职业人士的健康智商. 成都：天地出版社，2005.
[16] 何秉尧，郑东，黄彩子，黄竞. 魅力礼仪. 北京：人民出版社，2008.
[17] 黄漫宇. 商务沟通（2版）. 北京：机械工业出版社，2010.
[18] 金正昆. 礼仪金说. 西安：陕西师范大学出版社，2006.

[19] 经理人培训项目编写组. 培训游戏全案——沟通. 北京：机械工业出版社，2004.
[20] 刘辉. 上司道：如何做一个成功的上司. 深圳：海天出版社，2005.
[21] 刘辉. 下属茶：如何做一个成功的下属. 深圳：海天出版社，2005.
[22] 平川. 危机管理：政府·企业·个人立于不败之地的关键. 北京：当代世界出版社，2005.
[23] 荣恒. 假如明天你当主管. 北京：企业管理出版社，2006.
[24] 邵培仁. 传播学. 北京：高等教育出版社，2007.
[25] 史迪文. 世界上最会说话的人. 北京：北京邮电大学出版社，2005.
[26] 水中鱼. 领导金口财. 武汉：华中科技大学出版社，2010.
[27] 水中鱼. 演讲金口财. 武汉：华中科技大学出版社，2010.
[28] 唐朝. 三寸之舌赢天下. 北京：机械工业出版社，2009.
[29] 汪京. 好人缘成就辉煌. 武汉：长江出版社，2009.
[30] 肖卫，一洋. 女人的资本Ⅱ：职业女性的十一种生存智慧. 北京：中国华侨出版社，2007.
[31] 闫静. 商务文书写作教程. 北京：北京大学出版社，2007.
[32] 杨滨. 性格的力量. 北京：当代世界出版社，2002.
[33] 烨子. 心理学系列——逆镜心理. 延吉：延边教育出版社，2004.
[34] 佚名. 成功有约——高效会议手册. 北斗成功社区 http://www.beidouweb.com.
[35] 游昌乔. 反败为胜：如何建立有效的危机管理体系. 北京：中国水利水电出版社，2011.
[36] 张锦贵. 21世纪成功的跑道. 北京：中国致公出版社，2002.
[37] 张镢元. 三角团队：如何打造团队战斗力. 北京：机械工业出版社，2009.
[38] 张笑恒. 无法改变事情可以改变心情. 海口：南海出版公司，2009.
[39] 张晓彤. 高效会议管理技巧. 北京：北京大学出版社，2004.
[40] 郑文斌. 德鲁克管理沟通新论. 中国管理传播网 http://manage.org.cn.
[41] 曾仕强，刘君政. 人际关系与沟通. 北京：清华大学出版社，2004.
[42] 曾仕强. 圆通的人际关系. 北京：北京大学出版社，2008.
[43] 周朝霞. 人际关系与公共礼仪. 杭州：浙江大学出版社，2004.